STUDENT'S SOLUTIONS MANUAL

for

S. A. Hummelbrunner
K. Suzanne Coombs, *Kwantlen Polytechnic University*

CONTEMPORARY BUSINESS MATHEMATICS
with Canadian Applications
Ninth Edition

Prepared by

Bruno Fullone
George Brown College

Toronto

Copyright © 2012 Pearson Canada Inc.

Copyright © 2012, 2010, 2009, 2006, 2003, 2000 Pearson Canada Inc., Toronto, Canada.

Original edition published by Pearson Education, Inc., Upper Saddle River, New Jersey, USA. Copyright © 2010 by Pearson Education, Inc. This edition is authorized for sale only in Canada.

ISBN-13: 978-0-13-216522-8
ISBN-10: 0-13-216522-8

Vice-President, Editorial Director: Gary Bennett
Developmental Editor: Lise Dupont
Project Manager: Lesley Deugo
Production Editor: Heather Sangster, Strong Finish

2 3 4 5   16 15 14 13 12

Printed and bound in Canada.

Contents

PART ONE *Mathematics Fundamentals and Business Applications* 1

Chapter 1   Review of Arithmetic 1
  Exercise 1.1 1
  Exercise 1.2 1
  Exercise 1.3 3
  Exercise 1.4 5
  Exercise 1.5 7
  Exercise 1.6 9
  Review Exercise 10
  Self-Test 14

Chapter 2   Review of Basic Algebra 16
  Exercise 2.1 16
  Exercise 2.2 17
  Exercise 2.3 19
  Exercise 2.4 20
  Exercise 2.5 21
  Exercise 2.6 23
  Exercise 2.7 25
  Review Exercise 28
  Self-Test 37

Chapter 3   Ratio, Proportion, and Percent...39
  Exercise 3.1 39
  Exercise 3.2 41
  Exercise 3.3 43
  Exercise 3.4 46
  Exercise 3.5 48
  Exercise 3.6 51

Exercise 3.7 51

Exercise 3.8 52

Review Exercise 52

Self-Test 58

Chapter 4   Linear Systems 60

Exercise 4.1 60

Exercise 4.2 64

Exercise 4.3 67

Exercise 4.4 69

Review Exercise 71

Self-Test 75

PART TWO   *Mathematics of Business and Management* 78

Chapter 5   Trade Discount, Cash Discount, Markup, and Markdown 78

Exercise 5.1 78

Exercise 5.2 80

Exercise 5.3 82

Exercise 5.4 87

Exercise 5.5 90

Review Exercise 93

Self-Test 97

Chapter 6   Break-Even and Cost-Volume-Profit Analysis 99

Exercise 6.1 99

Exercise 6.2 102

Exercise 6.3 106

Review Exercise 108

Self-Test 111

Chapter 7   Simple Interest 113

Exercise 7.1 113

Exercise 7.2 114

Exercise 7.3 115

Exercise 7.4 117
Exercise 7.5 118
Review Exercise 123
Self-Test 126

Chapter 8 Simple Interest Applications 127

Exercise 8.1 127
Exercise 8.2 128
Exercise 8.3 129
Exercise 8.4 132
Exercise 8.5 134
Review Exercise 135
Self-Test 139

PART THREE *Mathematics of Finance and Investment* 142

Chapter 9 Compound Interest—Future Value and Present Value 142

Exercise 9.1 142
Exercise 9.2 143
Exercise 9.3 150
Exercise 9.4 152
Exercise 9.5 157
Review Exercise 162
Self-Test 166

Chapter 10 Compound Interest—Further Topics 168

Exercise 10.1 168
Exercise 10.2 174
Exercise 10.3 176
Review Exercise 183
Self-Test 188

Chapter 11 Ordinary Simple Annuities 190

Exercise 11.1 190
Exercise 11.2 190

Exercise 11.3..192
Exercise 11.4..195
Exercise 11.5..199
Exercise 11.6..204
Review Exercise..206
Self-Test..209

Chapter 12 Ordinary General Annuities...212

Exercise 12.1..212
Exercise 12.2..214
Exercise 12.3..216
Exercise 12.4..219
Exercise 12.5..224
Exercise 12.6..225
Review Exercise..227
Self-Test..233

Chapter 13 Annuities Due, Deferred Annuities, and Perpetuities...236

Exercise 13.1..236
Exercise 13.2..241
Exercise 13.3..246
Exercise 13.4..250
Exercise 13.5..255
Review Exercise..257
Self-Test..264

Chapter 14 Amortization of Loans, Including Residential Mortgages 266

Exercise 14.1..266
Exercise 14.2..274
Exercise 14.3..281
Exercise 14.4..283
Review Exercise..287
Self-Test..297

Chapter 15 Bond Valuation and Sinking Funds 300

Exercise 15.1 300

Exercise 15.2 303

Exercise 15.3 305

Exercise 15.4 307

Exercise 15.5 308

Review Exercise 315

Self-Test 323

Chapter 16 Investment Decision Applications 326

Exercise 16.1 326

Exercise 16.2 328

Exercise 16.3 331

Review Exercise 335

Self-Test 340

PART ONE   Mathematics Fundamentals and Business Applications

Chapter 1   Review of Arithmetic

Exercise 1.1

A. 1. $12 + 6 \div 3 = 12 + 2 = \boxed{14}$

3. $(7+4) \times 5 - 2 = 11 \times 5 - 2 = 55 - 2 = \boxed{53}$

5. $(3 \times 9 - 3) \div 6 = (27 - 3) \div 6 = 24 \div 6 = \boxed{4}$

7. $8(9-6) + 4(6+5) = 8(3) + 4(11) = 24 + 44 = \boxed{68}$

9. $\dfrac{20-16}{15+5} = \dfrac{4}{20} = \dfrac{1}{5} = \boxed{0.2}$

11. $(3 \times 4 - 2)^2 + (2 - 2 \times 7^2) = (12-2)^2 + (2 - 2 \times 49)$
    $= 10^2 + (2 - 98) = 100 - 96 = \boxed{4}$

13. $(1+0.04)^4 - 1 = 1.169858 - 1 = \boxed{0.17}$

15. $30 \times 600 - 2500 - 12 \times 600 = 18\,000 - 2500 - 7200 = \boxed{8300}$

Exercise 1.2

A. 1. $\dfrac{24}{36} = \dfrac{24:2}{36:2} = \dfrac{12}{18} = \dfrac{12:2}{18:2} = \dfrac{6}{9} = \dfrac{6:3}{9:3} = \boxed{\dfrac{2}{3}}$;   also $\dfrac{24:12}{36:12} = \dfrac{2}{3}$

3. $\dfrac{210}{360} = \dfrac{210:10}{360:10} = \dfrac{21}{36} = \dfrac{21:3}{36:3} = \boxed{\dfrac{7}{12}}$;   also $\dfrac{210:30}{360:30} = \dfrac{7}{12}$

5. $\dfrac{360}{225} = \dfrac{360:5}{225:5} = \dfrac{72}{45} = \dfrac{72:9}{45:9} = \boxed{\dfrac{8}{5}}$;   also $\dfrac{360:45}{225:45} = \dfrac{8}{5}$

7. $\dfrac{144}{360} = \dfrac{144:2}{360:2} = \dfrac{72}{180} = \dfrac{72:9}{180:9} = \dfrac{8}{20} = \dfrac{8:4}{20:4} = \boxed{\dfrac{2}{5}}$;   also $\dfrac{144:72}{360:72} = \dfrac{2}{5}$

9. $\dfrac{25}{365} = \dfrac{25:5}{365:5} = \boxed{\dfrac{5}{73}}$

11. $\dfrac{365}{73} = \dfrac{365:73}{73:73} = \boxed{\dfrac{5}{1}}$

B. 1. $\dfrac{11}{8} = \boxed{1.375}$

3. $\dfrac{5}{3} = 1.666667 = \boxed{1.\dot{6}}$

5. $\dfrac{11}{6} = 1.833333 = \boxed{1.8\dot{3}}$

7. $\dfrac{13}{12} = 1.083333 = \boxed{1.08\dot{3}}$

C. 1. $3\dfrac{3}{8} = \boxed{3.375}$

3. $8\dfrac{1}{3} = 8.333333 = \boxed{8.\dot{3}}$

5. $33\dfrac{1}{3} = 33.333333 = \boxed{33.\dot{3}}$

7. $7\dfrac{7}{9} = 7.777778 = \boxed{7.\dot{7}}$

D. 1. $\boxed{5.63}$

3. $\boxed{18.00}$

5. $\boxed{57.70}$

7. $\boxed{13.00}$

E. 1. $\dfrac{\$54}{0.12 \times \frac{225}{365}} = \dfrac{\$54}{0.12 \times 0.616438} = \dfrac{\$54}{0.073973} = \boxed{\$730}$

3. $\$620\left(1 + 0.14 \times \dfrac{45}{365}\right) = \$620(1 + 0.017260) = \$620(1.017260) = \boxed{\$630.70}$

5. $\dfrac{\$250\,250}{1 + 0.15 \times \frac{330}{365}} = \dfrac{\$250\,250}{1 + 0.135616} = \dfrac{\$250\,250}{1.135616} = \boxed{\$220\,364.90}$

7. $1000\left[\dfrac{(1+0.03)^{24} - 1}{0.03}\right] = 1000\left[\dfrac{1.032794}{0.03}\right] = 1000[34.426470] = \boxed{34\,426.47022}$

9. $1500 + \dfrac{1500}{0.05} = 1500 + 30\,000 = \boxed{31\,500}$

11. $25\,000(15 - 8) - 14\,6000 = 25\,000(7) - 146\,000 = 175\,000 - 146\,000 = \boxed{29\,000}$

13. $1 - [(1 - 0.4)(1 - 0.25)(1 - 0.08)] = 1 - [(0.6)(0.75)(0.92)] = 1 - [0.414] = \boxed{0.586}$

Exercise **1.3**

A. 1. $64\% = \dfrac{64}{100} = \boxed{0.64}$

3. $2.5\% = \dfrac{2.5}{100} = \boxed{0.025}$

5. $0.5\% = \dfrac{0.5}{100} = \boxed{0.005}$

7. $250\% = \dfrac{250}{100} = \boxed{2.5}$

9. $7.5\% = \dfrac{7.5}{100} = \boxed{0.075}$

11. $6.25\% = \dfrac{6.25}{100} = \boxed{0.0625}$

13. $225\% = \dfrac{225}{100} = \boxed{2.25}$

15. $8\dfrac{1}{4}\% = \dfrac{8.25}{100} = \boxed{0.0825}$

17. $112\dfrac{1}{2}\% = \dfrac{112.5}{100} = \boxed{1.125}$

19. $\dfrac{3}{4}\% = \dfrac{0.75}{100} = \boxed{0.0075}$

21. $\dfrac{2}{5}\% = \dfrac{0.4}{100} = \boxed{0.004}$

23. $\dfrac{1}{40}\% = \dfrac{0.025}{100} = \boxed{0.00025}$

25. $\dfrac{5}{8}\% = \dfrac{0.625}{100} = \boxed{0.00625}$

27. $2\dfrac{1}{4}\% = \dfrac{2.25}{100} = \boxed{0.0225}$

29. $116\dfrac{2}{3}\% = \dfrac{116.\dot{6}}{100} = \boxed{1.1\dot{6}}$

31. $83\dfrac{1}{3}\% = \dfrac{83.\dot{3}}{100} = \boxed{0.8\dot{3}}$

B. 1. $25\% = \dfrac{25}{100} = \boxed{\dfrac{1}{4}}$

3. $175\% = \dfrac{175}{100} = \boxed{\dfrac{7}{4}}$

5. $37\dfrac{1}{2}\% = \dfrac{37.5}{100} = \dfrac{375}{1000} = \boxed{\dfrac{3}{8}}$

7. $4\% = \dfrac{4}{100} = \boxed{\dfrac{1}{25}}$

9. $40\% = \dfrac{40}{100} = \boxed{\dfrac{2}{5}}$

11. $250\% = \dfrac{250}{100} = \boxed{\dfrac{5}{2}}$

13. $12\dfrac{1}{2}\% = \dfrac{12.5}{100} = \dfrac{125}{1000} = \boxed{\dfrac{1}{8}}$

15. $2.25\% = \dfrac{2.25}{100} = \dfrac{225}{10\,000} = \boxed{\dfrac{9}{400}}$

17. $\dfrac{1}{8}\% = \dfrac{1}{8(100)} = \boxed{\dfrac{1}{800}}$

19. $\dfrac{3}{4}\% = \dfrac{3}{4(100)} = \boxed{\dfrac{3}{400}}$

21. $6.25\% = \dfrac{6.25}{100} = \dfrac{625}{10\,000} = \boxed{\dfrac{1}{16}}$

23. $16\dfrac{2}{3}\% = \dfrac{50}{3}\% = \dfrac{50}{3(100)} = \boxed{\dfrac{1}{6}}$

25. $0.75\% = \dfrac{0.75}{100} = \dfrac{75}{10\,000} = \boxed{\dfrac{3}{400}}$

27. $0.1\% = \dfrac{0.1}{100} = \boxed{\dfrac{1}{1000}}$

29. $2.5\% = \dfrac{2.5}{100} = \dfrac{25}{1000} = \boxed{\dfrac{1}{40}}$

31. $183\frac{1}{3}\% = \frac{550}{3}\% = \frac{550}{3(100)} = \boxed{\frac{11}{6}}$

C. 1. $3.5 = 3.5(100) = \boxed{350\%}$

3. $0.005 = 0.005(100) = \boxed{0.5\%}$

5. $0.025 = 0.025(100) = \boxed{2.5\%}$

7. $0.125 = 0.125(100) = \boxed{12.5\%}$

9. $0.225 = 0.225(100) = \boxed{22.5\%}$

11. $1.45 = 1.45(100) = \boxed{145\%}$

13. $0.0025 = 0.0025(100) = \boxed{0.25\%}$

15. $0.09 = 0.09(100) = \boxed{9\%}$

17. $\frac{3}{4} = 0.75(100) = \boxed{75\%}$

19. $\frac{5}{3} = 1.666667(100) = \boxed{166.\dot{6}\%}$

21. $\frac{9}{200} = 0.045(100) = \boxed{4.5\%}$

23. $\frac{3}{400} = 0.0075(100) = \boxed{0.75\%}$

25. $\frac{9}{800} = 0.01125(100) = \boxed{1.125\%}$

27. $\frac{3}{8} = 0.375(100) = \boxed{37.5\%}$

29. $\frac{4}{3} = 1.333333(100) = \boxed{133.\dot{3}\%}$

31. $\frac{13}{20} = 0.65(100) = \boxed{65\%}$

Exercise 1.4

A. 1. Total weight $= 1\frac{1}{3} + 2\frac{3}{4} + 1\frac{5}{8} + 3\frac{5}{6} = 1.\dot{3} + 2.75 + 1.625 + 3.8\dot{3} = 9.541\dot{6}$ ounces

Total selling value of 4 pieces $= \$1125 \times 9.541\dot{6} = \boxed{\$10\,734.37}$

3. Assessed value $= \dfrac{6}{11} \times 56\,100 = 6 \times 5100 = \$30\,600$

    Property tax $= 30\,600 \times \dfrac{3.75}{100} = \boxed{\$1147.50}$

5. | | |
    |---|---|
    | $64 \times \$0.75 =$ | $\$\;48.00$ |
    | $54 \times 83\dfrac{1}{3}¢ = 54 \times \$0.8\dot{3} =$ | 45.00 |
    | $72 \times \$0.375 =$ | 27.00 |
    | $42 \times \$1.3\dot{3} = 42 \times \$1.\dot{3} =$ | 56.00 |
    | Total $=$ | $\$176.00$ |

B. 1. $1100 \times 0.385 = \$\;\;423.50$
    $1600 \times 0.415 = \;\;\;\;664.00$
    $1400 \times 0.425 = \;\;\;\;595.00$
    Total cost $\;= \$1682.50$

    Average cost per litre $= \dfrac{\$1682.50}{4100} = \$0.410366$

    $ = \$0.41$

    $ = \boxed{41¢}$

3. Weighted hours $= 3 \times 4 + 5 \times 2 + 2 \times 6 + 4 \times 2 + 4 \times 1 + 2 \times 6$
    $ = 12 + 10 + 12 + 8 + 4 + 12$
    $ = 58$

    Total hours $= 3 + 5 + 2 + 4 + 4 + 2 = 20$

    Grade-point average $= \dfrac{58}{20} = \boxed{2.9}$

5. (a) Simple average of unit prices

    $= \dfrac{10.00 + 10.60 + 11.25 + 9.50 + 9.20 + 12.15}{6} = \dfrac{62.70}{6} = \boxed{\$10.45}$

    (b) Number of units purchased $= \dfrac{\text{Amount invested}}{\text{Unit price}}$

Date	Amount Invested	Unit Price	Number of Units Purchased
February 1	200.00	10.00	$\dfrac{200.00}{10.00} = 20.000$
March 1	200.00	10.60	$\dfrac{200.00}{10.60} = 18.868$
April 1	200.00	11.25	$\dfrac{200.00}{11.25} = 17.778$
May 1	200.00	9.50	$\dfrac{200.00}{9.50} = 21.053$
June 1	200.00	9.20	$\dfrac{200.00}{9.20} = 21.739$
July 1	200.00	12.15	$\dfrac{200.00}{12.15} = 16.461$
	Total number of units purchased		$\boxed{115.899}$

(c) Average cost of units purchased $= \dfrac{1200.00}{115.899} = \boxed{\$10.35}$

(d) Value on July 31 $= 115.899(11.90) = \boxed{\$1379.20}$

Exercise 1.5

A. 1. (a) Annual salary = $31 824

Semi-monthly payment $= \dfrac{31\,824}{24} = \boxed{\$1326}$

(b) Weekly pay $= \dfrac{31\,824}{52} = \$612$

Hourly rate $= \dfrac{612}{36} = \boxed{\$17}$

(c) Regular pay = $1326

Overtime pay = $11 \times 17 \times 1.5$ = 280.50

Gross pay = $\boxed{\$1606.50}$

3. (a) Monthly pay = $1101.10
   Yearly pay = 1101.10 × 12 = $13 213.20
   Weekly pay = 13 213.20 ÷ 52 = $254.10
   Hourly rate of pay = 254.10 ÷ 35 = $7.26

   (b) Regular pay for May   = $ 1101.10
   Overtime pay = 7.75 × 7.26 × 1.5 =   84.40
   Gross pay   = $1185.50

5. (a) Biweekly payment = $1123.00
   Annual salary = 1123.00 × 22 = $24 706
   Daily pay = 24 706 ÷ 200 = $123.53
   Hourly rate = 123.53 ÷ 7.5 = $16.47

   (b) Regular pay   = $1123.00
   Less: two days = 123.53 × 2 =   247.06
   Gross pay   = $ 875.94

7. Net sales = $16 244.00

   Commission: $8\frac{1}{4}$% on first $6000.00   = $495.00

   $9\frac{3}{4}$% on next $6000.00   = 585.00

   11.5% on $(16 244.00 − 12000.00) =   488.06

   Total commission   = $1568.06

9. (a) Sales = $8125.00
   Base salary on quota of $8500 = $825.00

   (b) Sales = $10 150.00
   Base salary on quota of $8500   = $825.00
   Commission = $6\frac{1}{2}$% on $1650 = 0.065 × $1650 = 107.25
   Gross earnings   = $932.25

11. Gross sales   = $31 240.00
    Less: returns = 3% of $31 240.00   =   937.20
    Net sales   = $30 302.80

    Rate of commission = $\frac{1590.90}{30\,302.80}$ = 0.0525 = 5.25%

13. Net sales = $\dfrac{\$\text{Commission}}{\text{Rate}} = \dfrac{\$2036.88}{0.1125} = \$18\,105.60$

Net sales = gross sales − returns
$18\,105.60 = S - 0.08S$
$0.92S = 18\,105.60$
$S = 19\,680$

Gross sales were $\boxed{\$19\,680}$

15. **Method A** Regular earnings $= 40 \times 11.58 = \$463.20$
    Overtime pay $= 7 \times 11.58 \times 1.5 = \underline{121.59}$
    Gross earnings $= \$584.79$

    Method B Earnings at regular rate $= 47 \times 11.58 = \$544.26$
    Overtime premium $= 7 \times 11.58 \times 0.5 = \underline{40.53}$
    Gross earnings $= \boxed{\$584.79}$

17. Rate of pay $= \dfrac{451.44}{44} = \boxed{\$10.26}$

Exercise 1.6

1.

Month	GST collected 5% of sales	GST paid 5% of purchases	GST payable (GST receivable)
January	$27 345.00	$7 391.60	$19 953.40
February	12 200.00	3 475.00	8 725.00
March	29 400.00	43 300.00	(13 900.00)
April	32 515.00	22 500.00	10 015.00
May	7 840.00	4 904.90	2 935.10
5-month totals	$109 300.00	$81 571.50	$27 728.50

$\boxed{\text{Cook's owes the government \$27\,728.50.}}$

3. Savings on GST = 5% of $780 = 0.05(780) = \boxed{\$39.00}$

5. At Blackcomb, B.C.
   Cost of ski pass   = $84.00
   HST = 12% of $84
       = 0.12(84) = 10.08
   Amount paid at Blackcomb, B.C.   = $94.08
   At Mont Tremblant, Que.
   Cost of ski pass   = $84.00
   GST = 5% of $84.00 = 0.05(84.00)   4.20
   PST = 7.5% of $84.00 = 0.075(84.00) = $6.30
       +7.5% of $4.20 = 0.075(4.20) = 0.32   6.62
   Amount paid at Mont Tremblant   = $94.82
   Difference = 94.82 − 94.08   = $0.74

7. Property tax = $125\,000\left(\dfrac{22.751}{1000}\right)$ = $2843.88

9. Semi-annual tax rate = $\dfrac{1420.79}{196\,000.00}$ = 0.007249

   Semi-annual mill rate = 0.007249(1000) = 7.248929

   The annual mill rate = 2(7.248929) = 14.497857

Review Exercise

1. (a) $32 - 24 \div 8 = 32 - 3 =$ 29

   (b) $(48 - 18) \div 15 - 10 = 30 \div 15 - 10 = 2 - 10 =$ −8

   (c) $(8 \times 6 - 4) \div (16 - 4 \times 3) = (48 - 4) \div (16 - 12) = 44 \div 4 =$ 11

   (d) $9(6 - 2) - 4(3 + 4) = 9(4) - 4(7) = 36 - 28 =$ 8

   (e) $\dfrac{108}{0.12 \times \frac{216}{360}} = \dfrac{108}{0.12 \times 0.6} = \dfrac{108}{0.072} =$ 1500

   (f) $\dfrac{288}{2400 \times \frac{292}{365}} = \dfrac{288}{2400 \times 0.8} = \dfrac{288}{1920} =$ 0.15

   (g) $320\left(1 + 0.10 \times \dfrac{225}{365}\right) = 320(1 + 0.061644) = 320(1.061644) =$ 339.73

   (h) $1000\left(1 - 0.12 \times \dfrac{150}{365}\right) = 1000(1 - 0.049315) = 1000(0.950685) =$ 950.68

(i) $\dfrac{660}{1+0.14\times\frac{144}{365}} = \dfrac{660}{1+0.055233} = \dfrac{660}{1.055233} = \boxed{625.45}$

(j) $\dfrac{1120}{1-0.13\times\frac{292}{365}} = \dfrac{1120}{1-0.104} = \dfrac{1120}{0.896} = \boxed{1250}$

3. (a) $50\% = \dfrac{50}{100} = \boxed{\dfrac{1}{2}}$

(b) $37\dfrac{1}{2}\% = \dfrac{37.5}{100} = \dfrac{375}{1000} = \boxed{\dfrac{3}{8}}$

(c) $16\dfrac{2}{3}\% = \dfrac{16\frac{2}{3}}{100} = \dfrac{\frac{50}{3}}{\frac{100}{1}} = \boxed{\dfrac{1}{6}}$

(d) $166\dfrac{2}{3}\% = \dfrac{100+66\frac{2}{3}}{100} = 1+\dfrac{2}{3} = \boxed{\dfrac{5}{3}}$

(e) $\dfrac{1}{2}\% = \dfrac{\frac{1}{2}}{100} = \dfrac{1}{2}\times\dfrac{1}{100} = \boxed{\dfrac{1}{200}}$

(f) $7.5\% = \dfrac{7.5}{100} = \dfrac{75}{1000} = \boxed{\dfrac{3}{40}}$

(g) $0.75\% = \dfrac{3}{4}\% = \boxed{\dfrac{3}{400}}$

(h) $\dfrac{5}{8}\% = \dfrac{5}{800} = \boxed{\dfrac{1}{160}}$

5. (a) $4\dfrac{1}{3}+3\dfrac{3}{4}+5\dfrac{1}{2}+6\dfrac{5}{8}$

$= 4.\dot{3}+3.75+5.5+6.625 = \boxed{20.208\dot{3}\,\text{kg}}$

(b) $20.208\dot{3}\times 1.20 = \boxed{\$24.25}$

(c) $20.208\dot{3}\div 4 = 5.05208\dot{3} = \boxed{5.05\,\text{kg}}$

(d) $24.25\div 4 = 6.0625 = \boxed{\$6.06}$

7. (a) $\dfrac{15.45+12.20+10.40+9.50}{4} = \dfrac{47.55}{4} = 11.8875 = \boxed{\$11.89}$

   (b) $15.45 \times 2 = \$30.90$
   $12.20 \times 6 = 73.20$
   $10.40 \times 9 = 93.60$
   $\underline{9.50 \times 13 = 123.50}$
   $30 = \$321.50$

   Average rate $= \dfrac{321.20}{30} = \boxed{\$10.71}$

9. January 1 – March 31: $12\,000 \times 3 = \$36\,000$
   April 1 – May 31: $14\,400 \times 2 = 28\,800$
   June 1 – September 30: $12\,960 \times 4 = 51\,840$
   October 1 – December 31: $15\,840 \times \underline{3} = \underline{47\,520}$
   Total $12 = \$164\,160$

   Average monthly investment $= \dfrac{\$164\,160}{12} = \boxed{\$13\,680}$

11. (a) Semimonthly pay $= 20\,292.48 \div 24 = \boxed{\$845.52}$

    (b) Weekly pay $= 20\,292.48 \div 52 = \$390.24$
    Hourly rate $= 390.24 \div 36 = \boxed{\$10.84}$

    (c) Regular earnings $ = \$845.52$
    Overtime pay $= 12.5 \times 10.84 \times 1.5 = \underline{203.25}$
    Gross earnings $ = \boxed{\$1048.77}$

13. (a) Regular earnings $= 37.5 \times 10.2 = \$382.50$
    Overtime pay $= 6.5 \times 10.2 \times 1.5 = \underline{99.45}$
    Gross earnings $ = \boxed{\$481.95}$

    (b) Overtime premium $= 6.5 \times 10.2 \times 0.5 = \boxed{33.15}$

15. (a) Base salary on quota of \$8000 $= \$240.00$
    Commission $= 4.75\%$ on \$3340 $= \underline{158.65}$
    Gross earnings $ = \boxed{\$398.65}$

    (b) Hourly rate $= 398.65 \div 35 = \boxed{\$11.39}$

17. Net sales $= 2101.05 \div 0.105 = \$20\,010.00$

    Net sales $=$ Gross sales $-$ Returns

    $20\,010.00 =$ Gross sales $- 8\%$ of Gross sales

    $20\,010.00 = 92\%$ of Gross sales

    Gross sales $= \dfrac{20\,010}{0.92} = \boxed{\$21\,750}$

19. (a) Annual salary $= 1088.75 \times 24 = \$26\,130$

    Weekly pay $= 26\,130 \div 52 = \$502.50$

    Hourly rate of pay $= 502.50 \div 37.5 = \boxed{\$13.40}$

    (b) Gross earnings $= \$1252.55$

    Regular earnings $= \underline{1088.75}$

    Overtime pay $= \$163.80$

    Overtime hourly rate $= 13.40 \times 1.50 = \$20.10$

    Overtime hours $= 163.80 \div 20.10 = \boxed{8.15}$

21. Total hours $= 47.5$

    Regular hours $= \underline{40}$

    Overtime hours $= 7.5$

    7.5 overtime hours are equivalent to $7.5 \times 1.5 = 11.25$ regular hours

    Hourly rate of pay $= \dfrac{541.20}{51.25} = \boxed{\$10.56}$

23. GST collected $= 5\%$ of $\$76\,000 = 0.05(76\,000) = \$3800.00$

    GST paid $= 5\%$ of $\$14\,960 = 0.05(14\,960) = \underline{748.00}$

    GST remittance $\boxed{\$3052.00}$

25. Amount paid in Kelowna, B.C.
    $=$ Retail Price $+ 12\%$ HST

    $= 1868 + .12(1868)$

    $= 1868 + 224.16 = 2092.16$

    Amount paid in Kenora, Ont.
    $=$ Retail Price $+ 13\%$ HST

    $= 1868 + .13(1868)$

    $= 1868 + 242.84 = 2110.84$

    The difference $= 2110.84 - 2092.16 = \boxed{\$18.68}$, that is the 1% difference in the HST.

27. (a) Tax rate $= \dfrac{45\,567\,000}{975\,500\,000}(1000) = \boxed{46.71143}$

(b) Property tax $= 35\,000\left(\dfrac{46.71143}{1000}\right) = \boxed{\$1634.90}$

(c) Increase in tax rate $= \dfrac{2\,000\,000}{975\,500\,000}(1000) = \boxed{2.050231}$

(d) Additional property tax $= 35\,000\left(\dfrac{2.050231}{1000}\right) = \boxed{\$71.76}$

Self-Test

1. (a) $4320\left(1 + 0.18 \times \dfrac{45}{365}\right) = 4320(1 + 0.022192) = \boxed{4415.87}$

(b) $2160\left(0.15 \times \dfrac{105}{365}\right) = 2160(0.043151) = \boxed{93.21}$

(c) $2880\left(1 - 0.12 \times \dfrac{285}{365}\right) = 2880(1 - 0.093699) = \boxed{2610.15}$

(d) $\dfrac{410.40}{0.24 \times \frac{135}{365}} = \dfrac{410.40}{0.088767} = \boxed{4623.33}$

(e) $\dfrac{5124}{1 - 0.09 \times \frac{270}{365}} = \dfrac{5124}{0.933424658} = \boxed{5489.46}$

3. (a) $2\dfrac{1}{2}\% = \dfrac{5}{2}\% = \dfrac{5}{2} \times \dfrac{1}{100} = \dfrac{5}{200} = \boxed{\dfrac{1}{40}}$

(b) $116\dfrac{2}{3}\% = 100\% + 16\dfrac{2}{3}\% = 1 + \dfrac{16\frac{2}{3}}{100} = 1 + \dfrac{\frac{50}{3}}{100} = 1 + \dfrac{50}{300}$

$= 1 + \dfrac{1}{6} = \boxed{\dfrac{7}{6}}$

5. January 1 – February 28: $7200 \times 2 = \$14\,400$
   March 1 – July 31: $6720 \times 5 = 33\,600$
   August 1 – September 30: $7320 \times 2 = 14\,640$
   October 1 – December 31: $7440 \times \underline{3} = \underline{22\,320}$
   Total $12 \quad \$84\,960$

   Average monthly balance $= \dfrac{84\,960}{12} = \boxed{\$7080}$

7.
$$5 \times \$9 = \$ 45$$
$$6 \times \$7 = 42$$
$$3 \times \$8 = 24$$
$$6 \times \$6 = 36$$
Total 20 = $147

Average price = $\dfrac{147}{20}$ = $\boxed{\$7.35}$

9. Assessed value = $\dfrac{2}{13} \times \$130\,000 = \$20\,000$

Property tax = $\$20\,000 \times \dfrac{32.5}{1000} = \boxed{\$650}$

11. Weekly pay = $26\,478.40 \div 52 = \$509.20$
Hourly pay = $509.20 \div 38 = \$13.40$
Regular monthly pay = $26\,478.40 \div 12 = \$2206.53$
Overtime earnings = $13.40 \times 8.75 \times 1.5 = 175.88$
Gross pay = $\boxed{\$2382.41}$

13. Total hours = 52.5
Regular hours = 42.0
Overtime hours = 10.5
At time-and-a-half, 10.5 overtime hours are equivalent to $10.5 \times 1.5 = 15.75$ regular hours

Hourly rate of pay = $\dfrac{699.93}{57.75} = \boxed{\$12.12}$

15. Annual salary = $780.00 \times 24 = \$18\,720.00$
Weekly pay = $18\,720.00 \div 52 = \$360.00$
Hourly rate of pay = $360.00 \div 40 = \boxed{\$9.00}$

17. Property Tax = Assessed Value × Tax Rate

$2502.50 = $ Assessed Value $\times \dfrac{55}{1000}$

Assessed Value = $\dfrac{2502.50(1000)}{55} = \boxed{\$45\,500.00}$

Chapter 2   Review of Basic Algebra

Exercise 2.1

A. 1. $19a$

3. $-a-10$

5. $-2x-4y$

7. $14f-4v$

9. $0.8x$

11. $1.4x$

13. $2.79x$

15. $-x^2-x-8$

17. $2x-3y-x-4y = \boxed{x-7y}$

19. $12b+4c+9+8-8b-2c-15 = \boxed{4b+2c+2}$

21. $-3m^2+4m+5-4+2m+2m^2 = \boxed{-m^2+6m+1}$

23. $7a-5b+3a-4b-5b = \boxed{10a-14b}$

B. 1. $-12x$

3. $-10ax$

5. $-2x^2$

7. $60xy$

9. $-2x+4y$

11. $2ax^2-3ax-a$

13. $20x-24-6+15x = \boxed{35x-30}$

15. $-15ax+3a+5a-2ax-3ax-3a = \boxed{-20ax+5a}$

17. $3x^2-x+6x-2 = \boxed{3x^2+5x-2}$

19. $x^3-x^2y+xy^2+x^2y-xy^2+y^3 = \boxed{x^3+y^3}$

21. $10x^2 - 8x - 5x + 4 - 3x^2 + 21x - 5x + 35 = \boxed{7x^2 + 3x + 39}$

23. $\boxed{4ab}$

25. $\boxed{4x}$

27. $\boxed{10m - 4}$

29. $\boxed{-2x^2 + 3x + 6}$

C. 1. $3x - 2y - 3 = 3(-4) - 2(-5) - 3 = -12 + 10 - 3 = \boxed{-5}$

3. $(pq - vq) - f = (p - v)q - f = (12 - 7)2000 - 4500 = 10000 - 4500 = \boxed{5500}$

5. $(1 - d1)(1 - d2)(1 - d3) = (1 - 0.35)(1 - 0.08)(1 - 0.02) = (0.65)(0.92)(0.98) = \boxed{0.58604}$

7. $\dfrac{RP(n+1)}{2N} = \dfrac{0.21 \times \$1200 \times (77 + 1)}{2 \times 26} = \boxed{\$378}$

9. $\dfrac{I}{rt} = \dfrac{\$198}{0.165 \times \frac{146}{365}} = \dfrac{\$198}{0.165 \times 0.40} = \boxed{\$3000}$

11. $P(1 + rt) = \$880\left(1 + 0.12 \times \dfrac{76}{365}\right)$

    $= \$880(1 + 0.024986) = \$880(1.024986) = \boxed{\$901.99}$

13. $\dfrac{P}{1 - dt} = \dfrac{\$1253}{1 - 0.135 \times \frac{284}{365}} = \dfrac{\$1253}{1 - 0.083219} = \dfrac{\$1253}{0.916781} = \boxed{\$1400.06}$

Exercise 2.2

A. 1. $\boxed{81}$

3. $\boxed{16}$

5. $\boxed{\dfrac{16}{81}}$

7. $\boxed{-\dfrac{1}{64}}$

9. $\boxed{0.25}$

11. $\boxed{-0.001}$

13. $\boxed{1}$

15. $\boxed{\dfrac{1}{9}}$

17. $\boxed{-\dfrac{1}{125}}$

19. $\boxed{125}$

21. $\boxed{\dfrac{1}{1.01}}$

B. 1. $2^5 \times 2^3 = 2^{5+3} = \boxed{2^8}$

3. $4^7 \div 4^4 = 4^{7-4} = \boxed{4^3}$

5. $(2^3)^5 = 2^{3\times 5} = \boxed{2^{15}}$

7. $a^4 \times a^{10} = a^{4+10} = \boxed{a^{14}}$

9. $3^4 \times 3^6 \times 3 = 3^{4+6+1} = \boxed{3^{11}}$

11. $\dfrac{6^7 \times 6^3}{6^9} = 6^{7+3-9} = \boxed{6}$

13. $\left(\dfrac{3}{5}\right)^4 \left(\dfrac{3}{5}\right)^7 = \left(\dfrac{3}{5}\right)^{4+7} = \boxed{\dfrac{3^{11}}{5^{11}}}$

15. $\left(-\dfrac{3}{2}\right)\left(-\dfrac{3}{2}\right)^6\left(-\dfrac{3}{2}\right)^4 = \left(-\dfrac{3}{2}\right)^{1+6+4} = \boxed{\dfrac{(-3)^{11}}{2^{11}}}$

17. $(1.025)^{80}(1.025)^{70} = (1.025)^{80+70} = \boxed{1.025^{150}}$

19. $\left[1.04^{20}\right]^4 = 1.04^{20\times 4} = \boxed{1.04^{80}}$

21. $(1+i)^{100}(1+i)^{100} = (1+i)^{100+100} = \boxed{(1+i)^{200}}$

23. $\left[(1+i)^{80}\right]^2 = (1+i)^{80\times 2} = \boxed{(1+i)^{160}}$

25. $(ab)^5 = \boxed{a^5 b^5}$

27. $(m^3 n)^8 = \boxed{m^{24} n^8}$

29. $2^3 \times 2^5 \times 2^{-4} = 2^{3+5-4} = \boxed{2^4}$

31. $\left(\dfrac{a}{b}\right)^{-8} = \boxed{\dfrac{b^8}{a^8}}$

Exercise 2.3

A. 1. $\sqrt{5184} = \boxed{72}$

3. $\sqrt[7]{2187} = \boxed{3}$

5. $\sqrt[20]{4.3184} = \boxed{1.075886}$

7. $\sqrt[6]{1.0825} = \boxed{1.013300}$

B. 1. $3025^{\frac{1}{2}} = \boxed{55}$

3. $525.21875^{\frac{2}{5}} = \boxed{12.25}$

5. $\sqrt[12]{1.125^7} = \boxed{1.071122}$

7. $4^{\left(-\frac{1}{3}\right)} = \dfrac{1}{4^{\frac{1}{3}}} = \dfrac{1}{1.587401} = \boxed{0.629961}$

9. $\dfrac{1.03^{60} - 1}{0.03} = \dfrac{5.891603 - 1}{0.03} = \boxed{163.053437}$

11. $\boxed{2.158925}$

13. $26.50(1.043)\left(\dfrac{3.536138 - 1}{0.043}\right) = 26.50(1.043)(58.979962) = \boxed{1630.176673}$

15. $133.00\left(\dfrac{1 - 0.520035}{0.056}\right) = 133.00(8.570795) = \boxed{1139.915716}$

17. $5000.00(0.581251) + 137.50\left(\dfrac{1 - 0.581251}{0.0275}\right)$

    $= 2906.252832 + 137.50(15.227252) = 2906.252832 + 2093.747168 = \boxed{5000.00}$

19. $112.55 = 100.00(1+i)^4$

    $(1+i)^4 = 1.1255$

    $(1+i) = 1.1255^{0.25}$

    $(1+i) = 1.029998$

    $i = \boxed{0.029998}$

20 CHAPTER 2

21. $3036.77 = 2400.00(1+i)^6$

$(1+i)^6 = 1.265321$

$(1+i) = 1.265321^{0.16}$

$(1+i) = 1.04$

$i = \boxed{0.04}$

Exercise 2.4

A. 1. $2^9 = 512$

$\boxed{9 = \log_2 512}$

3. $5^{-3} = \dfrac{1}{125}$

$\boxed{-3 = \log_5 \dfrac{1}{125}}$

5. $e^{2j} = 18$

$2j = \log_e 18$

or $\boxed{2j = \ln 18}$

B. 1. $\log_2 32 = 5$

$\boxed{2^5 = 32}$

$\boxed{3^{-4} = \dfrac{1}{81}}$

3. $\log_{10} 10 = 1$

$\boxed{10^1 = 10}$

C. 1. $\ln 2 = \boxed{0.693147}$

3. $\ln 0.105 = \boxed{-2.253795}$

5. $\ln\left[\dfrac{2000}{1.09^9}\right] = \ln 2000 - \ln 1.09^9$

$= \ln 2000 - 9(\ln 1.09)$

$= 7.600902 - 9(0.086178)$

$= 7.600902 - 0.775599$

$= \boxed{6.825303}$

Exercise 2.5

A. 1. $15x = 45$
   $\boxed{x = 3}$

3. $0.9x = 72$
   $\boxed{x = 80}$

5. $\frac{1}{6}x = 3$
   $\boxed{x = 18}$

7. $\frac{3}{5}x = -21$

   $\frac{1}{5}x = -7$
   $\boxed{x = -35}$

9. $x - 3 = -7$
   $\boxed{x = -4}$

11. $x + 6 = -2$
    $\boxed{x = -8}$

13. $4 - x = 9 - 2x$
    $\boxed{x = 5}$

15. $x + 0.6x = 32$
    $1.6x = 32$
    $\boxed{x = 20}$

17. $x - 0.04x = 192$
    $0.96x = 192$
    $\boxed{x = 200}$

B. 1. $3x + 5 = 7x - 11$
    $-4x = -16$
    $\boxed{x = 4}$

$$LS: 3x+5 = 3(4)+5$$
$$= 12+5$$
$$= 17$$
$$RS: 7x-11 = 7(4)-11$$
$$= 28-11$$
$$= 17$$

3. $2 - 3x - 9 = 2x - 7 + 3x$
   $-3x - 7 = 5x - 7$
   $-8x = 0$
   $\boxed{x = 0}$

   $LS: = 2 - 3x - 9$
   $= 2 - 3(0) - 9$
   $= -7$
   $RS: = 2x - 7 + 3x$
   $= 2(0) - 7 + 3(0)$
   $= -7$

5. $3x + 14 = 4x + 9$
   $-x = -5$
   $\boxed{x = 5}$

   $LS: = 3x + 14$
   $= 3(5) + 14$
   $= 15 + 14 = 29$
   $RS: = 4x + 9$
   $= 4(5) + 9$
   $= 20 + 9 = 29$

7. $5 + 3 + 4x = 5x + 12 - 25$
   $+4x - 5x = +12 - 25 - 5 - 3$
   $-x = -21$
   $\boxed{x = 21}$

   $LS: = 5 + 3 + 4x$
   $= 8 + 4(21)$
   $= 8 + 84 = 92$
   $RS: = 5x + 12 - 25$
   $= 5(21) - 13$
   $= 105 - 13 = 92$

Exercise 2.6

A. 1. $12x - 4(9x - 20) = 320$
$12x - 36x + 80 = 320$
$-24x = 240$
$$\boxed{x = -10}$$
$LS = 12(-10) - 4[9(-10) - 20]$
$= -120 - 4[-90 - 20]$
$= -120 + 440$
$= 320$
$RS = 320$

3. $3(2x - 5) - 2(2x - 3) = -15$
$6x - 15 - 4x + 6 = -15$
$2x - 9 = -15$
$2x = -6$
$$\boxed{x = -3}$$
$LS = 3[2(-3) - 5] - 2[2(-3) - 3]$
$= 3[-65] - 2[-6 - 3]$
$= 3(-11) - 2(-9)$
$= -33 + 18$
$= -15$
$RS = -15$

5. $4x + 2(2x - 3) = 18$
$4x + 4x - 6 = 18$
$8x = 24$
$$\boxed{x = 3}$$
$LS = 4(3) + 2[2(3) - 3]$
$= 12 + 2[6 - 3]$
$= 12 + 6$
$= 18$
$RS = 18$

7. $10x - 4(2x-1) = 32$

$10x - 8x + 4 = 32$

$2x = 28$

$\boxed{x = 14}$

$LS = 10(14) - 4[2(14) - 1]$

$= 140 - 4[27]$

$= 140 - 108$

$= 32$

$RS = 32$

B. 1. $x - \dfrac{1}{4}x = 15$

$4x - x = 60$

$3x = 60$

$\boxed{x = 20}$

3. $\dfrac{2}{3}x - \dfrac{1}{4} = -\dfrac{7}{4} - \dfrac{5}{6}x$

$8x - 3 = -21 - 10x$

$18x = -18$

$\boxed{x = -1}$

5. $\dfrac{3}{4}x + 4 = \dfrac{113}{24} - \dfrac{2}{3}x$

$18x + 96 = 113 - 16x$

$34x = 17$

$\boxed{x = \dfrac{1}{2}}$

C. 1. $\dfrac{3}{4}(2x - 1) - \dfrac{1}{3}(5 - 2x) = -\dfrac{55}{12}$

$9(2x - 1) - 4(5 - 2x) = -55$

$18x - 9 - 20 + 8x = -55$

$26x - 29 = -55$

$26x = -26$

$\boxed{x = -1}$

3. $\dfrac{2}{3}(2x-1)-\dfrac{3}{4}(3-2x)=2x-\dfrac{20}{9}$

$24(2x-1)-27(3-2x)=72x-80$

$48x-24-81+54x=72x-80$

$102x-105=72x-80$

$30x=25$

$\boxed{x=\dfrac{5}{6}}$

D. 1. $y=mx+b$

$y-b=mx$

$\boxed{x=\dfrac{y-b}{m}}$

3. $PV=\dfrac{PMT}{i}$

$\boxed{PMT=PVi}$

5. $A=P(1+rt)$

$\dfrac{A}{P}=1+rt$

$\dfrac{A}{P}-1=rt$

$r=\dfrac{\dfrac{A}{P}-1}{t}$

$r=\dfrac{\dfrac{A-P}{P}}{t}$

$\boxed{r=\dfrac{A-P}{Pt}}$

Exercise 2.7

A. 1. Let the cost be $x.

Selling price $=\$\left(x+\dfrac{3}{4}x\right)$

$$\therefore x + \frac{3}{4}x = 49.49$$
$$4x + 3x = 197.96$$
$$7x = 197.96$$
$$x = 28.28$$

The cost was $\boxed{\$28.28.}$

3. Let the price be $x.

Total $= \$x + 0.05x$

$\therefore x + 0.05x = \$36.75$

$\quad 1.05x = \$36.75$

$\quad\quad x = 35.00$

The price was $\boxed{\$35.00.}$

5. Let the last month's index be x.

This month's index $= x - \frac{1}{12}x$

$\therefore x - \frac{1}{12}x = 176$

$\quad 12x - x = 2112$

$\quad\quad 11x = 2112$

$\quad\quad\quad x = 192$

Last month the index was $\boxed{192.}$

The hourly wage before the increase was $\boxed{\$9.20.}$

7. Let Vera's sales be $x.

Tai's sales $= \$(3x - 140)$

Total sales $= \$(x + 3x - 140)$

$\therefore x + 3x - 140 = 940$

$\quad\quad\quad 4x = 1080$

$\quad\quad\quad\quad x = 270$

Tai's sales $= 3(270) - 140 = \boxed{\$670.}$

9. Let the cost of a ticket be $x.

Total $= \$(x + 5.00) \times 1.05 \times 2$

$$\therefore (x+5.00) \times 1.05 \times 2 = 197.40$$
$$(x+5.00) \times 2.10 = 197.40$$
$$(x+5.00) = 94.00$$
$$x = 89.00$$

The cost per ticket is $\boxed{\$89.00.}$

11. Let the number of chairs produced by the first shift be x.

    Number of chairs produced by the second shift $= \dfrac{4}{3}x - 60$.

    Total production $= x + \dfrac{4}{3}x - 60 = 2320$.

    $$\therefore x + \dfrac{4}{3}x - 60 = 2320$$
    $$\dfrac{7}{3}x = 2380$$
    $$x = 1020$$

    Production by the second shift is $\dfrac{4}{3} \times 1020 - 60 = \boxed{1300.}$

13. Let the number of units of Product A be x;

    then the number of units of Product B is $60 - x$.

    The number of hours for Product A is $4x$;

    The number of hours for Product B is $3(60 - x)$.

    $$\therefore 4x + 3(60 - x) = 200$$
    $$4x + 180 - 3x = 200$$
    $$x = 20$$

    Production of Product A is $\boxed{20 \text{ units.}}$

15. Let the number of $12 tickets be x.

    Number of $8 tickets $= 3x + 10$

    Number of $15 tickets $= \dfrac{4}{5}x - 3$

    Value of the $12 tickets $= \$12x$

    Value of the $8 tickets $= \$8(3x + 10)$

    Value of the $15 tickets $= \$15\left(\dfrac{4}{5}x - 3\right)$

$$\therefore 12x + 8(3x+10) + 15\left(\frac{4}{5}x - 3\right) = 1475$$
$$12x + 24x + 80 + 12x - 45 = 1475$$
$$48x = 1440$$
$$x = 30$$

Sales were $\boxed{\begin{array}{ll} 30 & \$12 \text{ tickets,} \\ 100 & \$8 \text{ tickets,} \\ \text{and } 21 & \$15 \text{ tickets.} \end{array}}$

Review Exercise

1. (a) $3x - 4y - 3y - 5x = \boxed{-2x - 7y}$

   (b) $2x - 0.03x = \boxed{1.97x}$

   (c) $(5a - 4) - (3 - a) = 5a - 4 - 3 + a = \boxed{6a - 7}$

   (d) $-(2x - 3y) - (-4x + y) + (y - x) = -2x + 3y + 4x - y + y - x = \boxed{x + 3y}$

   (e) $(5a^2 - 2b - c) - (3c + 2b - 4a^2)$
   $= 5a^2 - 2b - c - 3c - 2b + 4a^2 = \boxed{9a^2 - 4b - 4c}$

   (f) $-(2x - 3) - (x^2 - 5x + 2) = -2x + 3 - x^2 + 5x - 2 = \boxed{-x^2 + 3x + 1}$

3. (a) for $x = -2$, $y = 5$,

   $3xy - 4x - 5y = 3(-2)(5) - 4(-2) - 5(5) = -30 + 8 - 25 = \boxed{-47}$

   (b) for $a = -\frac{1}{4}$, $b = \frac{2}{3}$,

   $-5(2a - 3b) - 2(a + 5b)$
   $= -10a + 15b - 2a - 10b$
   $= -12a + 5b$
   $= -12\left(-\frac{1}{4}\right) + 5\left(\frac{2}{3}\right) = 3 + 3\frac{1}{3} = \boxed{6\frac{1}{3}}$

(c) for $N = 12, C = 432, P = 1800, n = 35$,

$$\frac{2NC}{P(n+1)} = \frac{2 \times 12 \times 432}{1800 \times (35+1)} = \frac{12 \times 48}{100 \times 36} = \frac{16}{100} = \boxed{0.16}$$

(d) for $I = 600, r = 0.15, P = 7300$,

$$\frac{365\,I}{rP} = \frac{365 \times 600}{0.15 \times 7300} = \frac{2}{0.01} = \boxed{200}$$

(e) for $A = \$720, d = 0.135, t = \frac{280}{365}$,

$$A(1-dt) = \$720\left(1 - 0.135 \times \frac{280}{365}\right) = \$720(1 - 0.015 \times 7)$$

$$= \$720(1 - 0.105) = \$720(0.895) = \boxed{\$645.44}$$

(f) for $S = 2755, r = 0.17, t = \frac{219}{365}$,

$$\frac{S}{1+rt} = \frac{2755}{1 + 0.17 \times \frac{219}{365}} = \frac{2755}{1 + 0.034 \times 3} = \frac{2755}{1 + 0.102} = \boxed{2500}$$

5. (a) $\sqrt{0.9216} = \boxed{0.96}$

(b) $\sqrt[6]{1.075} = \boxed{1.012126}$

(c) $14.974458^{1/40} = \boxed{1.07}$

(d) $1.08^{-5/12} = \dfrac{1}{1.08^{5/12}} = \boxed{0.968442}$

(e) $\ln 3 = \boxed{1.098612}$

(f) $\ln 0.05 = \boxed{-2.995732}$

(g) $\ln\left(\dfrac{5500}{1.10^{16}}\right) = \ln 5500 - \ln 1.10^{16}$

$\qquad\qquad = \ln 5500 - 16 \ln 1.10$

$\qquad\qquad = 8.612503 - 16(0.095310)$

$\qquad\qquad = 8.612503 - 1.524963$

$\qquad\qquad = \boxed{7.087540}$

(h) $\ln\left[375(1.01)\left(\dfrac{1-1.01^{-72}}{0.01}\right)\right] = \ln 375 + \ln 1.01 + \ln(1-1.01^{-72}) - \ln 0.01$

$\qquad\qquad\qquad\qquad = \ln 375 + \ln 1.01 + \ln(1-0.488496) - \ln 0.01$

$\qquad\qquad\qquad\qquad = \ln 375 + \ln 1.01 + \ln 0.511504 - \ln 0.01$

$\qquad\qquad\qquad\qquad = 5.926926 + 0.009950 - 0.670400 - (-4.605170)$

$\qquad\qquad\qquad\qquad = \boxed{9.871647}$

7. (a) $-9(3x-8) - 8(9-7x) = 5 + 4(9x+11)$

$\qquad -27x + 72 - 72 + 56x = 5 + 36x + 44$

$\qquad\qquad\qquad 29x = 49 + 36x$

$\qquad\qquad\qquad -7x = 49$

$\qquad\qquad\qquad \boxed{x = -7}$

Check $LS = -9[3(-7)-8] - 8[9-7(-7)] = -9(-29) - 8(58) = -203$

$\qquad RS = 5 + 4[9(-7)+11] = 5 + 4(-52) = 5 - 208 = -203$

(b) $21x - 4 - 7(5x-6) = 8x - 4(5x-7)$

$\qquad 21x - 4 - 35x + 42 = 8x - 20x + 28$

$\qquad\qquad -14x + 38 = -12x + 28$

$\qquad\qquad\qquad -2x = -10$

$\qquad\qquad\qquad \boxed{x = 5}$

Check $LS = 21(5) - 4 - 7[5(5)-6] = 105 - 4 - 7(19) = 101 - 133 = -32$

$\qquad RS = 8(5) - 4[5(5)-7] = 40 - 4(18) = 40 - 72 = -32$

(c) $\qquad \dfrac{5}{7}x + \dfrac{1}{2} = \dfrac{5}{14} + \dfrac{2}{3}x$

$\qquad 42\left(\dfrac{5}{7}x\right) + 42\left(\dfrac{1}{2}\right) = 42\left(\dfrac{5}{14}\right) + 42\left(\dfrac{2}{3}x\right)$

$\qquad\qquad 6(5x) + 21(1) = 3(5) + 14(2x)$

$\qquad\qquad 30x + 21 = 15 + 28x$

$\qquad\qquad\qquad 2x = -6$

$\qquad\qquad\qquad \boxed{x = -3}$

Check $LS = \dfrac{5}{7}(-3) + \dfrac{1}{2} = \dfrac{-30+7}{14} = -\dfrac{23}{14}$

$\qquad RS = \dfrac{5}{14} + \dfrac{2}{3}(-3) = \dfrac{5}{14} - 2 = -\dfrac{23}{14}$

(d) $\dfrac{4x}{3}+2=\dfrac{9}{8}-\dfrac{x}{6}$

$8(4x)+24(2)=3(9)-4(x)$

$32x+48=27-4x$

$36x=-21$

$\boxed{x=-\dfrac{7}{12}}$

Check LS $=\dfrac{4}{3}\left(-\dfrac{7}{12}\right)+2=-\dfrac{28}{36}+2=-\dfrac{7}{9}+\dfrac{18}{9}=\dfrac{11}{9}$

RS $=\dfrac{9}{8}-\dfrac{1}{6}\left(-\dfrac{7}{12}\right)=\dfrac{9}{8}+\dfrac{7}{72}=\dfrac{81+7}{72}=\dfrac{88}{72}=\dfrac{11}{9}$

(e) $\dfrac{7}{6}(6x-7)-\dfrac{3}{8}(7x+15)=25$

$56(6x-7)-15(7x+15)=40(25)$

$336x-392-105x-225=1000$

$231x-617=1617$

$\boxed{x=7}$

Check LS $=\dfrac{7}{5}[6(7)-7]-\dfrac{3}{8}[7(7)+15]$

$=\dfrac{7}{5}(35)-\dfrac{3}{8}(64)=7(7)-24=49-24=25$

RS $=25$

(f) $\dfrac{5}{9}(7-6x)-\dfrac{3}{4}(3-15x)=\dfrac{1}{12}(3x-5)-\dfrac{1}{2}$

$20(7-6x)-27(3-15x)=3(3x-5)-18$

$140-120x-81+405x=9x-15-18$

$285x+59=9x-33$

$276x=-92$

$$\boxed{x=-\dfrac{1}{3}}$$

Check LS $=\dfrac{5}{9}\left[7-6\left(-\dfrac{1}{3}\right)\right]-\dfrac{3}{4}\left[3-15\left(-\dfrac{1}{3}\right)\right]$

$=\dfrac{5}{9}(7+2)-\dfrac{3}{4}(3+5)$

$=5-6=-1$

RS $=\dfrac{1}{12}\left[3\left(-\dfrac{1}{3}\right)-5\right]-\dfrac{1}{2}$

$=\dfrac{1}{12}(-6)-\dfrac{1}{2}$

$=-\dfrac{1}{2}-\dfrac{1}{2}=-1$

(g) $\dfrac{5}{6}(4x-3)-\dfrac{2}{5}(3x+4)=5x-\dfrac{16}{15}(1-3x)$

$25(4x-3)-12(3x+4)=150x-32(1-3x)$

$100x-75-36x-48=150x-32+96x$

$64x-123=246x-32$

$-182x=91$

$$\boxed{x=-\dfrac{1}{2}}$$

Check LS $= \dfrac{5}{6}\left[4\left(-\dfrac{1}{2}\right)-3\right]-\dfrac{2}{5}\left[3\left(-\dfrac{1}{2}\right)+4\right]$

$= \dfrac{5}{6}(-2-3)-\dfrac{2}{5}\left[-\dfrac{3}{2}+4\right]$

$= \dfrac{5}{6}(-5)-\dfrac{2}{5}\left(\dfrac{5}{2}\right) = -\dfrac{25}{6}-1 = -\dfrac{31}{6}$

RS $= 5\left(-\dfrac{1}{2}\right)-\dfrac{16}{15}\left[1-3\left(-\dfrac{1}{2}\right)\right]$

$= -\dfrac{5}{2}-\dfrac{16}{15}\left(1+\dfrac{3}{2}\right) = -\dfrac{5}{2}-\dfrac{16}{15}\left(\dfrac{5}{2}\right)$

$= -\dfrac{5}{2}-\dfrac{8}{3} = \dfrac{-15-16}{6} = -\dfrac{31}{6}$

9. (a) Let the size of the workforce be x.

   Number laid off $= \dfrac{1}{6}x$

   Number after the layoff $= x-\dfrac{1}{6}x$

   $\therefore x-\dfrac{1}{6}x = 690$

   $\dfrac{5}{6}x = 690$

   $5x = 4140$

   $x = 828$

   $\therefore$ the number laid off is $\dfrac{1}{6}\times 828 = \boxed{138.}$

(b) Let last year's average property value be $\$x$.

   Current average value $= \$\left(x+\dfrac{2}{7}x\right)$

   $\therefore x+\dfrac{2}{7}x = 81450$

   $\dfrac{9}{7}x = 81450$

   $\dfrac{1}{7}x = 9050$

   $x = 63350$

∴ last year's average value was $\boxed{\$63\,350.}$

(c) Let the quoted price be x.

$$\therefore x + \frac{1}{20}x = 2457$$

$$\frac{21}{20}x = 2457$$

$$\frac{1}{20}x = 117$$

$$x = 2340$$

∴ the gratuities $= \frac{1}{20}$ of $2340 = \boxed{\$117.}$

(d) Let the value of the building be x.

Value of the land $= \$\frac{1}{3}x - 2000$

Total value of the property $= \$x + \frac{1}{3}x - 2000$

$$\therefore x + \frac{1}{3}x - 2000 = 184\,000$$

$$\frac{4}{3}x = 186\,000$$

$$\frac{1}{3}x = 46\,500$$

$$x = 139\,500$$

The value assigned to land is $\$(184\,000 - 139\,500) = \boxed{\$44\,500.}$

(e) Let the cost of power be x.

Cost of heat $= \$\left(\frac{3}{4}x + 22\right)$

Cost of water $= \$\left(\frac{1}{3}x - 11\right)$

Total cost $= x + \frac{3}{4}x + 22 + \frac{1}{3}x - 11 = 2010 + 10\%$ of $2010.$

$$12x + 9x + 4x = 12(2010 + 201 - 11)$$

$$25x = 26\,400$$

$$x = 1056$$

Cost of heat $= \frac{3}{4} \times 1056 + 22 =$ $814

Cost of power $=$ $1056

Cost of water $= \frac{1}{3} \times 1056 - 11 =$ $341

(f) Let the amount allocated to newspaper advertising be x.

Amount allocated to TV advertising $= \$(3x + 1000)$

Amount allocated to direct selling $= \frac{3}{4}[x + 3x + 1000]$

$\therefore x + 3x + 1000 + \frac{3}{4}[4x + 1000] = 87\,500$

$4x + \frac{3}{4}[4x + 1000] = 86\,500$

$16x + 12x + 3000 = 346\,000$

$28x = 343\,000$

$x = 12\,250$

The amount allocated to newspaper advertising is $12 250; the amount allocated to TV advertising is $37 750; the amount allocated to direct selling is $37 500

(g) Let the number of minutes on Machine B be x.

Time on Machine A $= \frac{4}{5}x - 3$ minutes

Time on Machine C $= \frac{5}{6}\left(x + \frac{4}{5}x - 3\right)$ minutes

Total time $= x + \frac{4}{5}x - 3 + \frac{5}{6}\left(x + \frac{4}{5}x - 3\right)$ minutes

$\therefore x + \frac{4}{5}x - 3 + \frac{5}{6}\left(x + \frac{4}{5}x - 3\right) = 77$

$30x + 24x - 90 + 25\left(x + \frac{4}{5}x - 3\right) = 30(77)$

$54x - 90 + 25x + 20x - 75 = 2310$

$99x - 165 = 2310$

$99x = 2475$

$x = 25$

Time on Machine B is 25 minutes; time on Machine A is $\frac{4}{5}(25)-3=17$ minutes; time on Machine C is $\frac{5}{6}(25+17)=$ $\boxed{35 \text{ minutes.}}$

(h) Let the number of pairs of superlight poles be x.

Number of pairs of ordinary poles $= 72 - x$

Value of superlight poles $= \$30x$

Value of ordinary poles $= \$16(72-x)$

Total value of all poles $= \$30x + 16(72-x)$

$$30x + 16(72-x) = 1530$$
$$30x + 1152 - 16x = 1530$$
$$14x = 378$$
$$x = 27$$

The number of pairs of $\boxed{\text{superlight poles is 27;}}$ the number of pairs of $\boxed{\text{ordinary poles is 45.}}$

(i) Let the number of \$2 coins be x.

Number of \$1 coins $= \frac{3}{5}x + 1$

Number of quarters $= 4\left(x + \frac{3}{5}x + 1\right)$

Value of the \$2 coins $= \$2x$

Value of the \$1 coins $= \$\left[\frac{3}{5}x + 1\right]$

Value of the quarters $= \$\frac{1}{4}(4)\left(x + \frac{3}{5}x + 1\right) = x + \frac{3}{5}x + 1$

Total value $= 2x + \frac{3}{5}x + 1 + x + \frac{3}{5}x + 1 = 107$

$$10x + 3x + 5 + 5x + 3x + 5 = 535$$
$$21x + 10 = 535$$
$$21x = 525$$
$$x = 25$$

The number of \$2 coins is 25; the number of \$1 coins is $\left(\frac{3}{5} \times 25 + 1\right) = 16$; the number of quarters is $4(25+16) = \boxed{164.}$

Self-Test

1. (a) $4 - 3x - 6 - 5x = \boxed{-2 - 8x}$

   (b) $(5x - 4) - (7x + 5) = 5x - 4 - 7x - 5 = \boxed{-2x - 9}$

   (c) $-2(3a - 4) - 5(2a + 3)$
   $= -6a + 8 - 10a - 15$
   $= \boxed{-16a - 7}$

   (d) $-6(x - 2)(x + 1)$
   $= -6(x^2 - 2x + x - 2)$
   $= -6(x^2 - x - 2)$
   $= \boxed{-6x^2 + 6x + 12}$

3. (a) $(-2)^3 = \boxed{-8}$

   (b) $\left(-\dfrac{2}{3}\right)^2 = \boxed{\dfrac{4}{9}}$

   (c) $(4)^0 = \boxed{1}$

   (d) $(3)^2(3)^5 = (3)^7 = \boxed{2187}$

   (e) $\left(\dfrac{4}{3}\right)^{-2} = \dfrac{1}{\left(\dfrac{4}{3}\right)^2} = \dfrac{1}{\dfrac{16}{9}} = \boxed{\dfrac{9}{16}}$

   (f) $(-x^3)^5 = \boxed{-x^{15}}$

5. (a) $\dfrac{1}{81} = \left(\dfrac{1}{3}\right)^{n-2}$

   $\dfrac{1}{3^4} = \left(\dfrac{1}{3}\right)^{n-2}$

   $\left(\dfrac{1}{3}\right)^4 = \left(\dfrac{1}{3}\right)^{n-2}$

   Since the bases are common
   $4 = n - 2$
   $\boxed{n = 6}$

(b) $\dfrac{5}{2} = 40\left(\dfrac{1}{2}\right)^{n-1}$

$\dfrac{1}{2} = 8\left(\dfrac{1}{2}\right)^{n-1}$

$\dfrac{1}{16} = \left(\dfrac{1}{2}\right)^{n-1}$

$\left(\dfrac{1}{2}\right)^4 = \left(\dfrac{1}{2}\right)^{n-1}$

$4 = n - 1$

$\boxed{n = 5}$

7. (a) $I = Prt$

$\boxed{P = \dfrac{I}{rt}}$

(b) $S = \dfrac{P}{1 - dt}$

$\dfrac{S}{P} = \dfrac{1}{1 - dt}$

$\dfrac{P}{S} = 1 - dt$

$dt = 1 - \dfrac{P}{S}$

$d = \dfrac{1 - \dfrac{P}{S}}{t}$

$d = \dfrac{\dfrac{S - P}{S}}{t}$

$\boxed{d = \dfrac{S - P}{St}}$

Chapter 3   Ratio, Proportion, and Percent

Exercise 3.1

A. 1. (a) $12:32 = \boxed{3:8}$

   (b) $84:56 = \boxed{3:2}$

   (c) $15:24:39 = \boxed{5:8:13}$

   (d) $21:42:91 = \boxed{3:6:13}$

3. (a) $\dfrac{1.25}{4} = \dfrac{125}{400} = \boxed{\dfrac{5}{16}}$

   (b) $\dfrac{2.4}{8.4} = \dfrac{24}{84} = \boxed{\dfrac{2}{7}}$

   (c) $0.6:2.1:3.3$
   $= 6:21:33$
   $= \boxed{2:7:11}$

   (d) $5.75:3.50:1.25$
   $= 575:350:125$
   $= \boxed{23:14:5}$

   (e) $\dfrac{1}{2}:\dfrac{2}{5} = \boxed{5:4}$

   (f) $\dfrac{5}{3}:\dfrac{7}{5} = \boxed{25:21}$

   (g) $\dfrac{3}{8}:\dfrac{2}{3}:\dfrac{3}{4}$
   $= \boxed{9:16:18}$

   (h) $\dfrac{2}{5}:\dfrac{4}{7}:\dfrac{5}{14}$
   $= \boxed{28:40:25}$

   (i) $\dfrac{2}{5}:\dfrac{3}{4}:\dfrac{5}{16}$
   $= \boxed{32:60:25}$

(j) $\dfrac{3}{7}:\dfrac{1}{3}:\dfrac{17}{21}$

$= \boxed{9:7:17}$

(k) $8\dfrac{5}{8}:11\dfrac{1}{2}$

$= \dfrac{69}{8}:\dfrac{92}{8}$

$= \boxed{69:92}$

(l) $1\dfrac{3}{4}:3\dfrac{7}{16}$

$= \dfrac{28}{16}:\dfrac{55}{16}$

$= \boxed{28:55}$

(m) $2\dfrac{1}{5}:4\dfrac{1}{8}$

$= \dfrac{11}{5}:\dfrac{33}{8}$

$= 88:165$

$= \boxed{8:15}$

(n) $5\dfrac{1}{4}:5\dfrac{5}{6}$

$= \dfrac{21}{4}:\dfrac{35}{6}$

$= 63:70$

$= \boxed{9:10}$

B. 1. $\dfrac{\text{Food Cost}}{\text{Beverage Cost}} = \dfrac{40\%}{35\%} = \boxed{\dfrac{8}{7}}$

3. Supervisors : office employees : production workers

   = 6 : 9 : 36

   = $\boxed{2:3:12}$

5. $\dfrac{\text{Instructors}}{\text{Students}} = \dfrac{8}{232} = \dfrac{1}{29} = \boxed{1:29}$

C. 1. $A:B:C = 9:2:1$

Total number of shares is 12.

Value of each share = $\$3060 \div 12 = \$255$

A receives $9 \times 255 = \boxed{\$2295}$
B receives $2 \times 255 = \boxed{\$\ 510}$
C receives $1 \times 255 = \boxed{\$\ 255}$

3. Ratio $= \dfrac{5}{8} : \dfrac{1}{3} : \dfrac{1}{6} = 15:8:4$

Total number of parts = 27

Value of each part = $\$9450 \div 27 = \$350$

Distribution:

Manufacturing: $15 \times 350 = \boxed{\$5250}$
Selling: $8 \times 350 = \boxed{\$2800}$
Administration: $4 \times 350 = \boxed{\$1400}$

5. Raw Materials : WIP : Finished Goods
$= 1/3 : 1/6 : 3/8$
$= 8/24 : 4/24 : 9/24$
$= 8 : 4 : 9$

Total number of parts = 21

Value of each part:

$$\dfrac{\$11\,550\,000}{21} = \$550\,000$$

Allocation:

Raw Materials: $8 \times 550\,000 = \boxed{\$4\,400\,000}$
Work in Process: $4 \times 550\,000 = \boxed{\$2\,200\,000}$
Finished Goods: $9 \times 550\,000 = \boxed{\$4\,950\,000}$

Exercise 3.2

1. $3 : n = 15 : 20$

$15n = 20 \times 3$

$n = \dfrac{20 \times 3}{15}$

$n = \boxed{4}$

3. $3:8 = 21:x$

$3x = 21 \times 8$

$x = \dfrac{21 \times 8}{3}$

$x = \boxed{56}$

5. $1.32:1.11 = 8.8:k$

$1.32k = 1.11 \times 8.8$

$k = \dfrac{1.11 \times 8.8}{1.32}$

$k = \boxed{7.4}$

7. $m:3.4 = 2.04:2.89$

$2.89m = 2.04 \times 3.4$

$m = \dfrac{2.04 \times 3.4}{2.89}$

$m = \boxed{2.4}$

9. $t:\dfrac{3}{4} = \dfrac{7}{8}:\dfrac{15}{16}$

$\dfrac{15}{16}t = \dfrac{3}{4} \times \dfrac{7}{8}$

$t = \dfrac{3}{4} \times \dfrac{7}{8} \times \dfrac{16}{15}$

$t = \boxed{\dfrac{7}{10}}$

11. $\dfrac{9}{8}:\dfrac{3}{5} = t:\dfrac{8}{15}$

$\dfrac{3}{5}t = \dfrac{8}{15} \times \dfrac{9}{8}$

$t = \dfrac{8}{15} \times \dfrac{9}{8} \times \dfrac{5}{3}$

$t = \boxed{1}$

B. 1. Let the number of months to earn $8.75 per share be x.

$\therefore \$1.25:3 = 8.75:x$

$1.25x = 3(8.75)$

$x = \boxed{21}$

3. Let the distance travelled on 75 litres be x km.

∴ $9l : 72$ km $= 75l : x$ km

$$9x = 72(75)$$
$$x = \boxed{600 \text{ km}}$$

5. (a) Let the total value before selling be $\$x$.

$$5 : 6 = 3000 : x$$
$$5x = 18\,000$$
$$x = \boxed{\$3600}$$

(b) Let the value of the partnership be $\$y$.

$$2 : 5 = 3600 : y$$
$$2y = 18\,000$$
$$y = \boxed{\$9000}$$

7. Let last year's profit be $\$x$.

$$\frac{4}{9} = \frac{\$12\,800 \text{ dividend}}{\$x \text{ profit}}$$
$$4x = 9(12\,800)$$
$$x = 28\,800$$

Let revenue be $\$y$.

$$\frac{2}{7} = \frac{28\,800}{y}$$
$$2y = 7(28\,800)$$
$$y = 100\,800$$

Last year's revenue was $\boxed{\$100\,800.}$

Exercise 3.3

A. 1. $0.40 \times 90 = \boxed{36}$

3. $2.50 \times 120 = \boxed{300}$

5. $0.03 \times 600 = \boxed{18}$

7. $0.005 \times 1200 = \boxed{6}$

9. $0.0002 \times 2500 = \boxed{0.5}$

11. $0.0025 \times 800 = \boxed{2}$

13. $0.00075 \times 10\,000 = \boxed{7.5}$

15. $0.025 \times 700 = \boxed{17.5}$

B. 1. $\dfrac{1}{3} \times 48 = \boxed{\$16}$

3. $\dfrac{13}{8} \times 1200 = 13 \times 150 = \boxed{\$1950}$

5. $\dfrac{3}{8} \times 24 = 3 \times 3 = \boxed{\$9}$

7. $\dfrac{5}{4} \times 160 = 5 \times 40 = \boxed{\$200}$

9. $\dfrac{5}{6} \times 720 = 5 \times 120 = \boxed{\$600}$

11. $\dfrac{7}{6} \times 42 = 7 \times 7 = \boxed{\$49}$

13. $\dfrac{3}{4} \times 180 = 3 \times 45 = \boxed{\$135}$

15. $\dfrac{4}{3} \times 45 = 4 \times 15 = \boxed{\$60}$

C. 1. $R = \dfrac{36}{60} = 0.60 = \boxed{60\%}$

3. $R = \dfrac{920}{800} = 1.15 = \boxed{115\%}$

5. $R = \dfrac{6}{120} = \dfrac{1}{20} = \boxed{5\%}$

7. $R = \dfrac{132}{22} = 6 = \boxed{600\%}$

9. $R = \dfrac{150}{90} = \dfrac{5}{3} = \boxed{166\dfrac{2}{3}\%}$

D. 1. $60 = 30\%$ of x

$60 = 0.3x$

$x = \boxed{200}$

3. $x = 0.1\%$ of 3600
   $= 0.001 \times 3600$
   $= \boxed{3.60}$

5. $x = \dfrac{1}{2}\%$ of 612
   $1\% \to 6.12$
   $\dfrac{1}{2}\% \to \boxed{3.06}$

7. $80 = 40\%$ of x
   $80 = 0.4x$
   $x = \boxed{200}$

9. $x = \dfrac{1}{8}\%$ of 880
   $1\% = 8.80$
   $\dfrac{1}{8}\% = \boxed{1.10}$

11. $600 = 250\%$ of x
    $2.5x = 600$
    $x = \boxed{240}$

13. $90 = 30\%$ of x
    $0.3x = 90$
    $x = \boxed{300}$

E. 1. Let the reduction be $\$x$.
   $x = 40\%$ of 70
   $x = 28$

   The reduction is $\boxed{\$28.}$

3. Let waste be $\$x$.
   $x = 6\%$ of $25\,000$
   $= 0.06 \times 25\,000$
   $= 1500$

   The waste is $\boxed{\$1500.}$

5. Let the budgeted sales be x.

    90% of $x = 40\ 500$

    $0.9x = 40\ 500$

    $x = 45\ 000$

    The sales budget is $\boxed{\$45\ 000.}$

7. Let the original cost be x.

    300% of $x = 180\ 000$

    $3x = 180\ 000$

    $x = 60\ 000$

    The original cost is $\boxed{\$60\ 000.}$

9. Let Shari's portion be x.

    $x = 0.5\%$ of 1200

    $x = \boxed{6}$

    Shari's portion is $\boxed{\$6.}$

Exercise 3.4

A. 1. $x = 120 + 40\%$ of 120

    $= 120 + 0.40 \times 120$

    $= \boxed{168}$

3. $x = 1200 - 5\%$ of 1200

    $= 1200 - 0.05 \times 1200$

    $= \boxed{1140}$

5. $x = 48 + 83\frac{1}{3}\%$ of 48

    $= 48 + \frac{5}{6} \times 48$

    $= \boxed{88}$

B. 1. Increase $= 15$

    $R = \frac{15}{30} = \frac{1}{2} = \boxed{50\%}$

3. Increase $= 160$

    $R = \frac{160}{80} = 2 = \boxed{200\%}$

5. Decrease = 6

   $R = \dfrac{6}{300} = 0.02 = \boxed{2\%}$

C. 1. $x + 0.4x = 28$

   $1.4x = 28$

   $\boxed{x = 20}$

3. $x - 0.05x = 418$

   $0.95x = 418$

   $\boxed{x = 440}$

5. $x + \dfrac{1}{6}x = 42$

   $\dfrac{7x}{6} = 42$

   $\boxed{x = 36}$

7. $x + 1.5x = 75$

   $2.5x = 75$

   $\boxed{x = 30}$

D. 1. $24 = x - 25\%$ of x

   $24 = x - \dfrac{1}{4}x$

   $\dfrac{3}{4}x = 24$

   $\dfrac{1}{4}x = 8$

   $x = \boxed{32}$

3. $x + 150\%$ of $x = 325$

   $x + 1.5x = 325$

   $2.5x = 325$

   $x = \boxed{130}$

   The amount is $\boxed{\$130.}$

5. $x - 5\%$ of $x = 4.18$

   $0.95x = 4.18$

   $x = \boxed{4.40}$

   The original amount is $\boxed{\$4.40.}$

Exercise 3.5

A 1. Let the number of absentees be x.

$$x = 2\frac{1}{4}\% \text{ of } 1200$$

$1\% \rightarrow 12$

$2\% \rightarrow 24$

$\frac{1}{4}\% \rightarrow 3$

$2\frac{1}{4}\% \rightarrow 27$

The number absent is $\boxed{27}$.

3. Increase $= \dfrac{35}{280} = \dfrac{5}{40} = \dfrac{1}{8} = \boxed{12.5\%}$

5. Let the weekly sales be $\$x$.

$$16\frac{2}{3}\% \text{ of } x = 720$$

$$\frac{1}{6}x = 720$$

$$x = 4320$$

Weekly sales must be $\boxed{\$4320}$.

7. (a) Let the policy value be $\$x$.

$$\frac{3}{8}\% \text{ of } x = 675$$

$$\frac{1}{8}\% \text{ of } x = 225$$

$$1\% \text{ of } x = 1800$$

Face value is $\boxed{\$180\,000}$.

(b) Let appraised value be $\$y$.

$$80\% \text{ of } y = 180\,000$$

$$0.8y = 180\,000$$

$$y = 225\,000$$

Appraised value is $\boxed{\$225\,000}$.

B. 1. Let the selling price be x.

$$7.92 + 83\tfrac{1}{3}\% \text{ of } 7.92 = x$$
$$7.92 + \tfrac{5}{6} \times 7.92 = x$$
$$7.92 + 6.60 = x$$
$$x = 14.52$$

The article sold for $\boxed{\$14.52.}$

3. Let the reduced price be x.

$$x = 195 - 33\tfrac{1}{3}\% \text{ of } 195$$
$$= 195 - \tfrac{1}{3} \times 195$$
$$= 195 - 65$$
$$= 130$$

The reduced price was $\boxed{\$130.}$

5. Let the cost before harmonized sales tax be x.

$$13\% \text{ of } x = 9.62$$
$$0.13x = 9.62$$
$$x = 74.00$$

The amount paid $= 74.00 + 9.62 = \boxed{\$83.62.}$

7. Let the face value be x.

$$4\tfrac{1}{2}\% \text{ of } x = 225$$
$$0.045x = 225$$
$$x = 5000$$

The face value is $\boxed{\$5000.}$

9. Decrease $= 6540 - 1090 = 5450$

$$\text{Rate} = \frac{5450}{6540} = 0.8\dot{3} = 83\tfrac{1}{3}\%$$

Decrease in profit was $\boxed{83\tfrac{1}{3}\%.}$

11. Gain in value $= 178\ 500 - 42\ 000 = 136\ 500$

    Rate $= \dfrac{136\ 500}{42\ 000} = 3.25 = \boxed{325\%}$

13. Let the marked price be x.

    $$x - 33\dfrac{1}{3}\% \text{ of } x = 64.46$$
    $$x - \dfrac{1}{3}x = 64.46$$
    $$\dfrac{2}{3}x = 64.46$$
    $$\dfrac{1}{3}x = 32.23$$
    $$x = 96.69$$

    The marked price was $\boxed{\$96.69.}$

15. Let the invoice amount be x.

    $$x - 5\% \text{ of } x = 646$$
    $$0.95x = 646$$
    $$x = 680$$

    The invoice amount was $\boxed{\$680.}$

17. Let the second quarter working capital be x.

    $$x + 75\% \text{ of } x = 78\ 400$$
    $$\dfrac{7}{4}x = 78\ 400$$
    $$\dfrac{1}{4}x = 11\ 200$$
    $$x = 44\ 800$$

    Working capital at the end of the second quarter was $\boxed{\$44\ 800.}$

19. Let the compensation before vacation pay be x.

    $$x + 4\% \text{ of } x = 23\ 400$$
    $$1.04x = 23\ 400$$
    $$x = 22\ 500$$

    Vacation Pay $= 4\%$ of $22\ 500 = \boxed{\$900}$

Exercise **3.6**

A. 1. Let the number of US$ be x.

$$\frac{C\$1}{US\$0.9421} = \frac{C\$750.00}{US\$x}$$

$$\frac{1}{0.9421} = \frac{750.00}{x}$$

$$x = 750.00(0.9421)$$

$$x = 706.58$$

C$750.00 will buy $\boxed{US\$706.58}$

3. Let the number of C$ be x.

$$\frac{C\$1}{US\$0.93} = \frac{C\$x}{US\$299.00}$$

$$\frac{1}{0.93} = \frac{x}{299.00}$$

$$x = \frac{299.00}{0.93}$$

$$x = 321.51$$

The flight costs $\boxed{C\$321.51}$

B. 1. US$1 = C$1.0268

US$350.00 convert to $350.00(1.0268) = \boxed{C\$359.38}$

3. US$1 = 1.0692 Swiss francs

US$175.00 convert to $175.00(1.0692) = \boxed{187.11 \text{ Swiss francs}}$

5. 1€ = C$1.3709

550 € convert to $550.00(1.3709) = \boxed{C\$754.00}$

Exercise **3.7**

A. 1. Simple price index for $\boxed{\text{bread}} = \frac{2.58}{2.49}(100) = \boxed{103.6145}$

Simple price index for a $\boxed{\text{bus pass}} = \frac{220}{199}(100) = \boxed{110.5528}$

Simple price index for $\boxed{\text{clothing}} = \frac{1600}{1650}(100) = \boxed{96.9697}$

Interpretation:

The price of bread increased 3.61% from 2011 to 2012.

The price of a bus pass increased 10.55% from 2011 to 2012.

The price of clothing decreased 3.03% from 2011 to 2012.

3. (a) (i) Purchasing power of dollar in $\boxed{\text{2006 relative to 2002}} = \dfrac{1}{109.1}(100) = \boxed{0.9166}$

     (ii) Purchasing power of dollar in $\boxed{\text{2009 relative to 2002}} = \dfrac{1}{114.4}(100) = \boxed{0.8741}$

  (b) Purchasing power of dollar in $\boxed{\text{2009 relative to 2006}} = \dfrac{109.1}{114.4}(100) = \boxed{0.9537}$

5. Inflation rate from 2003 to 2008 $= \dfrac{\text{CPI 2008} - \text{CPI 2003}}{\text{CPI 2003}}(100) = \dfrac{112.41 - 101.58}{101.58}(100) = 10.6615\%$

She would have to earn 10.6615% more, or $74\,000 (0.106615) = \$7889.51$ more.

Therefore, total she must earn in 2008 $= 74\,000 + 7889.51 = \boxed{\$81\,889.51}$

Exercise 3.8

A. 1. Federal tax $= 0.15(40\,970) + 0.22(49\,450 - 40\,970) = \$6145.50 + \$1865.60 = \boxed{\$8011.10}$

   3. Total income $= \$32\,920 + \$17\,700 = \$50\,620$

     Federal tax $= 0.15(40\,970) + 0.22(50\,620 - 40\,970) = \$6145.50 + \$2123 = \boxed{\$8268.50}$

Review Exercise

1. (a) 25 dimes : 3 dollars $= 250 : 300 = \boxed{5:6}$

  (b) 5 hours : 50 minutes $= 300 : 50 = \boxed{6:1}$

  (c) \$6.75 : 30 litres $= 675 : 3000 = 135 : 600 = \boxed{9:40}$

  (d) \$21 : 3.5 hours $= 210 : 35 = 30 : 5 = \boxed{6:1}$

  (e) 1440 words : 120 lines : 69 pages $= \boxed{240:20:1}$

  (f) 90 kg : 24 ha : 18 weeks $= \boxed{15:4:3}$

3. (a) 150% of 140
     $= 1.5 \times 140 = \boxed{210}$

  (b) 3% of 240
     $= 0.03 \times 240 = \boxed{7.2}$

(c) $9\frac{3}{4}\%$ of 2000

      $= 0.0975 \times 2000 = \boxed{195}$

(d)   0.9% of 400

      $= 0.009 \times 400 = \boxed{3.6}$

5. (a)   1% of $2664 = $26.64

      $\frac{1}{4}\% \to \boxed{\$6.66}$

(b)   1% of $1328 = $13.28

      $\frac{1}{8}\% \to 1.66$

      $\frac{5}{8}\% \to \boxed{\$8.30}$

(c)   1% of $5400 = $54.00

      $\frac{1}{3}\% \to 18.00$

      $\frac{2}{3}\% \to 36.00$

      $1\frac{2}{3}\% \to \boxed{\$90.00}$

(d)   1% of $1260 = $12.60

      $2\% \to 25.20$

      $\frac{1}{5}\% \to 2.52$

      $2\frac{1}{5}\% \to \boxed{\$27.72}$

7. (a) $8 + 125\%$ of $8 = x$

          $8 + 10 = x$

              $x = \boxed{\$18}$

(b) $x = 2000 - 2\frac{1}{4}\%$ of 2000

      $= 2000 - 45$

      $= \boxed{\$1955}$

(c) Decrease = 120 − 100 = 20

Rate of increase = $\frac{20}{120} = \frac{1}{6}$ = $\boxed{16\frac{2}{3}\%.}$

(d) Increase = 975 − 150 = 825

Rate of increase = $\frac{825}{150}$ = 5.50 = $\boxed{550\%.}$

(e) 98 = x + 75% of x

1.75x = 98

x = 56

The amount is $\boxed{\$56.}$

(f) x − 15% of x = 289

0.85x = 289

x = 340

The price was $\boxed{\$340.}$

(g) x + 250% of x = 490

x + 2.5x = 490

3.5x = 490

x = 140

The sum of money is $\boxed{\$140.}$

9. Total number of parts = 80 + 140 + 160 = 380
Rental allocation per part = 11 400/380 = 30
Allocation:

$\boxed{\begin{array}{l}\text{Department A: } 80 \times 30 = \$2400 \\ \text{Department B: } 140 \times 30 = \$4200 \\ \text{Department C: } 160 \times 30 = \$4800\end{array}}$

11. Ratio = $\frac{1}{2} : \frac{1}{3} : \frac{2}{5} = \frac{15}{30} : \frac{10}{30} : \frac{12}{30}$ = 15 : 10 : 12

15x + 10x + 12x = 185 000

x = 5 000

Total number of parts = 37

Value of each part:

$\frac{185\ 000}{37} = 5000$

Allocation of fire loss:

> Company 1: $15 \times 5000 = \$75\,000$
> Company 2: $10 \times 5000 = \$50\,000$
> Company 3: $12 \times 5000 = \$60\,000$

13. Let the variable cost for sales of $350\,000$ be $\$x$.

$$\frac{\$130\,000 \text{ variable cost}}{\$250\,000 \text{ sales}} = \frac{\$x \text{ variable cost}}{\$350\,000 \text{ sales}}$$

$$\frac{130\,000}{250\,000} = \frac{x}{350\,000}$$

$$25x = 13(350\,000)$$

$$x = \frac{13(350\,000)}{25}$$

$$x = 182\,000$$

The variable cost for sales of $350\,000 is $\boxed{\$182\,000.}$

15. $\dfrac{\text{Faculty}}{\text{Support}} = \dfrac{5}{4} = \dfrac{x}{192}$

$$192(5) = 4x$$
$$x = 240$$

The number of faculty members is 240.

$\dfrac{4}{9}$ of total $= 240$

$$\frac{4}{9}T = 240$$
$$4T = 240 \times 9$$
$$T = \frac{240 \times 9}{4}$$
$$T = 540$$

Employment is $\boxed{540.}$

17. $\boxed{\text{Bonds}} = 37\dfrac{1}{2}\%$ of $150\,000$

$= \dfrac{3}{8} \times 150\,000 \qquad = \boxed{\$\,56\,250}$

Common $= 56\frac{1}{4}\%$ of 150 000

$= 0.5625 \times 150\ 000 = \boxed{\$\ 84\ 375}$

Preferred $= (100\% - 37.5\% - 56.25\%)$

$= 6.25\%$ of 150 000

$= 0.0625 \times 150\ 000 = \boxed{\$\ 9\ 375}$

Total $= \$150\ 000$

19. (a) Appraised value

$= 120\ 000 + 233\frac{1}{3}\%$ of 120 000

$= 120\ 000 + \frac{7}{3} \times 120\ 000$

$= 120\ 000 + 280\ 000$

$= \boxed{\$400\ 000}$

(b) Gain $= \boxed{\$280\ 000}$

21. (a) Not passed $= \dfrac{180}{2400} = \dfrac{3}{40} = \boxed{7.5\%}$

(b) Scrapped as a percent of production not passed

$= \dfrac{30}{180} = \dfrac{1}{6} = \boxed{16\frac{2}{3}\%}$

23. (a) Increase in pay

$= 16.80 - 6.30 = \$10.50$

Percent change

$= \dfrac{10.50}{6.30} = 1.\dot{6} = \boxed{166\frac{2}{3}\%}$

(b) Current pay as a percent of old pay

$= \dfrac{16.80}{6.30} = 2.\dot{6} = \boxed{266\frac{2}{3}\%}$

25. List price = 240% of cost

$396 = 2.40C$

$C = 165$

Cost is $\boxed{\$165.}$

27. 77.5% of list price = sale price

    $0.775L = 15\,500$

    $L = 20\,000$

    List $= C + 33\dfrac{1}{3}\%$ of C

    $20\,000 = \dfrac{4}{3}C$

    $C = 15\,000$

    Cost was $\boxed{\$15\,000.}$

29. (a) Let the asking price be $\$x$.

    $\therefore 91\dfrac{2}{3}\%$ of $x = 330\,000$

    $\dfrac{11}{12}x = 330\,000$

    $\dfrac{1}{12}x = 30\,000$

    $x = 360\,000$

    Let the cost be $\$y$.

    $y + 350\%$ of $y = 360\,000$

    $4.5y = 360\,000$

    $y = 80\,000$

    The original cost was $\boxed{\$80\,000.}$

    (b) Gain $= 330\,000 - 80\,000 = \boxed{\$250\,000}$

    (c) Percent gain $= \dfrac{250\,000}{80\,000} = 3.125 = \boxed{312.5\%}$

31. Let the value of the coupon be US$$x$.

    $\dfrac{\text{US}\$x}{\text{C}\$216.00} = \dfrac{\text{US}\$1}{\text{C}\$1.07}$

    $\dfrac{x}{216.00} = \dfrac{1}{1.07}$

    $x = \dfrac{216.00}{1.07} = 201.87$

    The coupon has a value of $\boxed{\text{US}\$201.87}$

58   CHAPTER 3

33. Federal tax $= 0.15(40\,970) + 0.22(81\,941 - 40970) + 0.26(83\,450 - 81\,941)$
   $= \$6145.50 + \$9013.62 + \$392.34 = \boxed{\$15\,551.46}$

Self-Test

1. (a) 125% of $280 = \dfrac{5}{4} \times 280 = 5 \times 70 = \boxed{\$350}$

   (b) $\dfrac{3}{8}\%$ of $\$20\,280 : 1\% \rightarrow \$202.80$

   $\dfrac{1}{8}\% \rightarrow \$25.35$

   $\dfrac{3}{8}\% \rightarrow \boxed{\$76.05}$

   (c) $83\dfrac{1}{3}\%$ of $\$174 = \dfrac{5}{6} \times 174 = 5 \times 29 = \boxed{\$145.00}$

   (d) $1\dfrac{1}{4}\%$ of $\$1056 : 1\% \rightarrow \$10.56$

   $\dfrac{1}{4}\% \rightarrow \$2.64$

   $1\dfrac{1}{4}\% \rightarrow \boxed{\$13.20}$

3. Total in sample $= 24 + 36 + 20 = 80$

   Brand Y preference $= \dfrac{36}{80} = \dfrac{9}{20} = 0.45 = \boxed{45\%}$

5. $\dfrac{\text{Beverage sales}}{\text{Food sales}} = \dfrac{\$9.60}{\$12.00} = \dfrac{96}{120} = \dfrac{4}{5}$

   Let the budget for beverage sales be $\$x$.

   $\dfrac{x}{12\,500} = \dfrac{4}{5}$

   $x = \dfrac{4}{5} \times 12\,500$

   $x = 10\,000$

   The monthly budget for beverage sales is $\boxed{\$10\,000.}$

7. $\dfrac{1}{2} : \dfrac{1}{3} : \dfrac{1}{5} : \dfrac{1}{6} = \dfrac{15}{30} : \dfrac{10}{30} : \dfrac{6}{30} : \dfrac{5}{30} = 15 : 10 : 6 : 5$

   Total number of shares $= 15 + 10 + 6 + 5 = 36$

   Value of each share $= 40\,500 \div 36 = \$1125$

First bonus:	$15 \times 1125 =$	$\boxed{\$16\,875}$
Second bonus:	$10 \times 1125 =$	$\boxed{\$11\,250}$
Third bonus:	$6 \times 1125 =$	$\boxed{\$\,6\,750}$
Fourth bonus:	$5 \times 1125 =$	$\boxed{\$\,5\,625}$

9. Let the price of the bicycle before taxes be x; then the amount of HST is 13% of x; the sales value is $x + 13\%$ of x.

$$x + 13\% \text{ of } x = 282.50$$
$$x + 0.13x = 282.50$$
$$1.13x = 282.50$$
$$x = \frac{282.50}{1.13}$$
$$x = 250$$

HST $= 13\%$ of $250 = \boxed{\$32.50}$

11. Let the index 10 years ago be x; then the increase is 100% of x.

$$x + 100\% \text{ of } x = 360$$
$$x + x = 360$$
$$2x = 360$$
$$x = 180$$

The index 10 years ago was $\boxed{180}$.

13. (a) Let the number of Australian dollars be x.

$$\frac{\text{AUD\$}x}{\text{C\$}1} = \frac{\text{AUD\$}1}{\text{C\$}0.9022}$$
$$\frac{x}{1} = \frac{1}{0.9022}$$
$$x = 1.1084$$

C$1 costs $\boxed{\text{AUD\$}1.1084.}$

(b) To buy C$500 costs $500(1.1084) = \boxed{\text{AUD\$}554.20.}$

15. Purchasing power of dollar relative to 2002

$$= \frac{1}{113.6}(100) = \boxed{\$0.880282}$$

Chapter 4   Linear Systems

Exercise 4.1

A. 1. $x + y = -9$ (1)
$x - y = -7$ (2)

(1) + (2) → $2x = -16$
$x = -8$

In (1) $-8 + y = -9$
$y = -1$

$$\boxed{(x, y) = (-8, -1)}$$

Check:

In (1) LS $= -8 - 1 = -9 =$ RS
In (2) LS $= -8 - (-1) = -7 =$ RS

3. $5x + 2y = 74$ (1)
$7x - 2y = 46$ (2)

(1) + (2) → $12x = 120$
$x = 10$

In (1) $5(10) + 2y = 74$
$2y = 24$
$y = 12$

$$\boxed{(x, y) = (10, 12)}$$

Check:

In (1) LS $= 5(10) + 2(12) = 50 + 24 = 74 =$ RS
In (2) LS $= 7(10) - 2(12) = 70 - 24 = 46 =$ RS

5. $y = 3x + 12$ (1)
$x = -y$ (2)

Rearrange

$3x - y = -12$ (3)
$x + y = 0$ (4)

(3) + (4) → $4x = -12$
$x = -3$

In (2) $-3 = -y$
$y = 3$

$$\boxed{(x, y) = (-3, 3)}$$

Check:
In (1)   LS = 3
          RS = 3(−3) + 12 = −9 + 12 = 3
In (2)   LS = −3
          RS = −3

B. 1. $4x + y = -13$ (1)
    $x - 5y = -19$ (2)
    To eliminate y
    (1) × 5 → $20x + 5y = -65$ (3)
                 $x - 5y = -19$ (2)
    (3) + (2) → $21x = -84$
                 $x = -4$
    In (1) $4(-4) + y = -13$
                 $-16 + y = -13$
                 $y = 3$
                 $\boxed{(x, y) = (-4, 3)}$

    Check:
    In (1)   LS = 4(−4) + 3 = −16 + 3 = −13 = RS
    In (2)   LS = −4 − 5(3) = −4 − 15 = −19 = RS

3. $7x - 5y = -22$ (1)
    $4x + 3y = 5$ (2)
    To eliminate y
    (1) × 3 → $21x - 15y = -66$ (3)
    (2) × 5 → $20x + 15y = 25$ (4)
    (3) + (4) → $41x = -41$
                $x = -1$
    In (2) $-4 + 3y = 5$
                $3y = 9$
                $y = 3$
                $\boxed{(x, y) = (-1, 3)}$

    Check:
    In (1)   LS = 7(−1) − 5(3) = −7 − 15 = −22 = RS
    In (2)   LS = 4(−1) + 3(3) = −4 + 9 = 5 = RS

5. $12y = 5x = 16$ (1)
    $6x + 10y - 54 = 0$ (2)
    Rearrange
    $-5x + 12y = 16$ (3)

$$6x+10y = 54 \qquad (4)$$

To eliminate x

$(3)\times 6 \to \qquad -30x+72y = 96 \qquad (5)$

$(4)\times 5 \to \qquad \underline{30x+50y = 270} \qquad (6)$

$(5)+(6) \to \qquad 122y = 366$

$$y = 3$$

In (1) $\qquad 12(3) = 5x+16$

$$36-16 = 5x$$
$$5x = 20$$
$$x = 4$$

$$\boxed{(x,y) = (4,3)}$$

Check:

In (1) $\qquad LS = 12(3) = 36$

$\qquad\qquad RS = 5(4)+16 = 20+16 = 36$

In (2) $\qquad LS = 6(4)+10(3)-54 = 24+30-54 = 0$

$\qquad\qquad RS = 0$

C. 1. $\qquad 0.4x+1.5y = 16.8 \qquad (1)$

$\qquad\qquad 1.1x-0.9y = 6.0 \qquad (2)$

To eliminate decimals

$(1)\times 10 \to \qquad 4x+15y = 168 \qquad (3)$

$(2)\times 10 \to \qquad 11x-9y = 60 \qquad (4)$

To eliminate y

$(3)\times 3 \to \qquad 12x+45y = 504$

$(4)\times 5 \to \qquad \underline{55x-45y = 300}$

Add: $\qquad\qquad 67x = 804$

$$x = 12$$

In (3) $\quad 4(12)+15y = 168$

$$48+15y = 168$$
$$15y = 120$$
$$y = 8$$

$$\boxed{(x,y) = (12,8)}$$

3. $\qquad 2.4x+1.6y = 7.60 \qquad (1)$

$\qquad\qquad 3.8x+0.6y = 7.20 \qquad (2)$

To eliminate decimals

$(1)\times 5 \to \qquad 12x+8y = 38 \qquad (3)$

$(2)\times 5 \to \qquad 19x+3y = 36 \qquad (4)$

To eliminate y

$$(3) \times 3 \rightarrow \qquad 36x + 24y = 114$$
$$(4) \times (-8) \rightarrow \qquad \underline{-152x - 24y = -288}$$
Add: $\qquad -116x = -174$
$$x = 1.5$$
In (3) $\qquad 12(1.5) + 8y = 38$
$$18 + 8y = 38$$
$$8y = 20$$
$$y = 2.5$$
$$\boxed{(x, y) = (1.5, 2.5)}$$

5. $\dfrac{3x}{4} - \dfrac{2y}{3} = \dfrac{-13}{6}$ \hfill (1)

$\dfrac{4x}{5} + \dfrac{3y}{4} = \dfrac{123}{10}$ \hfill (2)

To eliminate fractions
$(1) \times 12 \rightarrow \quad 9x - 8y = -26$ \hfill (3)
$(2) \times 20 \rightarrow 16x + 15y = 246$ \hfill (4)
To eliminate y
$(3) \times 15 \rightarrow 135x - 120y = -390$
$(4) \times 8 \rightarrow \underline{128x + 120y = 1968}$
Add: $\qquad 263x = 1578$
$$x = 6$$
In (3) $\qquad 9(6) - 8y = -26$
$$54 - 8y = -26$$
$$-8y = -80$$
$$y = 10$$
$$\boxed{(x, y) = (6, 10)}$$

7. $\dfrac{x}{3} + \dfrac{2y}{5} = \dfrac{7}{15}$ \hfill (1)

$\dfrac{3x}{2} - \dfrac{7y}{3} = -1$ \hfill (2)

To eliminate fractions
$(1) \times 15 \rightarrow \quad 5x + 6y = 7$ \hfill (3)
$(2) \times 60 \rightarrow 9x - 14y = -6$ \hfill (4)
To eliminate y
$(3) \times 7 \rightarrow \quad 35x + 42y = 49$
$(4) \times 3 \rightarrow \quad \underline{27x - 42y = -18}$

Add: $62x = 31$

$x = \dfrac{1}{2}$

In (3) $5\left(\dfrac{1}{2}\right) + 6y = 7$

$\dfrac{5}{2} + 6y = 7$

$5 + 12y = 14$

$12y = 9$

$y = \dfrac{3}{4}$

$$\boxed{(x, y) = \left(\dfrac{1}{2}, \dfrac{3}{4}\right)}$$

Exercise 4.2

A. 1. A(−4, −3)
B(0, −4)
C(3, −4)
D(2, 0)
E(4, 3)
F(0, 3)
G(−4, 4)
H(−5, 0)

3. (a)

x	−5	−4	−3	−2	−1	0	1	2	3
y	−3	−2	−1	0	1	2	3	4	5

(b)

x	3	2	1	0	−1	−2
y	5	3	1	−1	−3	−5

(c)

x	3	2	1	0	−1	−2	−3
y	6	4	2	0	−2	−4	−6

(d)

x	−5	−4	−3	−2	−1	0	1	2	3	4	5
y	5	4	3	2	1	0	−1	−2	−3	−4	−5

B. 1.

x	0	3	2
y	-3	0	-1

Graph of $x - y = 3$ through points $(0, -3)$, $(3, 0)$, $(2, -1)$.

3.

x	0	-2	2
y	0	2	-2

Graph of $y = -x$ through points $(-2, 2)$, $(0, 0)$, $(2, -2)$.

5.

x	0	4	-4
y	-3	0	-6

Graph of $3x - 4y = 12$ through points $(-4, -6)$, $(0, -3)$, $(4, 0)$.

7.

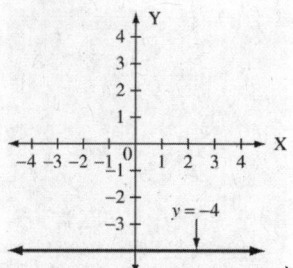

Graph of $y = -4$.

9. For $y = 2x - 3$
   slope, $m = 2$
   y-intercept, $b = -3$

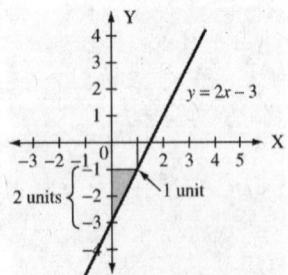

C. 1. For $y = 3x + 20$

x	0	20	40
y	20	80	140

or $m = 3$
$b = 20$

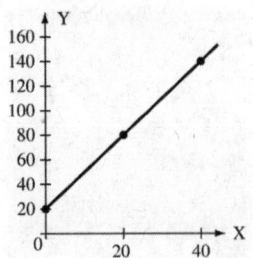

3. For $3x + 4y = 1200$

x	0	200	400
y	300	150	0

or $m = -\dfrac{3}{4}$
$b = 300$

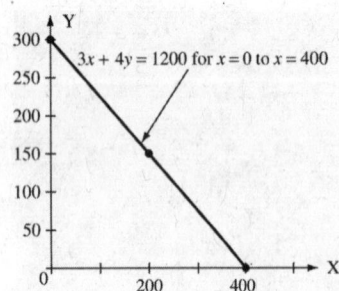

Exercise 4.3

A. 1.

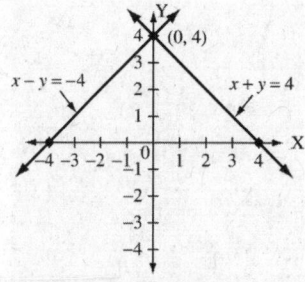

(0, 4) is the solution.

3. $x = 2y - 1$

x	3	-1	-5
y	2	0	-2

$y = 4 - 3x$

x	0	2	1
	4	-2	1

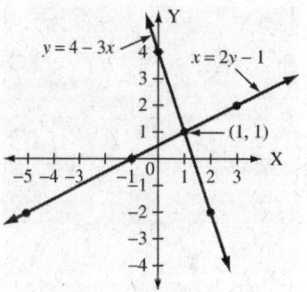

(1, 1) is the solution.

5. $3x - 4y = 18$

x	6	2	-2
y	0	-3	-6

$2y = -3x$

x	0	2	-2
y	0	-3	3

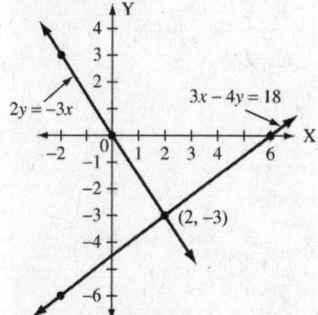

(2, -3) is the solution.

68 CHAPTER 4

7. $5x - 2y = 20$

x	4	2	6
y	0	-5	5

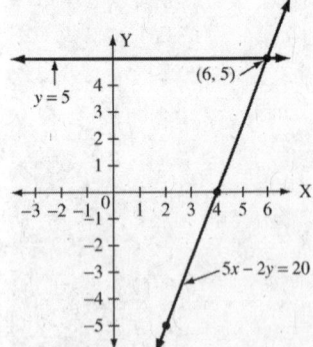

(6, 5) is the solution.

B. 1. For $y - 4x = 0$

x	0	5000	10 000
y	0	20 000	40 000

For $y - 2x - 10\,000 = 0$

x	0	5000	10 000
y	10 000	20 000	30 000

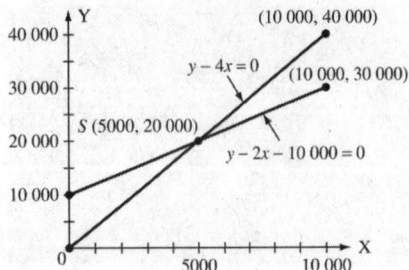

3. For $3x + 3y = 2400$

x	0	400	800
y	800	400	0

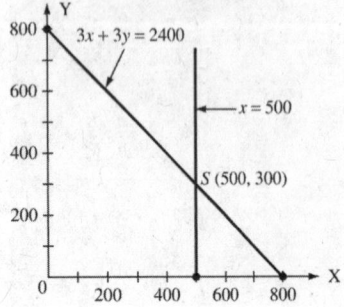

Exercise 4.4

A. 1. Let the number of units of Product A be x and the number of units of Product B be y.

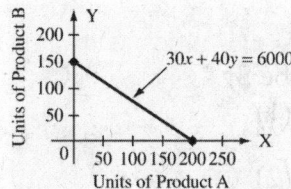

3. Let the number of tax returns be x and the total cost be $\$y$.

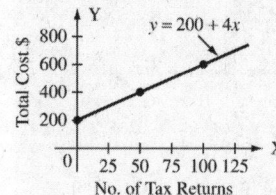

B. 1. Let x represent the number of employees at the larger location, y, the number of employees at the smaller location.

$\therefore x + y = 24$ (1)
$2x = 3y + 3$ (2)

$(1) \times 3 \rightarrow \quad 3x + 3y = 72$
From $(2) \rightarrow \quad \underline{2x - 3y = 3}$
Add: $5x = 75$

$\boxed{\begin{array}{l} x = 15 \\ y = 9 \end{array}}$

The number of employees is 15 at the larger location, and 9 at the smaller one.
Check:
Sum $= 15 + 9 = 24$
$2 \times 15 = 30 = (3 \times 9) + 3$

3. Let the number of jars of Brand X be x and the number of jars of the No-Name brand be y

$\therefore x + y = 140$ (1)
$2.25x + 1.75y = 290$ (2)

$(2) \times 4 \rightarrow \quad 9x + 7y = 1160$
$(1) \times 7 \rightarrow \quad \underline{7x + 7y = 980}$
Subtract: $2x = 180$
                    $x = 90$
                    $y = 50$

$\boxed{\text{Sales were 90 jars of Brand X and 50 jars of No-Name brand.}}$
Check:

Total sold = 90 + 50 = 140

Value: $90 \times 2.25 = \$202.50$

$50 \times 1.75 = \underline{87.50}$

$= \$290.00$

5. Let Kaya's investment be x, and Fred's investment be y.

$\therefore x + y = 55\,000$ (1)

$y = \dfrac{2}{3}x + 2500$ (2)

(2)×3 → $-2x + 3y = 7500$

(1)×2 → $2x + 2y = 110\,000$

Add: $5y = 117\,500$

$y = 23\,500$

$x = 31\,500$

Kaya's investment is $31 500 and Fred's investment is $23 500.

Check:
Total = 31 500 + 23 500 = $55 000

$\dfrac{2}{3} \times 31\,500 + 2500 = 21\,000 + 2500 = \$23\,500$

7. Let the number of Type A lights be x and the number of Type B lights be y.

$\therefore x + y = 60$ (1)

$40x + 50y = 2580$ (2)

(2) ÷ 10 → $4x + 5y = 258$

(1)×(−4) → $-4x - 4y = -240$

Add: $y = 18$

$x = 42$

The number of Type A is 42, and the number of Type B is 18.

Check:
Total = 42 + 18 = 60

Value:

$42 \times 40 = \$1680$

$18 \times 50 = \underline{900}$

$\$2580$

9. Let the number of quarters be x and the number of loonies be y.

$\therefore 25x + 100y = 8575$ (1)

$x = \dfrac{3}{4}y + 1$ (2)

(1) ÷ 25 → $x + 4y = 343$ (3)

(2)×4   → $4x = 3y+4$ (4)
(3)×4   → $4x+16y = 1372$ (5)
Rearrange (4) $4x-3y = 4$ (6)
(5)−(6) → $19y = 1368$
                  $y = 72$

Substitute (2)

$$x = \frac{3}{4}(72)+1 = 54+1 = 55$$

Marysia has 55 quarters and 72 loonies.

Value:
$55 \times 0.25 = \$13.75$
$72 \times 1.00 = \underline{72.00}$
$\$85.75$

Review Exercise

1. (a) For $7x+3y = 6$

   $$3y = -7x+6$$
   $$y = \frac{-7x}{3}+2$$

   Slope, $\boxed{m = -\frac{7}{3}}$; y-intercept, $\boxed{b = 2}$

   (b) For $10y = 5x$

   $$y = \frac{5x}{10}$$
   $$y = \frac{1}{2}x$$

   Slope, $\boxed{m = \frac{1}{2}}$; y-intercept, $\boxed{b = 0}$

   (c) For $\frac{2y-3x}{2} = 4$

   $$2y-3x = 8$$
   $$2y = 3x+8$$
   $$y = \frac{3}{2}x+4$$

   Slope, $\boxed{m = \frac{3}{2}}$; y-intercept, $\boxed{b = 4}$

(d)   For $1.8x + 0.3y - 3 = 0$
$$18x + 3y - 30 = 0$$
$$3y = -18x + 30$$
$$y = -6x + 10$$
Slope, $\boxed{m = -6}$; y-intercept, $\boxed{b = 10}$

(e)   For $\dfrac{1}{3}x = -2$
$$x = -6$$
Line is parallel to the y-axis.
$\boxed{\text{Slope, } m \text{ is undefined.}}$
$\boxed{\text{There is no } y\text{-intercept.}}$

(f)   For $11x - 33y = 99$
$$-33y = -11x + 99$$
$$y = \dfrac{-11x}{-33} + \dfrac{99}{-33}$$
$$y = \dfrac{1}{3}x - 3$$
Slope, $\boxed{m = \dfrac{1}{3}}$; y-intercept, $\boxed{b = -3}$

(g)   For $xy - (x+4)(y-1) = 8$
$$xy - xy - 4y + x + 4 = 8$$
$$-4y = -x + 4$$
$$y = \dfrac{1}{4}x - 1$$
Slope, $\boxed{m = \dfrac{1}{4}}$; y-intercept, $\boxed{b = -1}$

(h)   For $2.5y - 12.5 = 0$
$$25y - 125 = 0$$
$$y = 5$$
$\boxed{\text{Line is parallel to the } x\text{-axis;}}$
$\boxed{\text{slope, } m = 0; y\text{-intercept, } b = 5}$

3. (a) $3x + y = 6$ and $x - y = 2$

x	0	2	4
y	6	0	-6

x	0	2	4
y	-2	0	2

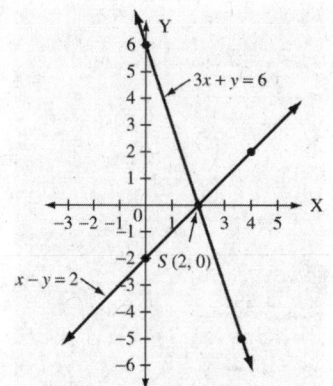

(b) $x + 4y = -8$ and $3x + 4y = 0$

x	0	4	-4
y	-2	-3	-1

x	0	4	-4
y	0	-3	3

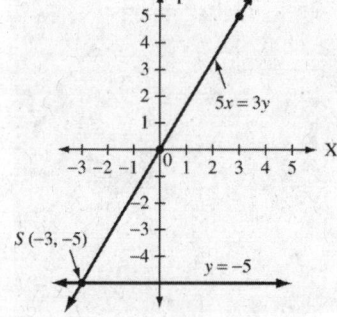

(c) $5x = 3y$ and $y = -5$

x	0	3	-3
y	0	5	-5

(d) $2x + 6y = 8$ and $x = -2$

x	4	-2	1
y	0	2	1

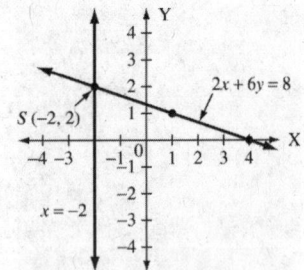

(e) $y = 3x - 2$ and $y = 3$

x	0	5/3	−1
y	−2	3	−5

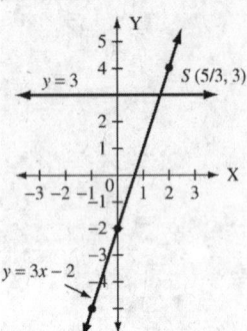

(f) $y = -2x$ and $x = 4$

x	0	4	−2
y	0	−8	4

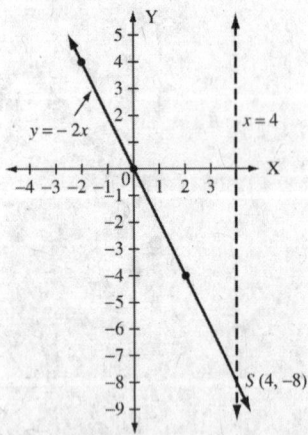

(g) $x = -2$ and $3x + 4y = 12$

x	0	−2	4
y	3	4.5	0

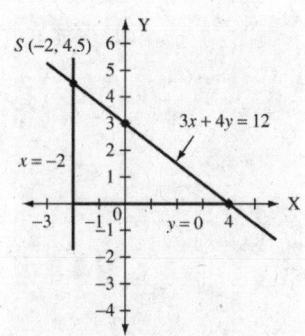

(h) $y = -2$ and $5x + 3y = 15$

x	3	0	4.2
y	0	5	−2

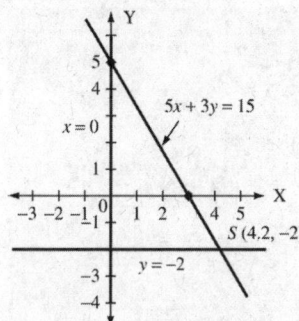

5. (a) Let the number of announcements be x and the total cost be $\$y$.

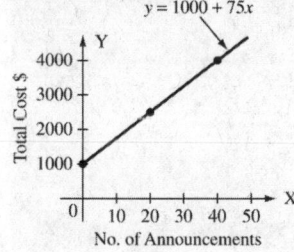

(b) Let the number of units of Product A be x and the number of units of Product B be y.

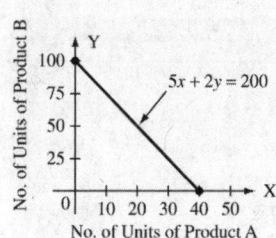

Self-Test

1. (a) For $4y + 11 = y$

$$y = -\frac{11}{3}$$

Slope, $\boxed{m=0}$; y-intercept, $\boxed{b=-\dfrac{11}{3}}$

(b) For $\dfrac{2}{3}x-\dfrac{1}{9}y=1$

$$6x-y=9$$
$$y=6x-9$$

Slope, $\boxed{m=6}$; y-intercept, $\boxed{b=-9}$

(c) For $x+3y=0$

$$3y=-x$$
$$y=-\dfrac{1}{3}x$$

Slope, $\boxed{m=-\dfrac{1}{3}}$; y-intercept, $\boxed{b=0}$

(d) For $-6y-18=0$

$$-6y=18$$
$$y=-3$$

Line is parallel to the x-axis;

slope, $\boxed{m=0}$; y-intercept, $\boxed{b=-3}$

(e) For $13-\dfrac{1}{2}x=0$

$$26-x=0$$
$$x=26$$

Line is parallel to the y-axis;

slope, $\boxed{m \text{ is undefined}}$; $\boxed{\text{there is no } y\text{-intercept}}$

(f) For $ax+by=c$

$$by=-ax+c$$
$$y=-\dfrac{a}{b}x+\dfrac{c}{b}$$

Slope, $\boxed{m=-\dfrac{a}{b}}$; y-intercept, $\boxed{b=\dfrac{c}{b}}$

3. (a) For $-x=-55+y$

x	0	25	55
y	55	30	0

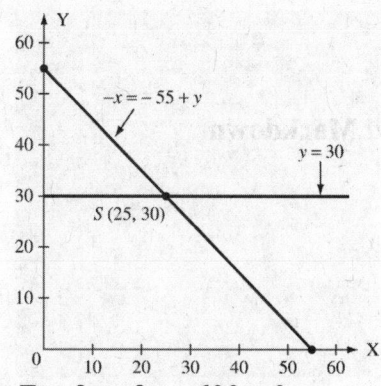

(b) For $3x + 2y + 600 = 0$

x	0	100	200
y	−300	−450	−600

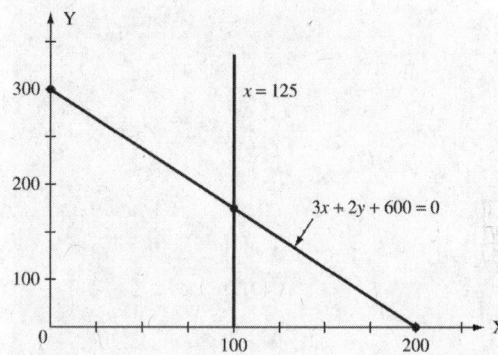

5. Let the amount invested at 4% be x, and the amount invested at 6% be y.
$$x + y = 12\,000 \qquad (1)$$
The amount of interest earned at 4% is $0.04x$; the amount of interest earned at 6% is $0.06y$.
$$0.04x + 0.06y = 560 \qquad (2)$$

To eliminate x from (1) and (2)
$(2) \times 100 \rightarrow \quad 4x + 6y = 56\,000$
$(1) \times 4 \rightarrow \quad \underline{4x + 4y = 48\,000}$
Subtract: $\qquad\qquad 2y = 8000$
$\qquad\qquad\qquad y = 4000$
In (1) $\qquad x + 4000 = 12\,000$
$\qquad\qquad\qquad x = 8000$

The amount invested at 4% is $8000;
the amount invested at 6% is $4000.

PART TWO   *Mathematics of Business and Management*

Chapter 5   Trade Discount, Cash Discount, Markup, and Markdown

Exercise 5.1

A.   1. Discount = Rate × List

$$\boxed{\text{Discount} =} 45\% \times 24.60 = \boxed{\$11.07}$$

$$\boxed{\text{Net} =} \text{NPF} \times \text{List}$$
$$= (1-0.45)(24.60)$$
$$= (0.55)(24.60)$$
$$= \boxed{\$13.53}$$

3. $\boxed{\text{Discount} =} 76.95 - 51.30 = \boxed{\$25.65}$

$$\boxed{\text{Rate} =} \frac{\$ \text{ Discount}}{\text{List}} = \frac{25.65}{76.95} = \boxed{33.\dot{3}\%}$$

5. $\boxed{\text{List} =} 214.71 + 37.89 = \boxed{\$252.60}$

$$\boxed{\text{Rate} =} \frac{37.89}{252.60} = \boxed{15\%}$$

7. $\boxed{\text{List} =} \frac{\$ \text{ Discount}}{\text{Rate}} = \frac{83.35}{0.625} = \boxed{\$133.36}$

$\boxed{\text{Net} =} 133.36 - 83.35 = \boxed{\$50.01}$

9. $84.35 = 0.625L$

$$L = \frac{84.35}{0.625}$$

$\boxed{\text{List} = \$134.96}$

$\boxed{\text{Discount} =} 134.96 - 84.35 = \boxed{\$50.61}$

B.   1. $\boxed{\text{Net} =} (0.75)(0.9)(44.80) = \boxed{\$30.24}$

$$\boxed{\text{Single rate} =} \frac{44.80 - 30.24}{44.80} = 0.325 = \boxed{32.5\%}$$

3. $\boxed{\text{Net} =} (0.6)(0.875)(0.98)(268.00) = \boxed{\$137.89}$

$\boxed{\text{Single rate} =} 1 - (0.6)(0.875)(0.98) = 1 - 0.5145 = 0.4855 = \boxed{48.55\%}$

5. $617.50 = (0.65)(0.\dot{6})(0.9)L$

$$L = \frac{617.50}{(0.65)(0.\dot{6})(0.9)} = \boxed{\$1583.33}$$

$\boxed{\text{Single rate}} = 1-(0.65)(0.\dot{6})(0.9) = 1 - 0.39 = 0.61 = \boxed{61\%}$

C. 1. 37.5% of 125.64 = $47.115

$125.64 - 47.115 = \$78.525 = \boxed{\$78.53}$

3. 17.5% of List = 560.00

$0.175 L = 560.00$

$\text{List} = \dfrac{560.00}{0.175} = \boxed{\$3200.00}$

5. $16\dfrac{2}{3}\%$ of List = 14.82

$\dfrac{1}{6}L = 14.82$

$L = 88.92$

Net $= 88.92 - 14.82 = \boxed{\$74.10}$

7. $0.8\dot{3}L = 355.00$

$L = \dfrac{355.00}{0.8\dot{3}}$

List $= \boxed{\$426.00}$

9. Discount $= 975.00 - 820.00 = \$155.00$

Rate $= \dfrac{155.00}{975.00} = \boxed{15.9\%}$

11. Single rate $= \dfrac{769.99 - 449.79}{769.99} = \dfrac{320.20}{769.99} = 0.415849 = \boxed{41.6\%}$

13. (a) Single rate $= 1 - (0.7)(0.875) = 1 - 0.6125 = 0.3875 = \boxed{38.75\%}$

(b) Single rate $= 1 - (0.\dot{6})(0.8)(0.97) = 1 - 0.517\dot{3} = 0.482\dot{6} = \boxed{48.2\dot{6}\%}$

15. (a) Net $= (0.7)(0.8)(0.95)(599.00) = \boxed{\$318.67}$

(b) Discount $= 599.00 - 318.67 = \boxed{\$280.33}$

(c) Single rate $= \dfrac{280.33}{599.00} = \boxed{46.8\%}$

Or: Net price factor $= 1-(0.7)(0.8)(0.95) = 1-0.532 = 0.468 =$ $\boxed{46.8\%}$

17. (a) Net $= (0.64)(0.9)(0.98)(786.20) =$ $\boxed{\$443.79}$

    (b) Discount $= 786.20 - 443.79 =$ $\boxed{\$342.41}$

    (c) Single rate $= 1-(0.64)(0.9)(0.98) = 1-0.56448 =$ $\boxed{43.552\%}$

19. Net $= 750.00(0.8)(0.95)(0.98) = \$558.60$

    Additional discount $= 558.60 - 474.81 = \$83.79$

    Additional rate $= \dfrac{83.79}{558.60} =$ $\boxed{15\%}$

21. Net $= 180.00(0.7)(0.875)(0.95) = \$104.74$

    Additional discount $= 104.74 - 99.50 = \$5.24$

    Additional rate $= \dfrac{5.24}{104.74} =$ $\boxed{5\%}$

23. $113.40 = (0.75)(0.875)(0.96)L$

    $L = \dfrac{113.40}{(0.75)(0.875)(0.96)}$

    List $=$ $\boxed{\$180.00}$

25. Net $= 0.8(85.00) = \$68.00$

    Reduction needed $= 68.00 - 57.80 = \$10.20$

    Additional discount rate $= \dfrac{10.20}{68.00} =$ $\boxed{15\%}$

27. Galaxy net $= 0.75(299.00) = \$224.25$

    Brilliants net $= (0.65)(0.9)(350.00) = \$204.75$

    Additional Galaxy discount $= 224.25 - 204.75 = \$19.50$

    Additional Galaxy discount rate $= \dfrac{19.50}{224.25} =$ $\boxed{8.7\%}$

Exercise 5.2

A. 1. No discount allowed

    Pay $\boxed{\$640.00}$

   3. Allow 1% discount

    Pay $= (0.99)(783.95) =$ $\boxed{\$776.11}$

5. No discount

   Pay = $1160

7. Allow 2% discount

   Pay = (0.98)(4675.00) = $4581.50

B. 1. Net = (0.97)(600) = $582.00

   Balance due = 1450.00 − 600.00 = $850.00

   3. Credit = 964.50 − 400.00 = $564.50

   Net received = (0.95)(564.50) = $536.28

   5. 785.70 = 0.97 credit

   Credit = $\dfrac{785.70}{0.97}$ = $810.00

   Balance due = 1620.00 − 810.00 = $810.00

C. 1. (a) May 23

   (b) (2499.00)(0.98) = $2449.02

   3. (a) (842.00)(0.95) = $799.90

   (b) (842.00)(0.98) = $825.16

   (c) No discount: $842.00

   5.

Invoice date	Amount	Rate of discount		Net amount paid
July 25	$929.00	—		$ 929.00
August 10	763.00	3%	(0.97)(763.00)	740.11
August 29	864.00	3%	(0.97)(864.00)	838.08
			Amount remitted	$2507.19

7. Allow 4% discount on partial payment of $2275.00

   Amount paid = (0.96)(2275.00) = $2184.00

9. (a) August 22

 (b)   5(980)(0.75)(0.95) $3491.25

    4(696)(0.83)(0.875)(0.96)   1948.80

     Amount of invoice $5440.05

     Less: Discount of 3%   163.20

      Amount due $5276.85

 (c) Partial payment credit = 5440.05 − 2000.00 = $3440.05

   Cash discount = (0.03)(3440.05) = $103.20

11. (a) Allow discount of 3% on partial payment of $1200.00

   Amount paid = (0.97)(1200.00) = $1164.00

 (b) Allow discount of 1% on partial payment of $740.95

   Amount paid = (0.99)(740.95) = $733.54

 (c) Amount paid on October 25 is $600.00.

13. (a) Allow 3% on unknown partial payment $P

   $0.97P = 1867.25$

     $P = 1925.00$

   Credit to the account is $1925.00.

 (b) Amount owing = 5325.00 − 1925.00 = $3400.00

15. List price = $1.12 × 50 = $56.00

  $56.00 − 54.04 = 1.96

  Discount rate = $\dfrac{1.96}{56.00} = 3.5\%$

 (a) The discount was $1.96.

 (b) The discount rate was 3.5%.

Exercise 5.3

A.   1.   (a)   30.00 − 24.00 = $6.00

      (b)   (0.16)(24) = $3.84

      (c)   6.00 − 3.84 = $2.16

(d) $\dfrac{6}{24} = 0.25 = \boxed{25\%}$

(e) $\dfrac{6}{30} = 0.2 = \boxed{20\%}$

3. (a) $87.50 - 52.50 = \boxed{\$35.00}$

(b) $(0.36)(87.50) = \boxed{\$31.50}$

(c) $35.00 - 31.50 = \boxed{\$3.50}$

(d) $\dfrac{35.00}{52.50} = 0.\dot{6} = \boxed{66.\dot{6}\%}$

(e) $\dfrac{35.00}{87.50} = 0.4 = \boxed{40\%}$

5. (a) $37.50 - 27.00 = \boxed{\$10.50}$

(b) $(0.34)(37.50) = \boxed{\$12.75}$

(c) $10.50 - 12.75 = \boxed{(\$2.25)}$

(d) $\dfrac{10.50}{27.00} = 0.38\dot{8} = \boxed{38.\dot{8}\%}$

(e) $\dfrac{10.50}{37.50} = 0.28 = \boxed{28\%}$

B. 1. $\boxed{\text{Markup} = 31.25 - 25.00 = \$6.25}$

$\boxed{\text{Rate of markup based on cost}} = \dfrac{6.25}{25.00} = 0.25 = \boxed{25\%}$

$\boxed{\text{Rate of markup based on selling price}} = \dfrac{6.25}{31.25} = 0.2 = \boxed{20\%}$

3. $\boxed{\text{Selling price} = 64.00 + 38.40 = \$102.40}$

$\boxed{\text{Rate of markup based on C}} = \dfrac{38.40}{64.00} = 0.6 = \boxed{60\%}$

$\boxed{\text{Rate of markup based on SP}} = \dfrac{38.40}{102.40} = 0.375 = \boxed{37.5\%}$

5. $\boxed{\text{Markup} = 0.4 \times 54.25 = \boxed{\$21.70}}$

$\boxed{\text{Selling price} = 54.25 + 21.70 = \boxed{\$75.95}}$

$\boxed{\text{Rate of markup based on SP} = \dfrac{21.70}{75.95} = 0.285714 = \boxed{28.5714\%}}$

7. $\quad C + M = S$

$C + 50\% \text{ of } C = S$

$C + 0.5C = 66.36$

$1.5C = 66.36$

$C = 44.24$

$\boxed{\text{Cost} = \$44.24}$

$\boxed{\text{Markup} = 66.36 - 44.24 = \boxed{\$22.12}}$

$\boxed{\text{Rate of markup based on SP}} = \dfrac{22.12}{66.36} = 0.\dot{3} = \boxed{33.\dot{3}\%}$

9. $\quad C + 60\% \text{ of } S = S$

$31.24 + 0.6S = S$

$31.24 = 0.4S$

$S = 78.10$

$\boxed{\text{Selling price is } \$78.10}$

$\boxed{\text{Markup} = (0.6)(78.10) = \boxed{\$46.86}}$

$\boxed{\text{Rate of markup based on cost}} = \dfrac{46.86}{31.24} = 1.5 = \boxed{150\%}$

11. $\quad 16\dfrac{2}{3}\% \text{ of } S = 22.26$

$\dfrac{1}{3}S = 22.26$

$S = 133.56$

$\boxed{\text{Selling price} = \$133.56}$

$\boxed{\text{Cost} = 133.56 - 22.26 = \boxed{\$111.30}}$

$\text{Rate of markup based on cost} = \dfrac{22.26}{111.30} = 0.2 = \boxed{20\%}$

C. 1.   Cost = $4.00

$$S = C + E + P$$
$$= C + 1.1C + 1.3C$$
$$= 3.4C$$
$$= (3.4)(4.00)$$
$$= \$13.60$$

Selling price is $\boxed{\$13.60}$ per pizza.

3.   S = $14.10

$$S = C + 260\% \text{ of } C + 110\% \text{ of } C$$
$$S = C + 2.6C + 1.1C$$
$$14.10 = 4.7C$$
$$C = \$3.00$$

Cost of buying is $\boxed{\$3.00}$ per piece.

5. $\text{Cost} = \left(66\frac{2}{3}\%\right)(96.00)$

$$= \$64.00$$
$$S = C + 32\% \text{ of } C + 27.5\% \text{ of } C$$
$$= C + 0.32C + 0.275C$$
$$= 1.595C$$
$$= (1.595)(64.00)$$
$$= \$102.08$$

Selling price should be $\boxed{\$102.08.}$

7.   Cost = (0.5)(0.9)(1240.00) = $558.00

Markup = 1395.00 − 558.00 = $837.00

(a)   Markup based on cost $= \dfrac{837.00}{558.00} = 1.5 = \boxed{150\%}$

(b)   Markup based on selling price $= \dfrac{837.00}{1395.00} = 0.6 = \boxed{60\%}$

9.   (a)   18% of selling price = 6.57

$$0.18S = 6.57$$
$$S = 36.50$$

Selling price is $\boxed{\$36.50}$

(b)   Cost = 36.50 − 6.57 = $\boxed{\$29.93}$

(c) Markup based on cost $= \dfrac{6.57}{29.93} = 0.219512 = \boxed{21.9512\%}$

11. (a) $C + 40\%$ of $S = S$

$0.99 + 0.4S = S$

$0.99 = 0.6S$

$S = 1.65$

Selling price is $\boxed{\$1.65 \text{ per litre}}$

(b) Markup $= (0.4)(1.65) = \$0.66$

Rate of markup based on cost $= \dfrac{0.66}{0.99} = 0.\dot{6} = \boxed{66.\dot{6}\%}$

13. (a) $C + 90\%$ of $C = S$

$C + 0.9C = 444.98$

$1.9C = 444.98$

$C = 234.20$

Cost is $\boxed{\$234.20}$

(b) Markup $= (0.9)(234.20) = \$210.78$

Markup based on selling price $= \dfrac{210.78}{444.98} = 0.473684 = \boxed{47.3684\%}$

15. (a) $C + 40\%$ of $S = S$

$84.00 + 0.4S = S$

$84.00 = 0.6S$

$S = \$140.00$

Selling price is $\boxed{\$140.00}$

(b) Markup $= 140.00 - 84.00 = \$56.00$

Markup based on cost $= \dfrac{56.00}{84.00} = 0.\dot{6} = \boxed{66.\dot{6}\%}$

17. (a) $C + 0.375$ of $C = \$23.10$

$1.375 S = 23.10$

$C = 16.80$

Cost is $\boxed{\$16.80}$

(b) Markup $= 23.10 - 16.80 = \$6.30$

Markup based on selling price $= \dfrac{6.30}{23.10} = 0.\dot{2}\dot{7} = \boxed{27.\dot{2}\dot{7}\%}$

Exercise 5.4

A. 1. Sale Price = Regular Selling Price – Markdown
$$= 85.00 - 40\% \text{ of } 85.00$$
$$= 85.00 - 34.00$$
$$\boxed{= \$51.00}$$

Total Cost = Cost + Expense
$$= 42.00 + 20\% \text{ of } S$$
$$= 42.00 + 0.2(85.00)$$
$$= 42.00 + 17.00$$
$$\boxed{= \$59.00}$$

Profit = Revenue – Total Cost
$$= 51.00 - 59.00$$
$$= -\$8.00$$

Operating Loss of $\boxed{\$8.00}$

3. Sale Price = Regular Selling Price – Markdown
$$62.66 = S - 35\% \text{ of } S$$
$$62.66 = 0.65S$$
$$\boxed{S = \$96.40}$$

Total Cost = Cost + Expense
$$54.75 = C + 25\% \text{ of } S$$
$$54.75 = C + 0.25(96.40)$$
$$54.75 = C + 24.10$$
$$\boxed{C = \$30.65}$$

Profit = Revenue – Total Cost
$$= 62.66 - 54.75$$
$$\boxed{= \$7.91}$$

5. Sale Price = Regular Selling Price − Markdown

$120.00 = S - 25\%$ of S or Sale Price

$120.00 = 0.75S$

$\boxed{S = \$160.00}$

Profit = Revenue − Total Cost

$-4.20 = 120.00 - TC$

Total Cost = $\boxed{\$124.20}$

Total Cost = Cost + Expenses

$124.20 = 105.00 + E$

$E = \$19.20$

Expense as a percent of Regular Selling Price

$= \dfrac{19.20}{160.00}(100) = \boxed{12\%}$

B. 1. (a) $S = C + (0.21)S + (0.11)S$

$S = 14.95 + 0.32S$

$0.68S = 14.95$

$S = \dfrac{14.95}{0.68} = \$21.99$

The regular selling price is $\boxed{\$21.99}$

(b) Sale price = $S - 0.20S$

Sale price = $(0.80)21.99$

Sale price = $\$17.59$

The sale price is $\boxed{\$17.59}$

(c) Total cost = $C + 0.21S$

Total cost = $14.95 + (0.21)21.99$

Total cost = $\$14.59 + 4.62$

Total cost = $\$19.57$

Profit = $17.59 - 19.57$

Loss = $-\$1.98$

The DVDs were sold at an operating loss of $\boxed{\$1.98}$.

3. $\quad$ Markdown $= 2.49 - 1.99$

$\qquad = \$0.50$

$\qquad$ Rate of markdown $= \dfrac{0.50}{2.49} = 0.200803 = 20.0803\%$

The rate of markdown is $\boxed{20.0803\%}$

5. $\quad$ Markdown $= 125.00 - 105.00$

$\qquad = \$20.00$

$\qquad$ Rate of markdown $= \dfrac{20.00}{125.00} = 16\%$

The rate of markdown is $\boxed{16\%}$

7. (a) $\qquad$ Markdown $= (.50)14.00$

$\qquad\qquad = \boxed{\$7.00}$

(b) $\qquad$ Rate of markdown $= \dfrac{7.00}{(19.00 + 14.00)} = 21.\dot{2}\dot{1}\%$

The rate of markdown is $\boxed{21.\dot{2}\dot{1}\%}$

9. (a) $\quad S = C + E + P$

$\quad 29.00 = C + 0.43C + 0.2C$

$\quad 29.00 = 1.63C$

$\qquad$ Cost $= \dfrac{29.00}{1.63} = \$17.79$

The cost is $\boxed{\$17.79}$

(b) $\quad C + E = 17.79 + 0.43(17.79)$

$\qquad\qquad = 1.43(17.79)$

$\qquad\qquad = \$25.44$

The new price would be $\boxed{\$25.44}$

(c) $\qquad$ Markdown $= 29.00 - 25.44$

$\qquad\qquad = \$3.56$

$\qquad$ Rate of markdown $= \dfrac{3.56}{29.00} = 12.2759\%$

The rate of markdown is $\boxed{12.2759\%}$

(d) $$\text{Markdown} = 29.00 - 17.79 = \$11.21$$

$$\text{Rate of markdown} = \frac{11.21}{29.00} = 38.6552\%$$

The rate of markdown is $\boxed{38.6552\%}$

Exercise 5.5

A. 1. (a) $C = 240(0.45)(0.75) = \$81$

$S = C + M = C + 2.3C = 3.3C = 3.3(81) = 267.30$

The regular selling price is $\boxed{\$267.30}$

(b) Sale price $= 0.60(267.30) = \boxed{\$160.38}$

(c) Profit $= S - C - E = 160.38 - 81 - 0.25(267.30) = \boxed{\$12.56}$

3. (a) Markdown $= 125.00 - 75.00 = \$50.00$

$$\text{Rate of markdown} = \frac{50.00}{125.00} = 0.4 = \boxed{40\%}$$

(b) Cost $= (0.\dot{6})(0.85)(120.00) = \$68.00$

Total cost $= C + E$
$= 68.00 + 12\%$ of 125.00
$= 68.00 + 15.00 = \$83.00$

Profit $=$ Revenue $-$ Total cost
$= 75.00 - 83.00 = -\$8.00$

Operating loss of $\boxed{\$8.00.}$

(c) Rate of markup based on cost

$$= \frac{75.00 - 68.00}{68.00} = 0.102941 = \boxed{10.2941\%}$$

(d) Rate of markup based on sale price

$$= \frac{75.00 - 68.00}{75.00} = 0.09\dot{3} = \boxed{9.\dot{3}\%}$$

5. Regular selling price = C + E + P

$$S = 33.45 + 15\% \text{ of } S + 10\% \text{ of } S$$
$$S = 33.45 + 0.25S$$
$$0.75S = 33.45$$
$$S = \$44.60$$

Sale price = S − 15% of S = 0.85(44.60) = $37.91

Total cost = 33.45 + 15% of 44.60 = 33.45 + 6.69 = $40.14

Profit = 37.91 − 40.14 = −$2.23

Loss of $2.23

7. (a) Cost per pan

$$= \frac{4950.00}{600} = \$8.25$$

Unit selling prices:

Normal quality = (1.8)(8.25) = $14.85

Seconds = (1.2)(8.25) = $9.90

Substandard = (0.8)(8.25) = $6.60

(b) Total revenue
= (360)(14.85) + (190)(9.90) + (50)(6.60)
= 5346.00 + 1881.00 + 330.00
= $7557.00

Total cost
$$= 4950.00 + 33\frac{1}{3}\% \text{ of } 4950.00$$
= 4950.00 + 1650.00 = $6600.00

Profit = 7557.00 − 6600.00 = $957.00

Operating profit of $957.00.

(c) Total markup realized = 7557.00 − 4950.00 = $2607.00

Average rate of markup based on selling price

$$= \frac{2607.00}{7557.00} = 0.344978 = 34.4978\%$$

9. (a) Cost $= (0.\dot{6})(0.8)(0.9)(75.00) = \$36.00$

Regular selling price $= C + 75\%$ of $C + 25\%$ of C
$$= 2C$$
$$= 2(36.00)$$
$$= \$72.00$$

Regular selling price is $\boxed{\$72.00}$

(b) Overhead $= 0.75(36.00) = \$27.00$

Acceptable loss $= (0.\dot{3})(27.00) = 9.00$

Sale price $=$ Total cost $-$ Loss $= 36.00 + 27.00 - 9.00 = \boxed{\$54.00}$

(c) Maximum rate of markdown
$$= \frac{72.00 - 54.00}{72.00} = 0.25 = \boxed{25\%}$$

11. Regular selling price $= C + E + P$
$$S = 36.40 + 24\% \text{ of } S + 20\% \text{ of } S$$
$$S = 36.40 + 0.44S$$
$$0.56S = 36.40$$
$$S = \$65.00$$

Sale price $= 65.00 - 30\%$ of $65.00 = 0.7(65) = \$45.50$

Total cost $= 36.40 + 24\%$ of $65.00 = 36.40 + 15.60 = \$52.00$

Profit $= 45.50 - 52.00 = -\$6.50$

Operating loss of $\boxed{\$6.50.}$

13. Cost $= (0.40)(0.83)(198) = \$70.00$

Regular selling price $= C + 0.45S + 0.25S$
$$0.3S = 70$$
$$S = \$233.33$$

New regular selling price $-$ Discount $= S$
$$N - 0.375N = 233.33$$
$$0.625N = 233.33$$
$$N = 373.33$$

Sale price = N − 0.55N
= 0.45(373.33)
= 168

Total cost = 70 + 0.45S
= 70 + 0.45(233.33)
= 70 + 105
= $175

Profit = 168 − 175
= −7

Operating loss of $7.00

15. Cost = $(0.\dot{6})(0.95)(900.00) = \$570.00$
Regular selling price = C + 0.15S + 0.09S
S = 570.00 + 0.24S
0.76S = 570.00
S = $750.00
New regular selling price − Discount = S
N − 0.25 N = 750.00
0.75 N = 750.00
N = $1000.00
Sale price = N − 0.4N
= 0.6(1000.00)
= $600.00
Total cost = 570.00 + 0.15(750.00)
= 570.00 + 112.50
= 682.50
Profit = 600.00 − 682.50
= −$82.50
Operating loss of $82.50.

Review Exercise

1. (a) Net price = (0.75)(0.8)(0.95)(56.00) = $31.92
   (b) Discount = 56.00 − 31.92 = $24.08
   (c) Single rate of discount = $\dfrac{24.08}{56.00} = 0.43 =$ 43%

3. Single rate
$= 1 - (0.65)(0.88)(0.95)$
$= 1 - 0.5434$
$= 0.4566$
$= \boxed{45.66\%}$

5. Regular price $= (0.85)(112.00) = \$95.20$

Additional discount $= 95.20 - 80.92 = \$14.28$

Additional discount percent $= \dfrac{14.28}{95.20} = 0.15 = \boxed{15\%}$

7. Net price $= (0.8)(0.85)$L

$20.40 = (0.8)(0.85)$L

L $= \$30.00$

List price was $\boxed{\$30.00}$

9. Last day of discount period is $\boxed{\text{August 25}}$

Amount paid after discount $= (0.98)(25\,630.00) = \boxed{\$25\,117.40}$

11. Net invoice $= (0.\dot{6})(0.875)(8400.00) = \$4900.00$

Last day for discount is July 11:
 allow 3%

(a) Pay $= (0.97)(2000.00) = \boxed{\$1940.00}$

(b) Pay $= (0.97)(2900.00) = \boxed{\$2813.00}$

13. Net invoice $= (0.85)(0.925)(4000.00) = \$3145.00$

(a) Allow 3% discount
Payment $= 97\%$ of credit

$1595.65 = 0.97$C

C $= \$1645.00$

Amount due is reduced by $\boxed{\$1645.00}$

(b) Amount owing $= 3145.00 - 1645.00 = \boxed{\$1500.00}$

15. (a) Gross Profit $= 35\%$ of Regular selling price

$31.50 = 0.35$S

S $= \$90$

Regular selling price is $\boxed{\$90.00}$

(b) Cost $= 90.00 - 31.50 = \boxed{\$58.50}$

(c) Rate of markup based on cost $= \dfrac{31.50}{58.50} = 0.538462 = \boxed{53.8462\%}$

(d) Total Cost $= C + E$

$= 58.50 + 0.28C$

$= 58.50 + 0.28(58.50)$

$= \boxed{\$74.88}$

(e) Sale price $= (0.76)(90.00) = \$68.40$

Profit $= 68.40 - 74.88$

$= -\$6.48$

Operating loss of $\boxed{\$6.48.}$

17. (a) $S = C + 0.3S$

$0.7S = 54.25$

$S = 77.50$

Selling price was $\boxed{\$77.50}$

(b) Gross profit as a percent of cost

$= \dfrac{77.50 - 54.25}{54.25}(100) = \boxed{42.8571\%}$

19. Cost $= (0.\dot{6})(195.00) = \$130.00$

Regular selling price $= C + 0.35S$

$0.65S = 130.00$

$S = \$200.00$

New regular selling price − Discount = S

$N - 0.16N = 200.00$

$0.83N = 200.00$

$N = \$240.00$

New regular selling price is $\boxed{\$240.00}$

21. (a) Cost $= (0.75)(0.8)(21.00) = \$12.60$

$C + 0.2S + 0.17S = S$

$12.60 = 0.63S$

$S = \$20.00$

Sale price $= 0.8(20.00) = \$16.00$

Total cost $= 12.60 + 0.2(20.00)$

$= 12.60 + 4.00 = 16.60$

Profit $= 16.00 - 16.60 = -\$0.60$

96 CHAPTER 5

Operating loss of $0.60.

(b) Markup realize $= 16.00 - 12.60 = \$3.40$
Rate of markup realized on cost
$= \dfrac{3.40}{12.60} = 0.269841 = \boxed{26.9841\%}$

23. (a) Cost $= (0.\dot{6})(0.91\dot{6})(1080.00) = \$660.00$

$C + 0.18S + 0.15\dot{3}S = S$

$C + 0.\dot{3}S = S$

$0.\dot{6}S = 660.00$

$S = \$990.00$

New regular sellng price − Discount = S

$N - 0.25N = 990.00$

$0.75N = 990.00$

$N = \$1320.00$

Sale price $= 0.625(1320.00) = \$825.00$

Total cost $= 660.00 + 0.18(999.00)$

$= 660.00 + 178.20 = \$838.20$

Profit $= 825.00 - 838.20 = -\$13.20$

Operating loss of $\boxed{\$13.20.}$

(b) Markup realized $= 825.00 - 660.00 = \$165.00$

Rate of markup realized based on cost $= \dfrac{165.00}{660.00} = 0.25 = \boxed{25\%}$

25. (a) Cost $= (0.6)(0.8\dot{3})(0.9)(180.00) = \$81.00$

$S = C + 0.45S + 0.2125S$

$S = 81.00 + 0.6625S$

$0.3375S = 81.00$

$S = \boxed{\$240.00}$

(b) Sale price $= 0.70(240) = \boxed{\$168.00}$

(c) Profit/loss realized $=$ Sale price $- C - E = 168.00 - 81 - 0.45(240)$

$= 168 - 81 - 108 = -21$

$\boxed{\text{Loss of \$21.00}}$

27. (a) Cost per sweater $= \dfrac{3100.00}{250} = \$12.40$

Revenue:
on 50 sweaters sold at a markup of 150% of cost

$$S = 12.40 + 1.5(12.40) = 2.50(12.40) = \$31.00 \text{ each}$$

Total revenue = 50(31.00) = $1550.00

on 120 sweaters sold at a markup of 75% of cost
$$S = 12.40 + 0.75(12.40) = 1.75(12.40) = \$21.70 \text{ each}$$

Total revenue = 120(21.70) = 2604.00

on 60 sweaters sold for $15.00 each
Total revenue = 60(15.00) = 900.00

on remaining 20 sweaters sold 20% below cost
$$S = 0.8(12.40) = \$9.92 \text{ each}$$

Total revenue = 20(9.92) = 198.40

Total sales revenue $5252.40
Total cost of buying   3100.00
Markup realized $\boxed{\$2152.40}$

(b) Percent markup realized based on cost

$$= \frac{2152.40}{3100.00}(100) = \boxed{69.4323\%}$$

(c) Percent of gross profit realized based on selling price

$$= \frac{2152.40}{5252.40}(100) = \boxed{40.9794\%}$$

Self-Test

1. Net price = $0.625 \times 0.875 \times 0.91\dot{6} \times 590.00 = \boxed{\$295.77}$

3. Single rate = $1.00 - (0.60)(0.90)(0.91\dot{6})$
   $= 1.00 - 0.495 = 0.505 = \boxed{50.5\%}$

5.

Invoice	Net price		Discount	Pay
March 21	(0.8)(0.9)(850.00)	= 612.00	Nil	$ 612.00
April 10	$(0.7)(0.8\dot{3})(960.00)$	= 560.00	2%	548.80
April 30	$(0.\dot{6})(0.75)(0.95)(1040.00)$	= 494.00	4%	474.24
			Remittance	$\boxed{\$1635.04}$

7. Discount allowed on partial payment: 4%

   Payment = 96% of reduction in debt

   $1392.00 = 0.96R$

   $R = 1450.00$

   Debt is reduced by $\boxed{\$1450.00.}$

9. $C + M =$ Regular selling price

   $C + 0.4S = S$

   $180.00 = 0.60S$

   $S = 300.00$

   Sale price $= 0.8 \times 300.00$

   $= \boxed{\$240.00}$

11. Cost $= (0.65)(0.875)(350.00)$

    $= 199.06$

    $C + M =$ Regular selling price

    $199.06 + 1.5(199.06) = S$

    $S = 497.65$

    Sale price $= (0.7)(497.65) = \boxed{\$348.36}$

13. Markup $= 2520.00 - 900.00 = 1620.00$

    Rate of markup based on cost

    $= \dfrac{1620.00}{900.00} = 1.8 = \boxed{180\%}$

15. Markdown $= 1560.00 - 1195.00 = 365.00$

    Rate of markdown

    $= \dfrac{365.00}{1560.00} = 0.233974 = \boxed{23.3974\%}$

17. Cost $= (0.75)(0.85)(1480.00) = 943.50$

    $C + 0.4S + 0.1S = S$

    $943.50 + 0.5S = S$

    $943.50 = 0.5S$

    $S = 1887.00$

    Sale price $= (0.55)(1887.00) = 1037.85$

    Total cost $= 943.50 + (0.4)(1887.00) = 943.50 + 754.80 = 1698.30$

    Operating profit $= 1037.85 - 1698.30 = -\$660.45$

    Operating $\boxed{\text{loss of \$660.45.}}$

Chapter 6   Break-Even and Cost-Volume-Profit Analysis

Exercise 6.1

A. 1. (a) (i) $\boxed{TR = 120x}$ ⎫ where x represents the
       (ii) $\boxed{TC = 2800 + 50x}$ ⎬ number of units per period.

   (b) (i)   To break even, TR = TC
   $$120x = 2800 + 50x$$
   $$70x = 2800$$
   $$x = 40$$

   Break-even volume is $\boxed{40 \text{ units.}}$

   (ii)   Break-even volume in sales dollars
   $$= 40 \times 120 = \boxed{\$4800}$$

   (iii)   Break-even volume as a percent of capacity
   $$= \frac{40}{100} = \boxed{40\%}$$

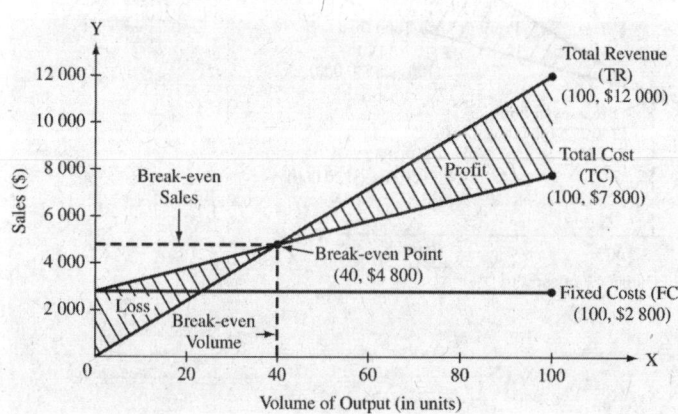

3. (a) (i)   Expressing the functions in terms of sales.

   Let x represent the number of units sold.

   Assuming that the price per unit is $1, then $\boxed{TR = \$1x.}$

   (ii)   Expressing the functions in terms of sales.

   Let x represent the number of units sold.

$$\frac{\text{Total variable cost}}{\text{Total revenue}} = \frac{324\,000}{720\,000} = 0.45$$

Total variable cost = $0.45x$

$\boxed{\text{Total cost}} = TC = FC + TVC \boxed{= 220\,000 + 0.45x}$

(b) (i) Break-even point:

$TR = TC$

$1.00x = 220\,000 + 0.45x$

$0.55x = 220\,000$

$x = 400\,000$

The break-even point in units is $\boxed{400\,000 \text{ units}}$

(ii) Since each unit sells for $1, then the break-even sales in dollars is $\boxed{\$400\,000}$

(iii) Break-even as a percent of capacity $= \dfrac{400\,000}{800\,000} = \boxed{50\%}$

(c)
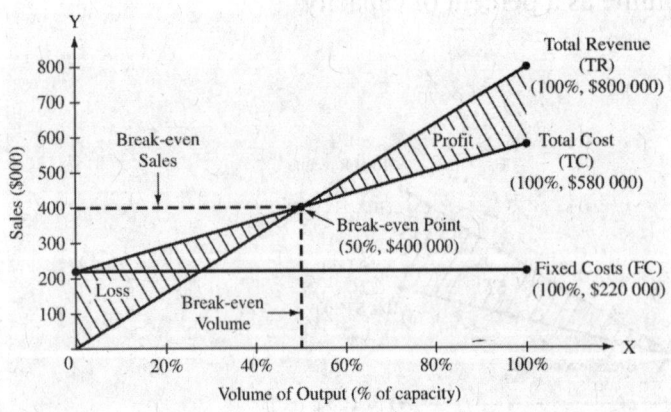

B. 1. Let the volume be x units

Revenue $= 6.95x$

Total cost $= 1800 + 3.95x$

To break even, $6.95x = 1800 + 3.95x$

$3x = 1800$

$x = 600$

Break-even volume is $\boxed{600 \text{ units.}}$

3. Let x represent the volume in units

Revenue $= 30x$

Total cost $= 630 + 16x$

At break even, $30x = 630 + 16x$
$30x - 16x = 630$
$14x = 630$
$x = 45$

Break-even volume is $\boxed{45 \text{ units.}}$

5. Let x represent the quantity in units.

   Assume the unit price is $1.00. The variable cost per unit is then
   $$\frac{\text{Total variable costs}}{\text{Total revenue}} = \frac{259\,000}{740\,000} = \$0.35$$

   Total cost $= 0.35x + 11\,700$

   At break even, $1.00x = 0.35x + 11\,700$
   $0.65x = 11\,700$
   $x = 18\,000$

   Total revenue $= 1.00 \times 18\,000$ units $= \$18\,000$.

   Break-even revenue is $\boxed{\$18\,000.}$

7. Let P represent the price per unit.

   Revenue $= 60P$

   $60P - (3 \times 60) - 417 = 0$
   $60P = 597$
   $P = \$9.95$

   To break even, the price to charge is $\boxed{\$9.95.}$

9. (a) Let FC represent the fixed cost.

   Total cost $= (2 \times 80) + \text{FC}$

   $(22 \times 80) - (2 \times 80) - \text{FC} = 0$
   $1760 - 160 = \text{FC}$
   $\text{FC} = 1600$

   To break even, the fixed cost must be $\boxed{\$1600.}$

   (b) Substitute the desired profit into the formula:

   $(22 \times 80) - (2 \times 80) - \text{FC} = 900$
   $1760 - 160 - 900 = \text{FC}$
   $\text{FC} = 700$

To realize a $900 profit, the fixed cost must be $700.

11. (a) Let X represent the quantity of units.

$$(35X) - (8X) - 756 = 0$$
$$27X = 756$$
$$X = 28$$

To break even, the quantity is 28 units.

(b) Let VC represent the unit variable cost.

$$(30 \times 100) - (VC \times 100) - 756 = 12 \times 100$$
$$3000 - (VC \times 100) = 1200 + 756$$
$$-(VC \times 100) = 1200 + 756 - 3000$$
$$VC = 10.44$$

$10.44 - $8.00 = $2.44

To make the desired profit, an additional $2.44 can be spent on each unit.

Exercise 6.2

A. 1. (a) Contribution margin is,

$150 − $78 = $72

The contribution margin is $72.

(b) Contribution rate is,

$72 / $150 = 0.48 = 48%

(c) Let X represent the volume in units.

To break even,

$$150X - 78X - 5904 = 0$$
$$(150 - 78)X = 5904$$
$$72X = 5904$$
$$X = 82$$

Or: Break-even volume = Fixed cost/Contribution margin = 5904/2 = 82

The break-even volume is 82 units.

(d) At the break-even volume, the sales dollars are,

82 × $150 = $12 300

The sales dollars at break-even are $12 300.

3. (a) Contribution margin is,

   $99 − $53 = $46

   The contribution margin is $46.

   (b) Contribution rate is,

   $46/$99 = 0.4̇6̇ = 46.46% (rounded)

   (c) Let X represent the volume in units.

   To break even,

   $99X − 53X − 500 = 0$
   $(99 − 53)X = 500$
   $46X = 500$
   $X = 10.87$

   Or: Break-even volume = Fixed cost/Contribution margin = 500/46 = 10.87

   The break-even volume is 11 units.

   (d) At the break-even volume, the sales dollars are,

   $11 × $99 = 1089

   The sales dollars at break-even are $1089.

B. 1. (a) Contribution margin is,

   $1020 000 − $581 400 = $438 600

   (b) Contribution rate is,

   $438 600/$1 020 000 = 0.43 = 43%

   (c) Let X represent the volume in units.

   Assume price per unit is $1.00.

   Break-even volume = Fixed cost/Contribution rate

   = $160 000/0.43 = 372 093.0233

   The break-even volume is 372 094 units.

   At the break-even volume, the sales dollars are,

   372 094 × $1 = $372 094

   The sales dollars at break-even are $372 094.

3. (a) Contribution margin is, $130\ 000 - \$32\ 500 = \boxed{\$97\ 500}$

   (b) Contribution rate is, $\$97\ 500 / \$130\ 000 = 0.75 = \boxed{75\%}$

   (c) Let X represent the volume in units.

   Assume price per unit is $1.00

   Break-even volume = Fixed cost/Contribution rate

   $= \$85\ 000/0.75 = 113\ 333.33$

   The break-even volume is $\boxed{113\ 334 \text{ units}}$

   At the break-even volume, the break-even sales at $1 per unit are $113 334.

C. 1. Contribution margin is,

   $\$19.99 - \$7.00 = \$12.99$

   Let X represent the volume in units.

   Break-even volume = Fixed cost/Contribution margin

   $= 346/12.99$

   $= 26.64$

   The break-even volume is $\boxed{27 \text{ units.}}$

3. Contribution margin is,

   $\$21.99 - \$6.59 = \$15.40$

   Let X represent the volume in units.

   Break-even volume = Fixed cost/Contribution margin

   $= 2602.60/15.40$

   $= 169$

   The break-even volume is $\boxed{169 \text{ units.}}$

5. (a) Let X represent the volume in units.

   Break-even volume = Fixed cost/Contribution margin

   $= 140/(3 - 1.25)$

   $X = 80$

   The break-even volume is $\boxed{80 \text{ units.}}$

   (b) Let PFT represent the profit.

$(3.00 \times 1000) - (1.25 \times 1000) - 140.00 = \text{PFT}$

$(1.75) \times 1000 - 140.00 = \text{PFT}$

$\text{PFT} = 1610.00$

The profit is $\boxed{\$1610.00.}$

7. Contribution margin is $902\ 000 - \$613\ 360 = \$288\ 640$.

   Contribution rate is $\$288\ 640 / \$902\ 000 = 0.32 = 32\%$

   Let X represent the volume in units.

   Assume price per unit is $1.00.

   Break-even volume = Fixed cost/Contribution rate

   $= \$232\ 400/0.32 = 726\ 250$

   The break-even volume is 726 250 units

   At the break-even volume the break-even sales at $1 per unit are $\boxed{\$726\ 250.}$

9. $\text{NI} = \$178\ 000, \text{CR} = 0.27, \text{FC} = \$151\ 200$

   $\text{NI} = S - TC = S - (FC + TVC)$

   $178\ 000 = S - (151\ 000 + TVC)$

   $329\ 000 = S - TVC$

   $S = 329\ 000 + TVC$

   $CR = CM/S = (S - TVC)/S$

   $0.27 = (329\ 000 + TVC - TVC)/(329\ 000 + TVC) = 329\ 000/(329\ 000 + TVC)$

   $0.27(329\ 000 + TVC) = 329\ 000$

   $TVC = \$889\ 518.52$

   $S = 329\ 000 + TVC = 329\ 000 + 889\ 518.52 = 1\ 218\ 518.52$

   Last year's sales were $\boxed{\$1\ 218\ 518.52.}$

11. $CM = S - TVC, TVC = TC - FC$

    $145\ 600 = 416\ 000 - (TC - FC) = 416\ 000 - (TC - 79\ 800)$

    $145\ 600 = 416\ 000 + 79\ 800 - TC$

    $TC = 350\ 200$

    $TVC = 350\ 200 - 79\ 800 = 270\ 400$

    $CM = S - TVC = 416\ 000 - 270\ 400 = 145\ 600$

    $CR = CM/S = 145\ 600/416\ 000 = 0.35$

    Break-even volume = $FC/CR = 79\ 800/0.35 = 79\ 800/0.35 = 228\ 000$

    The break-even volume is $\boxed{228\ 000 \text{ units.}}$

Exercise 6.3

1. (a) Let X represent the volume in units.

   To break even,
   $$14X - 8X - 984 = 0$$
   $$6X = 984$$
   $$X = 164$$

   The break-even volume is 164 units.

   (b) Let X represent the volume in units.

   To break even,
   $$12X - 8X - 984 = 0$$
   $$4X = 984$$
   $$X = 246$$

   The break-even volume is 246 units.

   (c) Let X represent the volume in units.

   To break even,
   $$14X - 8X - 1500 = 0$$
   $$6X = 1500$$
   $$X = 250$$

   The break-even volume is 250 units.

   (d) Let P represent the price per units

   To break even,
   $$300P - 8 \times 300 - 1500 = 0$$
   $$300P = 3900$$
   $$P = 13$$

   The break-even price is $13.

3. (a) Let X represent the volume in units.

   To break even,
   $$5.69X - 2.20X - 3400 = 0$$
   $$3.49X = 3400$$
   $$X = 974.212034$$

   The break-even volume is 975 units.

(b) Let X represent the volume in units.

To break even,
$$5.69X - 2.40X - 3400 = 0$$
$$3.29X = 3400$$
$$X = 1033.43465$$

The break-even volume is $\boxed{1034 \text{ units.}}$

(c) Let PFT represent the profit in dollars.
$$(5.69 \times 1600) - (2.20 \times 1600) - 3490 = \text{PFT}$$
$$((5.69 - 2.20) \times 1600) - 3490 = \text{PFT}$$
$$\text{PFT} = \$2094$$

The profit is $\boxed{\$2094.}$

(d) Let X represent the volume in units.
$$5.49X - 2.20X - 3400 = 1000$$
$$3.29X = 4400$$
$$X = 1337.386018$$

The break-even volume is $\boxed{1338 \text{ units.}}$

5. (a) CM = S − TVC = 946 000 − 227 040 = \$718 960

The contribution margin is \$718 960.

CR = CM/S = 718 960/946 000 = 0.76 = 76%

The contribution rate is $\boxed{76\%.}$

(b) Break-even volume = FC/CR = 588 000/0.76 = 773 684.2105

The break-even volume is $\boxed{773\,685 \text{ units.}}$

(c) New fixed costs = \$588 000 + \$23 000 = \$611 000

Break-even volume = FC/CR = 611 000/0.76 = 803 947.3684

The break-even volume is $\boxed{803\,948 \text{ units.}}$

(d) New sales = \$946 000 + 0.5(\$946 000) = \$993 300

Net income = Sales − Total cost = \$993 300 − \$815 040 = \$178 260

Net income is $\boxed{\$178\,260.}$

Review Exercise

1. (a) (i) Contribution margin per unit $= 185.00 - 157.00 = \boxed{\$28.00}$

   (ii) Contribution rate $= \dfrac{28.00}{185.00} = 0.1513514 = \boxed{\$15.14\%}$

   (b) (i) To break even, $185x = 3136 + 157x$
   $$28x = 3136$$
   $$x = 112$$

   Or, break-even volume = Fixed cost/Contribution margin = 3136/28 = 112

   Break-even volume is $\boxed{112 \text{ units.}}$

   (ii) Break-even volume as a percent of capacity
   $$= \dfrac{112}{320} = 0.35 = \boxed{35\%}$$

   (iii) Break-even volume in dollars $= 112(185) = \boxed{\$20\,720}$

   (c) Let the number of units be x.

   Then: Revenue $= 185x$

   Total cost $= 3136 + 157x$

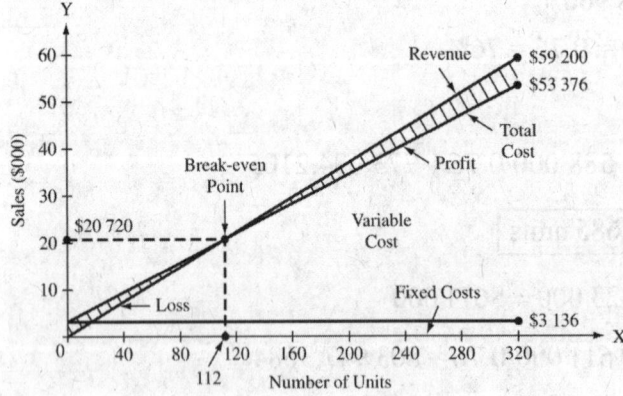

   (d) (i) If fixed costs are $2688
   $$185x = 2688 + 157x$$
   $$28x = 2688$$
   $$x = 96$$

   Output level $= \dfrac{96}{320} = \boxed{30\%}$

(ii) If fixed costs are $4588 and VC is 80% of SP

$$185x = 4588 + 148x$$
$$37x = 4588$$
$$x = 124$$

Output level $= \dfrac{124}{320} = \boxed{38.75\%}$

(iii) If SP is $171

$$171x = 3136 + 157x$$
$$14x = 3136$$
$$x = 224$$

Output level $= \dfrac{224}{320} = \boxed{70\%}$

3. (a) (i) Contribution margin = 400 000 − 260 000 = $\boxed{140\ 000}$

(ii) Contribution rate $= \dfrac{140\ 000}{400\ 000} = 0.35 = \boxed{35\%}$

(b) (i) $\quad x = 105\ 000 + 0.65x$

$\quad 0.35x = 105\ 000$

$\quad x = 300\ 000$

Or, break-even volume = 105 000/0.35 = 300 000

Break-even volume as a percent of capacity

$= \dfrac{300\ 000}{500\ 000} = \boxed{60\%}$

(ii) Break-even volume is a sales volume of $\boxed{\$300\ 000.}$

(c) Let x represent the sales volume in dollars.

Revenue $= x$

Variable cost $= \dfrac{260\ 000}{400\ 000} = 65\%$ of revenue $= 0.65x$

$\boxed{\text{Total cost} = 105\ 000 + 0.65x}$

110 CHAPTER 6

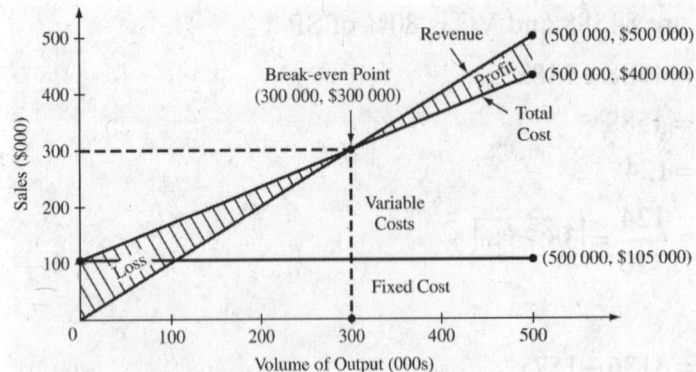

(d)   FC = 105 000 − 11 200 = $93 800

VC = 72% of revenue = $0.72x$

$x = 93\,800 + 0.72x$

$0.28x = 93\,800$

$x = 335\,000$

Break-even volume is $\boxed{\$335\,000.}$

5.   FC = 1500.00 + 2000.00 + 1700.00 = 5200.00

Let x = number of units

$9.99x − 3.50x − 5200.00 = 0$

$6.49x = 5200.00$

$x = 801.232666$

They need to sell $\boxed{802}$ meals to break even.

7. (a)   CM = S − TVC = $2 995 200 − $778 752 = $2 216 448

The contribution margin is $2 216 448.

CR = CM/S = 2 216 448/2 995 200 = 0.74

The contribution margin is $\boxed{74\%.}$

(b)   Break-even volume = FC/CR = 1 962 000/0.74 = 2 651 351.351

The break-even volume is $\boxed{2651352 \text{ units.}}$

(c)   New TVC = $778 752 + 0.45($778 752) = $1 129 190.40

New Sales = S = $2 995 200 + 0.20($2 995 200) = $3 594 240.00

CM = S − TVC = $3 594 240 − $1 129 190.40 = $2 465 049.60

CR = CM / S = 2 465 049.6 / 3 594 240 = 0.6853

Break-even volume = FC / CR = 1 962 000 / 0.6853 = 2 862 840.481

The break-even volume is $\boxed{2\,862\,841 \text{ units.}}$

(d) New TVC = $778 752 − 0.07($778 752) = $724 239.36

New FC = $1 962 000 + $9 000 = $1 971 000

Net income = S − TC = S − (FC + TVC) = $2 995 200 − ($1 971 000 + $724 239.36)

= $299 960.64

Net income will be $299 960.64.

Self-Test

1. (a) (i) Contribution margin per unit = $10 - (2.60 + 2.40 + (0.2 \times 10)) = \boxed{\$3.00}$

   (ii) Contribution rate = $\dfrac{3.00}{10.00} = 0.3 = \boxed{30\%}$

   (b) (i) To break even, NI = 0

   $10x = 18\,000 + 7x$

   $3x = 18\,000$

   $x = 6000$

   Or, break-even volume = $18\,000 / 3 = 6000$

   Break-even volume is $\boxed{6000}$ CDs.

   (ii) Break-even volume, in sales dollars, = $10 \times 6000 = \boxed{\$60\,000}$

   (iii) Break-even volume, as a percent of capacity, = $\dfrac{6000}{15\,000} = \boxed{40\%}$

   (c) Let the number of CDs be x.

   $\boxed{\text{Revenue} = 10x}$

   $\boxed{\text{Cost}} = 18\,000 + 2.60x + 2.40x + (0.2)(10)x$

   $\boxed{= 18\,000 + 7.00x}$

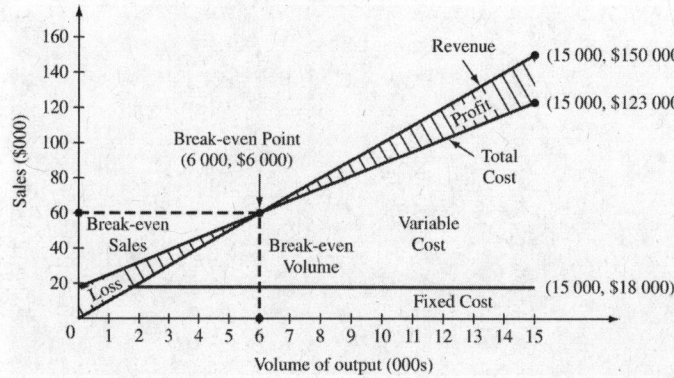

(d)   Fixed cost $= 18\,000 + 1600 = 19\,600$
Variable cost $= 2.10x + 2.40x + 2.00x = 6.50x$
$$10x = 19\,600 + 6.50x$$
$$3.50x = 19\,600$$
$$x = \boxed{5600} \text{ (units)}$$

(e)   Revenue $= (10.00 + 10\% \text{ of } 10.00)x = 11.00x$
Variable cost $= 2.60x + 2.40x + ((0.2)(11))x = 7.20x$
Fixed cost $= 18\,000 + 2900 = 20\,900$
$$11.00x = 20\,900 + 7.20x$$
$$3.80x = 20\,900$$
$$x = \boxed{5500} \text{ (units)}$$

Chapter 7 Simple Interest

Exercise 7.1

A. 1. $\boxed{r = 0.035; t = \dfrac{7}{12}}$

3. $\boxed{r = 0.0825; t = \dfrac{183}{365}}$

B. 1. $I = 5000.00 \times 0.0975 \times \dfrac{10}{12} = \boxed{\$406.25}$

3. $I = 1755.00 \times 0.0465 \times \dfrac{6}{12} = \boxed{\$40.80}$

5. $I = 980.00 \times 0.115 \times \dfrac{244}{365} = \boxed{\$75.34}$

7. Number of days $= 1 + 31 + 31 + 28 + 31 + 30 + 4 = 156$

   Calculator: 11.3009   5.0510   156
   $\boxed{\text{DT1}}$ $\boxed{\text{DT2}}$ $\boxed{\text{DBD}}$

   $I = 275.00 \times 0.0925 \times \dfrac{156}{365} = \boxed{\$10.87}$

9. Number of days $= 27 + 31 + 30 + 31 + 31 + 30 + 31 + 3 = 214$

   Calculator: 4.0410   11.0410   214
   $\boxed{\text{DT1}}$ $\boxed{\text{DT2}}$ $\boxed{\text{DBD}}$

   $I = 424.23 \times 0.0875 \times \dfrac{214}{365} = \boxed{\$21.76}$

11. Number of days $= 15 + 31 + 31 + 30 + 31 + 30 + 31 + 23 = 222$

    Calculator: 6.1609   1.2410   222
    $\boxed{\text{DT1}}$ $\boxed{\text{DT2}}$ $\boxed{\text{DBD}}$

    $I = 629.99 \times 0.069 \times \dfrac{222}{365} = \boxed{\$26.44}$

C. 1. $P = 24\,000.00;\ r = 0.015;$

   Time in days from April 1 to June 30 $= 90$

   $I = 24\,000.00(0.015)\left(\dfrac{90}{365}\right) = \boxed{\$88.77}$

3. $P = 8100.00; r = 0.077$

$$I = 8100.00(0.077)\left(\frac{90}{365}\right) = \boxed{\$153.79}$$

Exercise 7.2

A. 1. $P = \dfrac{I}{rt} = \dfrac{67.83}{0.095 \times \frac{7}{12}} = \dfrac{67.83}{0.055416} = \boxed{\$1224.00}$

3. $r = \dfrac{I}{Pt} = \dfrac{215.00}{2400.00 \times \frac{10}{12}} = 0.1075 = \boxed{10.75\%}$

5. $t = \dfrac{I}{Pr} = \dfrac{36.17}{954.00 \times 0.0325} = \boxed{1.166586 \text{ years}}$

$t(\text{months}) = 1.166586 \times 12 = 13.999032 = \boxed{14 \text{ months}}$

7. $t = \dfrac{I}{Pr} = \dfrac{7.14}{344.75 \times 0.0525} = 0.394489 \text{ years}$

$t(\text{days}) = 0.394489 \times 365 = 143.988397 = \boxed{144 \text{ days}}$

B. 1. $I = 148.32; r = 0.0675; t = \dfrac{8}{12}$

$P = \dfrac{I}{rt} = \dfrac{148.32}{0.0675 \times \frac{8}{12}} = \dfrac{148.32}{0.045} = \boxed{\$3296.00}$

3. $P = 880.00; I = 104.50; t = \dfrac{15}{12}$

$r = \dfrac{I}{Pt} = \dfrac{104.50}{880.00 \times \frac{15}{12}} = \dfrac{104.50}{1100.00} = 0.095 = \boxed{9.5\%}$

5. $P = 1387.00; I = 63.84; t = \dfrac{200}{365}$

$r = \dfrac{I}{Pt} = \dfrac{63.84}{1387.00 \times \frac{200}{365}} = \dfrac{63.84}{760.00} = 0.084 = \boxed{8.4\%}$

7. $P = 1290.00; I = 100.51; r = 0.085$

$t(\text{months}) = \dfrac{I}{Pr} \times 12 = \dfrac{100.51}{1290.00 \times 0.085} \times 12 = 0.916644 \text{ yr} \times 12 = 10.999726 = \boxed{11 \text{ months}}$

9. $P = 564.00; I = 15.09; r = 0.0775$

$$t(\text{days}) = \frac{I}{Pr} \times 365 = \frac{15.09}{564.00 \times 0.0775} \times 365 = 0.345230 \text{ yr} \times 365 = 126.008922 = \boxed{126 \text{ days}}$$

11. Number of days = 180;

    Calculator: 6.1809   12.1509   180

    $\boxed{\text{DT1}}$ $\boxed{\text{DT2}}$ $\boxed{\text{DBD}}$

    $I = 39.96; r = 0.0925; t = \dfrac{180}{365}$

    $$P = \frac{I}{rt} = \frac{39.96}{0.0925 \times \frac{180}{365}} = \frac{39.96}{0.045616} = \boxed{\$876.00}$$

13. $I = 2000.00; r = 0.06; t = \dfrac{1}{12}$

    $$P = \frac{2000.00}{\frac{1}{12}(0.06)} = \boxed{\$400\,000}$$

15. $P = 3200.00; I = 168.00; t = \dfrac{7}{12};$

    $$r = \frac{168.00}{3200.00\left(\frac{7}{12}\right)} = \frac{168.00}{1866.6} = 0.09 = \boxed{9\%}$$

17. $P = 3448.00; I = 3827.66 - (3448.00 + 344.80) = 34.86; r = 0.09;$

    $$t = \frac{34.86}{3448.00(0.09)} = 0.112336 \text{ years}$$

    Number of days overdue $= 0.112336(365) = 41.002514 = \boxed{41 \text{ days}}$

Exercise 7.3

A. 1. $P = 480.00; r = 0.035; t = \dfrac{220}{365}$

$$S = P(1+rt) = 480.00\left[1 + 0.035 \times \frac{220}{365}\right]$$

$$= 480.00(1 + 0.021096)$$

$$= \boxed{\$490.13}$$

3. $P = 732.00; r = 0.098$

$t = 187 \text{ days} = \dfrac{187}{365} \text{ years}$

Calculator: 5.2010   11.2310   187
                 $\boxed{DT1}$ $\boxed{DT2}$ $\boxed{DBD}$

$S = P(1+rt) = 732.00\left[1 + 0.098 \times \dfrac{187}{365}\right]$

$ = 732.00(1 + 0.050208)$

$ = \boxed{\$768.75}$

5. $P = 820.00; r = 0.0475; t = \dfrac{9}{12}$

$S = P(1+rt) = 820.00\left[1 + 0.0475 \times \dfrac{9}{12}\right]$

$ = 820.00(1 + 0.035625)$

$ = \boxed{\$849.21}$

B. 1. $P = 2500.00; r = 0.0345; t = \dfrac{180}{365}$

$S = P(1+rt) = 2500.00\left[1 + 0.0345 \times \dfrac{180}{365}\right]$

$ = 2500.00(1 + 0.017014)$

$ = \boxed{\$2542.53}$

3. $P = 26\,750.00; r = 0.013; t = \dfrac{215}{365}$

$S = P(1+rt) = 26\,750.00\left[1 + 0.013 \times \dfrac{215}{365}\right]$

$ = 26\,750.00(1 + 0.007658)$

$ = \boxed{\$26\,954.84}$

5. (a) $P = 50\,000.00; r = 0.0395; t = 1;$
        $S = P(1+rt) = 50000[1 + (0.0395 \times 1)]$
        Amount received $= \boxed{\$51\,975.00}$

(b) First six months: $P = 50\,000.00$; $r = 0.0385$; $t = \dfrac{6}{12}$

$$S = 50\,000.00\left[1+0.0385\times\dfrac{6}{12}\right] = \$50\,962.50$$

Amount received after six months = $50 962.50

Second six months: $P = 50\,962.50$; $r = 0.0385$; $t = \dfrac{6}{12}$

$$S = 50\,962.50\left[1+0.0385\times\dfrac{6}{12}\right] = \$51\,943.53$$

Amount received after one year = $\boxed{\$51\,943.53}$

(c) $I = 51\,943.53 - 50\,000.00 = \$1943.53$

$$r = \dfrac{1943.53}{50\,000.00(1)} = 0.038871 = \boxed{3.8871\%}$$

Exercise 7.4

A. 1. $S = 279.30$; $r = 0.04$; $t = \dfrac{15}{12}$

$$P = \dfrac{S}{1+rt} = \dfrac{279.30}{1+0.04\times\frac{15}{12}} = \dfrac{279.30}{1+0.05} = \boxed{\$266.00}$$

$I = 279.30 - 266.00 = \boxed{\$13.30}$

3. $I = 29.67$; $r = 0.086$; $t = \dfrac{8}{12}$

$$P = \dfrac{29.67}{0.086\times\frac{8}{12}} = \dfrac{29.67}{0.0573} = \boxed{\$517.50}$$

$S = P + I = 517.50 + 29.67 = \boxed{\$547.17}$

5. $S = 2109.24$; $I = 84.24$; $r = 0.052$

$P = 2109.24 - 84.24 = \boxed{\$2025.00}$

$$t(\text{days}) = \dfrac{84.24}{2025.00\times 0.052}\times 365 = 0.8\text{ yr}\times 365 = \boxed{292\text{ days}}$$

B. 1. $S = 1241.86$; $r = 0.039$; $t = \dfrac{5}{12}$

$$P = \frac{S}{1+rt} = \frac{1241.86}{1+0.039 \times \frac{5}{12}} = \frac{1241.86}{1+0.01625} = \boxed{\$1222.00}$$

3. $S = 1760.00;\ r = 0.0975;\ t = \dfrac{4}{12}$

$$P = \frac{S}{1+rt} = \frac{1760.00}{1+0.0975 \times \frac{4}{12}} = \frac{1760.00}{1+0.0325} = \boxed{\$1704.60}$$

5. $S = 657.58;\ r = 0.0475;\ t = \dfrac{162}{365}$

$$P = \frac{S}{1+rt} = \frac{657.58}{1+0.0475 \times \frac{162}{365}} = \frac{657.58}{1+0.021082} = \boxed{\$644.00}$$

7. $S = 7345.64;\ r = 0.0625;\ t = \dfrac{11}{12}$

$$P = \frac{7345.64}{1+0.0625 \times \frac{11}{12}} = \frac{7345.64}{1+0.057292} = \$6947.60$$

Interest $= 7345.64 - 6947.60 = \boxed{\$398.04}$

9. $S = 23\,520.18;\ r = 0.065;\ t = \dfrac{127}{365}$

$$P = \frac{23520.18}{1+0.065 \times \frac{127}{365}} = \frac{23520.18}{1+0.022616} = \boxed{\$23\,000.00}$$

Exercise 7.5

A. 1. $P = 800.00;\ r = 0.11;\ t = \dfrac{4}{12};$ find S.

$$S = P(1+rt) = 800.00\left(1+0.11 \times \frac{4}{12}\right) = 800.00(1+0.036) = \boxed{\$829.33}$$

3. $P = 600.00;\ r = 0.07;\ t = \dfrac{5}{12};$ find S.

$$S = P(1+rt) = 600.00\left(1+0.07 \times \frac{5}{12}\right) = 600.00(1+0.029167) = \boxed{\$617.50}$$

5. Let the size of the single replacement payment be x.

Focal date is today.

Dated value at the focal date of $500 due 4 months ago:

$P = 500.00; r = 0.05; t = \frac{4}{12}$; find S.

$$S = P(1+rt) = 500.00\left(1 + 0.05 \times \frac{4}{12}\right) = 500.00(1 + 0.01\dot{6}) = \$508.33$$

Dated value at the focal date at of \$600 due in 2 months:

$$S = 600.00; r = 0.05; t = \frac{2}{12}$$

$$P = \frac{S}{1+rt} = \frac{600.00}{1 + 0.05 \times \frac{2}{12}} = \frac{600.00}{1 + 0.008\dot{3}} = \$595.04$$

Equivalent single replacement payment:

$x = 508.33 + 595.04 = \boxed{\$1103.37}$

7. Let the size of the payment due in 8 months be \$x.

Focal date is today.

The sum of the dated values of the original debts at the focal date
$= \$2000.00$.

The sum of the dated values of the replacement payments at the focal date

$$= \frac{1200.00}{1 + 0.06 \times \frac{4}{12}} + \frac{x}{1 + 0.06 \times \frac{8}{12}}$$

$$= \frac{1200}{1.02} + \frac{x}{1.04}$$

$$= 1176.47 + \frac{x}{1.04}$$

Equation of equivalence:

$$2000.00 = 1176.47 + \frac{x}{1.04}$$

$$823.53 = \frac{x}{1.04}$$

$$x = 856.47$$

The balance due in 8 months is $\boxed{\$856.47.}$

9. Let the size of the equal payments be \$x.

Focal date is today.

Dated value of the original debt at the focal date
$= 1500.00$

Sum of the dated values of the replacement payments at the focal date

$$= \frac{x}{1+0.10\times\frac{2}{12}} + \frac{x}{1+0.10\times\frac{7}{12}} = \frac{x}{1.01\dot{6}} + \frac{x}{1.058\dot{3}}$$

Equation of equivalence:

$$1500.00 = \frac{x}{1.01\dot{6}} + \frac{x}{1.058\dot{3}}$$

$$1500.00 = 0.983607x + 0.944882x$$

$$1500.00 = 1.928488x$$

$$x = 777.81$$

The size of the equal payments is $\boxed{\$777.81.}$

11. Let the size of the equal payments be x.

   The focal date is now.

   The maturity value of $1200 due in 8 months with 10% interest

$$= 1200.00\left(1+0.10\times\frac{8}{12}\right) = 1280.00$$

The sum of the dated values of the original payments at the focal date

$$1500.00\left(1+0.05\times\frac{4}{12}\right) + \frac{1280.00}{1+0.05\times\frac{8}{12}}$$

$$= 1525.00 + 1238.71$$

The sum of the dated values of the replacement payments at the focal date

$$= 700.00 + \frac{x}{1+0.05\times\frac{6}{12}} + \frac{x}{1+0.05\times\frac{12}{12}}$$

$$= 700.00 + \frac{x}{1.025} + \frac{x}{1.05}$$

$$= 700.00 + 0.975610x + 0.952381x$$

The equation of equivalence is

$$525.00 + 1238.71 = 700.00 + 0.975610x + 0.952381x$$

$$2763.71 = 700.00 + 1.927991x$$

$$2063.71 = 1.927991x$$

$$x = 1070.39$$

The size of the equal payments is $\boxed{\$1070.39.}$

B. 1. Let the size of the single payment be x.

The focal date is today.

The equation of equivalence is

$$x = \frac{600.00}{1+0.10\times\frac{3}{12}} + \frac{600.00}{1+0.10\times\frac{6}{12}}$$

$$x = 585.37 + 571.43$$

$$x = \boxed{1156.80}$$

3. Let the size of the single payment be x.

The focal date is 90 days from now.

The equation of equivalence is

$$1000.00\left(1+0.08\times\frac{150}{365}\right) + 1200.00\left(1+0.08\times\frac{60}{365}\right) = x$$

$$1032.88 + 1215.78 = x$$

$$x = 2248.66$$

The single payment 90 days from now is $\boxed{\$2248.66}$.

5. Let the size of the single payment be x.

The focal date is one month from now.

The equation of equivalence is

$$500.00\left(1+0.105\times\frac{5}{12}\right) + 800.00\left(1+0.105\times\frac{1}{12}\right) + \frac{400.00}{1+0.105\times\frac{2}{12}} = x$$

$$x = 521.88 + 807.00 + 393.12$$

$$x = 1722.00$$

The size of the final payment is $\boxed{\$1722.00}$.

7. Let the size of the single payment be x.

The focal date is 125 days from now.

The equation of equivalence is

$$400.00\left(1+0.06\times\frac{220}{365}\right) + 700.00\left(1+0.06\times\frac{125}{365}\right)$$

$$= 600.00\left(1+0.06\times\frac{95}{365}\right) + x$$

$$414.47 + 714.38 - 609.37 = x$$

$$x = 519.48$$

The size of the final payment is $519.48.

9. Let the size of the equal payments be x.

   The focal date is today.

   The equation of equivalence is

   $$1100.00 = \frac{x}{1+0.085 \times \frac{4}{12}} + \frac{x}{1+0.085 \times \frac{6}{12}}$$

   $$1100.00 = \frac{x}{1.0283} + \frac{x}{1.0425}$$

   $$1100.00 = 0.972447x + 0.959233x$$

   $$1100.00 = 1.931680x$$

   $$x = 569.45$$

   The size of the equal payments is $569.45.

11. Let the size of the equal loans be x.

    The focal date is today.

    The equation of equivalence is

    $$800.00 = x\left[1+0.11\left(\frac{7}{12}\right)\right] + x\left[1+0.11\left(\frac{5}{12}\right)\right]$$

    $$800.00 = x(1.06416\dot{}) + x(1.04583\dot{})$$

    $$800.00 = 2.11x$$

    $$x = 379.15$$

    The size of the equal loans is $379.15.

13. Let the size of the equal payments be x.

    The focal date is today.

    The equation of equivalence is

    $$800.00\left(1+0.0725 \times \frac{60}{365}\right) + 800.00\left(1+0.0725 \times \frac{30}{365}\right)$$

$$= x + \frac{x}{1 + 0.0725 \times \frac{60}{365}}$$

$$809.53 + 804.77 = x + \frac{x}{1.011918}$$

$$1614.30 = x + 0.988223x$$

$$1614.30 = 1.988223x$$

$$x = 811.93$$

The size of the equal payments is $\boxed{\$811.93.}$

15. Let the size of the equal payments be x.

    The focal date is today.

    The equation of equivalence is

    $$4000.00 = \frac{x}{1 + 0.085 \times \frac{4}{12}} + \frac{x}{1 + 0.085 \times \frac{8}{12}} + \frac{x}{1 + 0.085 \times \frac{12}{12}}$$

    $$4000.00 = \frac{x}{1.028333} + \frac{x}{1.056667} + \frac{x}{1.085}$$

    $$4000.00 = 0.972447x + 0.946372x + 0.921659x$$

    $$4000.00 = 2.840479x$$

    $$x = 1408.21$$

    The size of the equal payments is $\boxed{\$1408.21.}$

Review Exercise

1. $P = 1975$; $r = 0.055$; $t = \frac{215}{365}$

    $$I = 1975 \times 0.055 \times \frac{215}{365} = \boxed{\$63.98}$$

3. $I = 39.39$; $t = \frac{284}{365}$; $P = 675$

    $$r = \frac{39.39}{675 \times \frac{284}{365}} = 0.074999 = \boxed{7.5\%}$$

5. $I = 124.29$; $r = 0.0825$; $P = 2075$

    $$t = \frac{124.29}{2075 \times 0.0825} = 0.726046 \text{ years} = \boxed{265 \text{ days}}$$

7. No. of days $= 30+31+30+31+31+28+31+29 = 241$

    $I = 148.57; r = 0.075; t = \dfrac{241}{365}$

    $P = \dfrac{148.57}{0.075 \times \frac{241}{365}} = \dfrac{148.57}{0.049521} = \boxed{\$3000.17}$

9. No. of days $= 30+31+31+30+31+30+0 = 183$

    $I = 1562.04 - 1500.00 = 62.04;\ P = 1500.00;\ t = \dfrac{183}{365}$

    $r = \dfrac{62.04}{1500.00 \times \frac{183}{365}} = \dfrac{62.04}{752.054795} = 0.082494 = \boxed{8.25\%}$

11. $I = 3195.72 - 3100.00 = 95.72;\ P = 3100.00;\ r = 0.0575$

    $t(\text{days}) = \dfrac{95.72}{3100.00 \times 0.0575} \times 365 = \boxed{196\ \text{days}}$

13. No. of days $= 21+31+31+30+31+30+14 = 188$

    $P = 1550.00;\ r = 0.065;\ t = \dfrac{188}{365}$

    $S = 1550.00\left(1 + 0.065 \times \dfrac{188}{365}\right) = 1550.00(1+0.033479) = \boxed{\$1601.89}$

15. No. of days $= 30+31+31+29+31+30+30 = 212$

    $S = 3367.28;\ r = 0.09;\ t = \dfrac{212}{365}$

    $P = \dfrac{S}{1+rt} = \dfrac{3367.28}{1 + 0.09 \times \frac{212}{365}} = \dfrac{3367.28}{1+0.052274} = \boxed{\$3200.00}$

17. No. of days $= 30+31+31+30+14 = 136$

    $S = 1785.00;\ r = 0.075;\ t = \dfrac{136}{365}$

    $P = \dfrac{S}{1+rt} = \dfrac{1785.00}{1 + 0.075 \times \frac{136}{365}} = \dfrac{1785.00}{1+0.027945} = \boxed{\$1736.47}$

19. Let the size of the single payment be x.

    The focal date is 30 days from now.

    $$1450.00\left(1+0.07\times\frac{75}{365}\right)+\frac{1200.00}{1+0.07\times\frac{30}{365}}=x$$

    $$1470.86+1193.14=x$$

    $$x=2664.00$$

    The size of the single payment is $\boxed{\$2664.00.}$

21. Let the size of the equal payments to x.

    The focal date is today.

    $$10\,000.00=\frac{x}{1+0.065\times\frac{90}{365}}+\frac{x}{1+0.065\times\frac{180}{365}}$$

    $$10\,000.00=\frac{x}{1.016027}+\frac{x}{1.032055}$$

    $$10\,000.00=0.984225+0.968941x$$

    $$10\,000.00=1.953166$$

    $$x=5119.89$$

    The size of the equal payments is $\boxed{\$5119.89.}$

23. Let the size of the single payment be x.

    The focal date is today.

    $$x=1000.00\left(1+0.0825\times\frac{2}{12}\right)+\frac{1200.00}{1+0.0825\times\frac{2}{12}}+\frac{1400.00}{1+0.0825\times\frac{4}{12}}$$

    $$x=1013.75+1183.72+1362.53$$

    $$x=3560.00$$

    The size of the single payment is $\boxed{\$3560.00}$.

25. Let the size of the equal payments be x.

    The focal date is today.

    $$\frac{5000.00}{1+0.065\times\frac{12}{12}}=x+\frac{x}{1+0.065\times\frac{6}{12}}+\frac{x}{1+0.065\times\frac{12}{12}}$$

    $$\frac{5000.00}{1.065}=x+\frac{x}{1.0325}+\frac{x}{1.065}$$

    $$4694.84=x+0.968523x+0.938967x$$

    $$4694.84=2.907490x$$

    $$x=1614.74$$

The size of the equal payments is $\boxed{\$1614.74.}$

Self-Test

1. $I = (1290.00)(0.035)\left(\dfrac{173}{365}\right) = \boxed{\$21.40}$

3. $r = \dfrac{81.25}{2500.00 \times \frac{6}{12}} = 0.065 = \boxed{6.5\%}$

5. $S = 6000.00\left(1 + 0.0375 \times \dfrac{10}{12}\right) = 6000.00(1 + 0.03125) = \boxed{\$6187.50}$

7. $PV = \dfrac{4400.00}{1 + 0.325 \times \frac{243}{365}} = \dfrac{4400.00}{1 + 0.021637} = \boxed{\$4306.81}$

9. $t = \dfrac{689.72}{8500.00 \times 0.0825} = 0.983558 \text{ years} \times 365 = 358.998645 = \boxed{359 \text{ days}}$

11. $P = \dfrac{7500.00}{1 + 0.0375 \times \frac{88}{365}} = \dfrac{7500.00}{1 + 0.009041} = \boxed{\$7432.80}$

13. Let the single payment be x.

$$x = 1725.00\left(1 + 0.085 \times \dfrac{115}{365}\right) + 510.00\left(1 + 0.085 \times \dfrac{40}{365}\right) + \dfrac{655.00}{1 + 0.085 \times \frac{208}{365}}$$

$$= 1725.00(1.026781) + 510.00(1.009315) + \dfrac{655.00}{1.048438}$$

$$= 1771.20 + 514.75 + 624.74$$

$$= \boxed{\$2910.69}$$

15. Let the size of the equal payments be x.

$$3320.00 = \dfrac{x}{1 + 0.0875 \times \frac{92}{365}} + \dfrac{x}{1 + 0.0875 \times \frac{235}{365}} + \dfrac{x}{1 + 0.0875 \times \frac{326}{365}}$$

$$3320.00 = \dfrac{x}{1.022055} + \dfrac{x}{1.0563356} + \dfrac{x}{1.078151}$$

$$3320.00 = 0.978421x + 0.946669x + 0.927514x$$

$$3320.00 = 2.852604x$$

$$x = \boxed{\$1163.85}$$

Chapter 8 Simple Interest Applications

Exercise 8.1

A. 1. December 30, 2012

   3. $530.00

   5. No. of days = 154

   7. S = 530.00 + 14.54 = $544.54

B. 1. (a) March 3, 2012

   (b) No. of days = 155

   (c) $I = 840.00 \times 0.06 \times \dfrac{155}{365} = \$21.40$

   (d) Maturity value = 840.00 + 21.40 = $861.40

C. 1. Due date is September 28, 2013.
   No. of days = 126

   $P = 620.00;\ r = 0.0525;\ t = \dfrac{126}{365}$

   $S = 620.00\left(1 + 0.0525 \times \dfrac{126}{365}\right) = 620.00(1 + 0.18123) = \$631.24$

   3. No. of days = 153

   $P = 820.00;\ r = 0.05;\ t = \dfrac{153}{365}$

   $S = 820.00\left(1 + 0.05 \times \dfrac{153}{365}\right) = 820.00(1 + 0.020959) = \$837.19$

   5. Due date is June 27, 2014
   No. of days = 151

   $P = 835.00;\ r = 0.0618;\ t = \dfrac{151}{365}$

   $S = 835.00\left(1 + 0.0618 \times \dfrac{151}{365}\right) = 835.00(1 + 0.025567) = \$856.35$

7. Due date is November 25, 2012
No. of days = 95

$P = 10\,200.00;\ r = 0.0805;\ t = \dfrac{95}{365}$

$S = 10\,200.00\left(1 + 0.0805 \times \dfrac{95}{365}\right) = 10\,200.00(1 + 0.020952) = \boxed{\$10\,413.71}$

D. 1. Maturity value = $2500, maturity date is Oct. 10 + 3 days' grace = Oct. 13, therefore time = t = 85 days

r = 6.15%

From P = S/(1 + rt), we obtain P = 2500/(1 + 0.0615(85/365)) = 2500/(1.014321918) = $\boxed{\$2464.70}$

3. Maturity value = P = 3600, t = 95 + 3 = 98 days, r = 5.8%.

From S = P(1 + rt), we obtain S = 3600(1 + 0.058(98/365)) = 3600(1.015572603) = $3656.06

Present value on November 30, 2011 = S = 3656.06, r = 6.27%, time from November 30, 2011 until maturity (with 3 days' grace) on February 3, 2012 = 65 days.

From P = S/(1 + rt), we obtain P = 3656.06/(1 + 0.0627(65/365)) = 3656.06/(1.011165753) = $\boxed{\$3615.69}$

Exercise 8.2

A. 1. $S = 50\,000;\ r = 0.0136;\ t = 1$

$P = \dfrac{50\,000}{1 + 0.0136 \times 1} = \dfrac{50\,000}{1.036} = 49\,329.12$

The price is $\boxed{\$49\,329.12}$.

3. $S = 5000;\ t = \dfrac{91}{365};\ P = 4966.20$

Amount of yield = 5000 − 4966.20 = 33.80

Yield rate $= \dfrac{33.80}{4966.20\left(\frac{91}{365}\right)} = \dfrac{33.80}{1238.148493} = 0.027299$

The rate of return was $\boxed{2.73\%}$

5. (a) $S = 100\,000.00$; $P = 99\,326.85$; $t = \dfrac{91}{365}$

   Amount of yield = $100\,000.00 - 99\,326.85 = \$673.15$

   Yield rate = $\dfrac{673.15}{99\,326.85\left(\frac{91}{365}\right)} = \dfrac{673.15}{24\,763.68} = 0.027183 = 2.7183\%$

   The original yield on the T-bill is $\boxed{2.7183\%.}$

   (b) Time to maturity at the date of sale is $91 - 42 = 49$ days.

   $S = 100\,000.00$; $r = 0.0272$; $t = \dfrac{49}{365}$

   $P = \dfrac{100\,000.00}{1 + 0.0272\left(\frac{49}{365}\right)} = \dfrac{100\,000.00}{1.003652} = \$99\,636.18$

   The price of the T-bill is $\boxed{\$99\,636.18.}$

   (c) The investment grew from \$99 326.85 to \$99 636.18 in 42 days.

   $S = 99636.18$; $P = 99\,326.85$; $t = \dfrac{42}{365}$

   The amount of yield = $99\,636.18 - 99\,326.85 = \$309.33$

   Yield rate = $\dfrac{309.33}{99\,326.85\left(\frac{42}{365}\right)} = \dfrac{309.33}{11\,429.39} = 0.027064 = 2.7064\%$

   The rate of return realized on the T-bill is $\boxed{2.71\%.}$

Exercise 8.3

1.

Date	Interest period	Principal	Rate	Interest
June 10	May 10–June 10	8000.00	0.08	$8000.00 \times 0.08 \times \dfrac{31}{365} = \underline{\$\ 54.36}$
July 10	June 10–July 10	8000.00	0.08	$8000.00 \times 0.08 \times \dfrac{30}{365} = \underline{\$\ 52.60}$
Aug. 10	July 10–July 20	8000.00	0.08	$8000.00 \times 0.08 \times \dfrac{10}{365} = \underline{\$\ 17.53}$
	July 20–July 31 incl.	6000.00	0.08	$6000.00 \times 0.08 \times \dfrac{12}{365} = \underline{\$\ 15.78}$

	Aug. 1–Aug. 10	6000.00	0.095	$6000.00 \times 0.095 \times \dfrac{9}{365} =$	$ 14.05
					$ 47.36
Sept. 10	Aug. 10–Sept. 10	6000.00	0.095	$6000.00 \times 0.095 \times \dfrac{31}{365} =$	$ 48.41
Oct. 10	Sept. 10–Sept. 30 incl.	6000.00	0.095	$6000.00 \times 0.095 \times \dfrac{21}{365} =$	$ 32.79
	Oct. 1–Oct. 10	3000.00	0.085	$3000.00 \times 0.085 \times \dfrac{9}{365} =$	$ 6.29
					$ 39.08
Nov. 10	Oct. 10–Nov. 10	3000.00	0.085	$3000.00 \times 0.085 \times \dfrac{31}{365} =$	$ 21.66
Dec. 1	Nov. 10–Dec. 1	3000.00	0.085	$3000.00 \times 0.085 \times \dfrac{21}{365} =$	$ 14.67

Total interest $278.14

3.

March 10	Original balance			$10000.00
June 30	Partial payment		$2500.00	
	Less interest due			
	$10\,000.00 \times 0.055 \times \dfrac{112}{365}$		168.77	2331.23
	Balance			$7668.77
Sept. 4	Partial payment		$4000.00	
	Less interest due			
	$7668.77 \times 0.055 \times \dfrac{66}{365}$		76.27	3923.73

	Balance		$3745.04
Nov. 15	Interest due		
	$3745.04 \times 0.055 \times \dfrac{72}{365}$		40.63
	Final Payment		$\boxed{\$3785.67}$

5.

March 10	Original balance		$6000.00
June 30	Partial payment	$2000.00	
	Less interest due		
	$6000.00 \times 0.11 \times \dfrac{112}{365}$	202.52	1797.48
	Balance		$4202.52
Sept. 5	Partial payment	$2500.00	
	Less interest due		
	$4202.52 \times 0.11 \times \dfrac{67}{365}$	84.86	2415.14
	Balance		$1787.38
Nov. 15	Interest due		
	$1787.38 \times 0.11 \times \dfrac{71}{365}$		38.25
	Final Payment		$\boxed{\$1825.63}$

7.

March 25	Original balance		$20 000.00
May 15	Partial payment	$600.00	

	Less interest		
	$20\,000.00 \times 0.07 \times \dfrac{51}{365}$	195.62	404.38
	Balance		$19\,595.62
June 30	Partial payment	$800.00	
	Less interest		
	$19\,595.62 \times 0.07 \times \dfrac{46}{365}$	172.87	627.13
	Balance		$18\,968.49
Oct. 10	Partial payment	$400.00	
	Less interest		
	$18\,968.49 \times 0.07 \times \dfrac{1}{365}$ = $ 3.64		
	$18\,968.49 \times 0.085 \times \dfrac{62}{365}$ = 273.87		
	$18\,968.49 \times 0.095 \times \dfrac{39}{365}$ = 192.54	470.05	
	Unpaid interest	$ 70.05	
Oct. 31 incl.	$18\,968.49 \times 0.095 \times \dfrac{22}{365}$	108.61	
	Payment	$178.66	

Exercise 8.4

A. 1. (a) Interest earned (on positive balances)

March 10 to March 15 inclusive: 6 days at 1.25% on $572.29

$$I = 572.29(0.0125)\left(\dfrac{6}{365}\right) = \$0.12$$

March 16 to March 19 inclusive: 4 days at 1.25% on $307.29

$$I = 307.29(0.0125)\left(\frac{4}{365}\right) = \$0.04$$

Total interest earned $= 0.12 + 0.04 = \boxed{\$0.16}$

(b) Line of credit interest charged (on negative balances up to $1000.00)

March 1: 1 day at 8% on $527.71

$$I = 527.71(0.08)\left(\frac{1}{365}\right) = \$0.12$$

March 2 to March 9 inclusive: 8 days at 8% on $1000.00

$$I = 1000.00(0.08)\left(\frac{8}{365}\right) = \$1.75$$

March 20 to March 21 inclusive: 2 days at 8% on $692.71

$$I = 692.71(0.08)\left(\frac{2}{365}\right) = \$0.30$$

March 22 to March 26 inclusive: 5 days at 8% on $776.21

$$I = 776.21(0.08)\left(\frac{5}{365}\right) = \$0.85$$

March 27 to March 31 inclusive: 5 days at 8% on $941.21

$$I = 941.21(0.08)\left(\frac{5}{365}\right) = \$1.03$$

Total line of credit interest charged

$$= 0.12 + 1.75 + 0.30 + 0.85 + 1.03 = \boxed{\$4.05}$$

(c) Overdraft interest charged on negative balance in excess of $1000.00

March 2 to March 4 inclusive: 3 days at 18% on $127.71

$$\text{Overdraft interest} = 127.71(0.18)\left(\frac{3}{365}\right) = \$0.19$$

March 5 to March 9 inclusive: 5 days at 18% on $427.71

$$\text{Overdraft interest} = 427.71(0.18)\left(\frac{5}{365}\right) = \$1.05$$

Total overdraft interest $= 0.19 + 1.05 = \boxed{\$1.24}$

(d) Two transactions caused an overdraft or an overdraft to continue

Service charge = 2(5.00) = $\boxed{\$10.00}$

(e) The account balance on March 31

$= -941.21 + 0.16 - 4.05 - 1.24 - 10.00 = \boxed{-\$956.34}$

Exercise 8.5

A. 1.

Payment number	Balance before payment	Amount paid	Interest paid 0.708333%	Principal repaid	Balance after payment
0					1200.00
1	1200.00	180.00	8.50	171.50	1028.50
2	1028.50	180.00	7.29	172.71	855.79
3	855.79	180.00	6.06	173.94	681.85
4	681.85	180.00	4.83	175.17	506.68
5	506.68	180.00	3.59	176.41	330.27
6	330.27	180.00	2.34	177.66	152.61
7	152.61	153.69	1.08	152.61	—
Totals		1233.69	33.69	1200.00	

3.

Payment number (date)	Balance before payment	Amount paid	Interest paid (daily) 7.5%pa	Principal repaid	Balance after payment
0 Mar. 15					900.00
1 Apr. 15	900.00	135.00	5.73	129.27	770.73

2	May 15	770.73	135.00	4.75	130.25	640.48
3	June 15	640.48	135.00	4.08	130.92	509.56
4	July 15	509.56	135.00	3.14	131.86	377.70
5	Aug.15	377.70	135.00	2.41	132.59	245.11
6	Sept. 15	245.11	135.00	1.56	133.44	111.67
7	Oct. 15	111.67	112.36	0.69	111.67	—
	Totals		$\boxed{922.36}$	$\boxed{22.36}$	$\boxed{900.00}$	

Review Exercise

1. (a) Due date: $\boxed{\text{November 2}}$

   (b) Interest period: June 30–November 2 = 125 days

   $$I = 1600.00 \times 0.065 \times \frac{125}{365} = \boxed{\$35.62}$$

   (c) Maturity value = $1600.00 + 35.62 = \boxed{\$1635.62}$

3. $S = 1534.12;\ r = 0.0675;\ t = \dfrac{123}{365}$

   $$P = \frac{S}{1+rt} = \frac{1534.12}{1+0.0675 \times \frac{123}{365}} = \frac{1534.12}{1+0.022747} = \boxed{\$1500.00}$$

5. $P = \$5000.00;\ r = 0.06;\ t = \dfrac{153}{365}$

   $$S = P(1+rt) = 5000.00\left(1 + 0.06 \times \frac{153}{365}\right)$$
   $$= 5000.00(1 + 0.025151)$$
   $$= \boxed{\$5125.75}$$

7. Maturity value

   Due date: November 1

   Interest period: July 31–November 1: 93 days

   $P = 800.00;\ r = 0.08;\ t = \dfrac{93}{365}$

   $$S = P(1+rt) = 800.00\left(1 + 0.08 \times \frac{93}{365}\right) = 800.00(1 + 0.020384) = \$816.31$$

Present value:

Discount period: October 20–November 1: 12 days

$S = 816.31; \quad r = 0.08; \quad t = \dfrac{12}{365}$

$P = \dfrac{S}{1+rt} = \dfrac{816.31}{1+0.08 \times \frac{12}{365}} = \dfrac{816.31}{1+0.002630} = \boxed{\$814.17}$

9. Due date: July 13, 2013

Interest period: March 10, 2013–July 13, 2013 = 125 days

$S = 1300.00; \quad r = 0.07; \quad t = \dfrac{125}{365}$

$P = \dfrac{S}{1+rt} = \dfrac{1300.00}{1+0.07 \times \frac{125}{365}} = \dfrac{1300.00}{1+0.023973} = \boxed{\$1269.57}$

11. $S = 25\,000.00; \quad P = 24\,256.25; \quad t = \dfrac{182}{365}$

Amount of yield = $25\,000.00 - 24\,256.25 = \$743.75$

Rate of return = $\dfrac{743.75}{24\,256.25 \left(\frac{182}{365} \right)} = \dfrac{743.75}{24\,256.25(182)}(365) = 0.061493 = \boxed{6.15\%}$

13.

Date	Interest period	Principal	Rate	Interest	
Mar. 31	Mar. 10–Mar. 31 incl.	15 000.00	5.5%	$15\,000.00 \times 0.055 \times \dfrac{22}{365} =$	$ 49.73
Apr. 30	Apr. 1–Apr. 30 incl.	15 000.00	5.5%	$15\,000.00 \times 0.055 \times \dfrac{30}{365} =$	$ 67.81
May 31	May 1–May 31 incl.	15 000.00	5.5%	$15\,000.00 \times 0.055 \times \dfrac{31}{365} =$	$ 70.07
June 30	June 1–June 19 incl.	15 000.00	6.25%	$15\,000.00 \times 0.0625 \times \dfrac{19}{365} =$	$ 48.80
	June 20–June 30 incl.	11 000.00	6.25%	$11\,000.00 \times 0.0625 \times \dfrac{11}{365} =$	$ 20.72
				=	$ 69.52

July 31	July 1–July 31 incl.	11 000.00	6.25%	$11\,000.00 \times 0.0625 \times \dfrac{31}{365} = \$\ 58.39$
Aug. 31	Aug. 1–Aug. 31 incl.	11 000.00	6.25%	$11\,000.00 \times 0.0625 \times \dfrac{31}{365} = \$\ 58.39$
Sept. 30	Sept. 1–Sept. 30 incl.	8000.00	6.25%	$8000.00 \times 0.0625 \times \dfrac{30}{365} = \$\ 44.10$
Oct. 31	Oct. 1–Oct. 31 incl.	8000.00	6%	$8000.00 \times 0.06 \times \dfrac{31}{365} = \$\ 40.77$
Nov. 15	Nov. 1–Nov. 15	8000.00	6%	$8000.00 \times 0.06 \times \dfrac{14}{365} = \$\ 18.41$

Total interest $\boxed{\$474.19}$

15. (a) Balance July 1   −$8195.00

   Balance July 15   −$8195.00 + 300.00 = −$7895.00

   Interest charged $\boxed{\text{July 31}}$:

   $$81950.00(0.08)\left(\dfrac{14}{365}\right) = \quad \$25.15$$

   $$7895.00(0.08)\left(\dfrac{17}{365}\right) = \quad \underline{29.42}$$

   $$\boxed{\$54.57}$$

Balance July 31 $-7895.00 - 54.57 = -\$7949.57$

Balance August 15 $-7949.57 + 300.00 = -\$7649.57$

Balance August 20 $-7649.57 - 3000.00 = -\$10\,649.57$

Interest charged August 31:

$$7949.57(0.08)\left(\frac{14}{365}\right) = \$24.39$$

$$7649.57(0.08)\left(\frac{5}{365}\right) = 8.38$$

$$10\,000.00(0.08)\left(\frac{12}{365}\right) = 26.30$$

$$649.57(0.16)\left(\frac{12}{365}\right) = \underline{3.42}$$

$$\boxed{\$62.49}$$

Balance August 31 $-10\,649.57 - 62.49 = -\$10\,712.06$

Balance September 15 $-10\,712.06 + 300.00 = -\$10\,412.06$

Interest charged September 30:

$$10\,000.00(0.08)\left(\frac{14}{365}\right) = \$30.68$$

$$10.000.00(0.075)\left(\frac{16}{365}\right) = 32.88$$

$$712.06(0.16)\left(\frac{14}{365}\right) = 4.37$$

$$412.06(0.16)\left(\frac{16}{365}\right) = \underline{2.89}$$

$$\boxed{\$70.82}$$

Balance September 30 $-10\,412.06 - 70.82 = -\$10\,482.88$
Balance October 15 $-10\,482.88 + 300.00 = -\$10\,182.88$
Balance October 25 $-10\,182.88 - 600.00 = -\$10\,782.88$
Interest charged October 31:

$$10\,000.00(0.08)\left(\frac{31}{365}\right) = \$67.95$$

$$482.88(0.16)\left(\frac{14}{365}\right) = 2.96$$

$$182.88(0.16)\left(\frac{10}{365}\right) = 0.80$$

$$728.88(0.16)\left(\frac{7}{365}\right) = \underline{2.40}$$

$$\boxed{\$74.11}$$

Balance October 31 $-10\,782.88 - 74.11 = -\$10\,856.99$
Balance November 15 $-10\,856.99 + 300.00 = -\$10\,556.99$
Interest charged November 30:

$$10\,000.00(0.075)\left(\frac{30}{365}\right) = \$61.64$$

$$856.99(0.16)\left(\frac{14}{365}\right) = 5.26$$

$$556.99(0.16)\left(\frac{16}{365}\right) = \underline{3.91}$$

$$\boxed{\$70.81}$$

(b)   Balance November 30 $-10\,556.99 - 70.81 = \boxed{-\$10\,627.80}$

Self-Test

1. Due date: June 13, 2010

   Interest period: January 10–June 13 = 155 days

   $$I = 565.00 \times 0.0825 \times \frac{155}{365} = \boxed{\$19.79}$$

3. Due date: September 23, 2011

   Interest period: May 20–September 23 = 126 days

$$P = \frac{1190.03}{1+0.075 \times \frac{126}{365}} = \frac{1190.03}{1+0.025890} = \boxed{\$1160.00}$$

5. Due date: September 14, 2014 + 183 days = March 16, 2015

$$\text{Maturity value} = 1665.00\left(1+0.0525 \times \frac{183}{365}\right)$$

$$= 1665.00(1+0.0026322) = \$1708.83$$

Discount period: October 18, 2014–March 16, 2015 = 149 days

$$PV = \frac{1708.83}{1+0.065 \times \frac{149}{365}} = \frac{1708.83}{1+0.026534} = \boxed{\$1664.66}$$

7. (a) $S = 100\,000.00$; $r = 0.0385$; $t = \frac{182}{365}$

$$P = \frac{100\,000.00}{1+0.0385 \times \left(\frac{182}{365}\right)} = \frac{100\,000.00}{1+0.019197} = \boxed{\$98\,116.43}$$

(b) Time to maturity = 182 − 67 = 115 days

$S = 100\,000.00$; $P = 98\,853.84$; $t = \frac{115}{365}$

Amount of yield = 100 000.00 − 98 853.84 = $1146.16

$$\text{Yield rate} = \frac{1146.16}{98\,853.84\left(\frac{115}{365}\right)} = \frac{1146.16}{98\,853.84(115)}(365) = 0.036800 = \boxed{3.68\%}$$

9.

March 1	Original balance			$24 000.00
Apr. 15	Partial payment Less interest $24\,000.00 \times 0.07 \times \frac{45}{365}$		$600.00 207.12	 392.88
	Balance			$23 607.12
July 20	Partial payment Less interest $23\,607.12 \times 0.07 \times \frac{96}{365}$		$400.00 434.63	
	Unpaid interest		$ 34.63	
Oct. 10	Partial payment Less interest July 20–July 31: $23\,607.12 \times 0.07 \times \frac{12}{365} = \$ 54.33$ Aug. 1–Oct. 10:		$400.00	

	$23\,607.12 \times 0.085 \times \dfrac{70}{365} =$	384.83
	Unpaid interest, July 20	34.63 473.79
	Unpaid interest	$73.79
Nov. 30	Interest	
	Oct. 10–Oct. 31:	
	$23\,607.12 \times 0.085 \times \dfrac{22}{365} =$	$120.95
	Nov. 1–Nov. 30:	
	$23\,607.12 \times 0.075 \times \dfrac{30}{365} =$	145.52
	Unpaid interest, Oct. 10	73.79
	Payment due	$340.26

11.

Payment number	Balance before payment	Amount paid	Interest paid 0.54166675%	Principal repaid	Balance after payment
0					4000.00
1	4000.00	750.00	21.67	728.33	3271.67
2	3271.67	750.00	17.72	732.28	2539.39
3	2539.39	750.00	13.76	736.24	1803.15
4	1803.15	750.00	9.77	740.23	1062.92
5	1062.92	750.00	5.76	744.24	318.68
6	318.68	320.41	1.73	318.68	—
Totals		4070.41	70.41	4000.00	

PART THREE   *Mathematics of Finance and Investment*

Chapter 9   Compound Interest—Future Value and Present Value

NOTE: Although display is set at 6 decimal places, the calculator uses more in internal memory. This is reflected in the solutions shown.

Exercise 9.1

A. 1. $\boxed{m=1; i=12\%=0.12; n=5}$

3. $\boxed{m=4}; \boxed{i=\dfrac{5.5\%}{4}=1.375\%=\boxed{0.01375}}; \boxed{n=}9\times 4=\boxed{36}$

5. $\boxed{m=2}; \boxed{i=\dfrac{11.5\%}{2}=5.75\%=\boxed{0.0575}}; \boxed{n=}13.5\times 2=\boxed{27}$

7. $\boxed{m=12}; \boxed{i=}=\dfrac{8\%}{12}=0.\dot{6}\%=\boxed{0.00\dot{6}}; \boxed{n=}12.5\times 12=\boxed{150}$

9. $\boxed{m=2}; \boxed{i=}\dfrac{12.25\%}{2}=6.125\%=\boxed{0.06125}; \boxed{n=}\dfrac{54}{12}\times 2=\boxed{9}$

B. 1. $\boxed{(1+0.12)^5}=1.12^5=\boxed{1.762342}$

3. $\boxed{(1+0.01375)^{36}}=1.01375^{36}=\boxed{1.634975}$

5. $\boxed{(1+0.0575)^{27}}=1.0575^{27}=\boxed{4.524495}$

7. $\boxed{(1+0.00\dot{6})^{150}}=1.00\dot{6}^{150}=\boxed{2.452998}$

9. $\boxed{(1+0.06125)^9}=1.06125^9=\boxed{1.707495}$

C. 1.   (a) $n=12\times 4=\boxed{48}$

(b) $i=\dfrac{10\%}{4}=\boxed{2.5\%}$

(c) $\boxed{1.025^{48}}$

(d) $1.025^{48}=\boxed{3.271490}$

Exercise 9.2

A. 1. PV = 400.00; I/Y = 7.5; C/Y = 1; $i = 7.5\% = 0.075$; $n = 8$

$FV = P(1+i)^n = 400.00(1.075)^8 = 400.00(1.783478) = \boxed{\$713.39}$

Calculator:

(Set P/Y=1) $\boxed{2^{nd}}$ (CLR TVM) 400 $\boxed{\pm}$ $\boxed{PV}$ 7.5 $\boxed{I/Y}$ 8 $\boxed{N}$ $\boxed{CPT}$ $\boxed{FV}$ 713.39

3. PV = 1250.00; I/Y = 6.5; C/Y = 4; $i = \dfrac{6.5\%}{4} = 1.625\% = 0.01625$; $n = 9 \times 4 = 36$

$FV = 1250.00(1.01625)^{36} = 1250.00(1.786570) = \boxed{\$2233.21}$

(Set P/Y=4) $\boxed{2^{nd}}$ (CLR TVM) 1250 $\boxed{\pm}$ $\boxed{PV}$ 6.5 $\boxed{I/Y}$ 36 $\boxed{N}$ $\boxed{CPT}$ $\boxed{FV}$ 2233.21

5. PV = 1700.00; I/Y = 8; C/Y = 4; $i = \dfrac{8\%}{4} = 2.0\% = 0.02$; $n = 14.75 \times 4 = 59$

$FV = 1700.00(1.02)^{59} = 1700.00(3.216697) = \boxed{\$5468.38}$

(Set P/Y=4) $\boxed{2^{nd}}$ (CLR TVM) 1700 $\boxed{\pm}$ $\boxed{PV}$ 8 $\boxed{I/Y}$ 59 $\boxed{N}$ $\boxed{CPT}$ $\boxed{FV}$ 5468.38

7. PV = 2500.00; I/Y = 8; C/Y = 12; $i = \dfrac{8\%}{12} = 0.6\% = 0.00\dot{6}$; $n = 12.25 \times 12 = 147$

$FV = 2500.00(1.00\dot{6})^{147} = 2500.00(2.655805) = \boxed{\$6639.51}$

(Set P/Y=12) $\boxed{2^{nd}}$ (CLR TVM) 2500 $\boxed{\pm}$ $\boxed{PV}$ 8 $\boxed{I/Y}$ 147 $\boxed{N}$ $\boxed{CPT}$ $\boxed{FV}$ 6639.51

9. PV = 4230; I/Y = 19.6; C/Y = 365; $i = \dfrac{19.6\%}{365} = 0.000537$; $n = 365 \times 2 = 730$

$FV = 4230(1.000537)^{730} = 4230(1.479782) = \boxed{\$6259.48}$

(Set P/Y=365) $\boxed{2^{nd}}$ (CLR TVM) 4230 $\boxed{\pm}$ $\boxed{PV}$ 19.6 $\boxed{I/Y}$ 730 $\boxed{N}$ $\boxed{CPT}$ $\boxed{FV}$ 6259.48

11. PV = 2500.00; I/Y = 7; C/Y = 1; $i = 7\% = 0.07$; $n = 7.5$

$FV = 2500.00(1.07)^{7.5} = 2500.00(1.661033) = \boxed{\$4152.58}$

(Set P/Y=1) $\boxed{2^{nd}}$ (CLR TVM) 2500 $\boxed{\pm}$ $\boxed{PV}$ 7 $\boxed{I/Y}$ 7.5 $\boxed{N}$ $\boxed{CPT}$ $\boxed{FV}$ 4152.58

13. PV = 1300.00; I/Y = 5; C/Y = 2; $i = \dfrac{5\%}{2} = 2.5\% = 0.025$;

$n = 9 \times 2 + \dfrac{3}{12} \times 2 = 18 + \dfrac{1}{2} = 18.5$

$FV = 1300.00(1.025)^{18.5} = 1300.00(1.579034) = \boxed{\$2052.74}$

(Set P/Y=2) 2nd (CLR TVM) 1300 $\pm$ PV 5 I/Y 18.5 N CPT FV 2052.74

B. 1. PV = 5000.00; I/Y = 3.5; C/Y = 2; = 2; $i = \dfrac{3.5\%}{2} = 1.75\% = 0.0175$; $n = 5 \times 2 = 10$

$\boxed{FV =}$ $5000.00(1.0175)^{10} = 5000.00(1.189444) = \boxed{\$5947.22}$

$\boxed{I =}$ $5947.22 - 5000.00 = \boxed{\$947.22}$

(Set P/Y=2) 2nd (CLR TVM) 5000 $\pm$ PV 3.5 I/Y 10 N CPT FV 5947.22

3. PV = 1000.00; I/Y = 3; C/Y = 12; $i = \dfrac{3\%}{12} = 0.25\% = 0.0025$

December 1, 2000 – August 1, 2007 contains 6 years, 8 months.
$n = (6 \times 12) + 8 = 80$
$FV = 1000.00(1.0025)^{80} = 1000.00(1.221098) = \boxed{\$1221.10}$

(Set P/Y=12) 2nd (CLR TVM) 1000 $\pm$ PV 3 I/Y 80 N CPT FV 1221.10

5. PV = 100.00

(a) I/Y = 3; C/Y = 1; $i = 3\% = 0.03$; $n = 20$

$FV = 100.00(1.03)^{20} = 100.00(1.806111) = \boxed{\$180.61}$

(Set P/Y=1) 2nd (CLR TVM) 100 $\pm$ PV 3 I/Y 20 N CPT FV 180.61

(b) I/Y = 3; C/Y = 2; $i = \dfrac{3\%}{2} = 1.5\% = 0.015$; $n = 20 \times 2 = 40$

$FV = 100.00(1.015)^{40} = 100.00(1.814019) = \boxed{\$181.40}$

(Set P/Y=2) 2nd (CLR TVM) 100 $\pm$ PV 9 I/Y 16 N CPT FV 181.40

(c) I/Y = 3; C/Y = 4; $i = \dfrac{3\%}{4} = 0.75\% = 0.0075$; $n = 20 \times 4 = 80$

$FV = 100.00(1.0075)^{80} = 100.00(1.818044) = \boxed{\$181.80}$

(Set P/Y=4) 2nd (CLR TVM) 100 $\pm$ PV 3 I/Y 80 N CPT FV 181.80

(d) I/Y = 3; C/Y = 12; $i = \dfrac{3\%}{12} = 0.25\% = 0.0025$; $n = 20 \times 12 = 240$

$FV = 100.00(1.0025)^{240} = 100.00(1.820755) = \boxed{\$182.08}$

(Set P/Y=12) 2nd (CLR TVM) 100 $\pm$ PV 3 I/Y 240 N CPT FV 182.08

7.   PV = 100.00; I/Y = 4.4; C/Y = 4; $i = \dfrac{4.4\%}{4} = 1.1\% = 0.011$

(a) $n = 5 \times 4 = 20$

$\boxed{FV =}\ 100.00(1.011)^{20} = 100.00(1.244581) = \boxed{\$124.46}$

$\boxed{Interest =}\ 124.46 - 100.00 = \boxed{\$24.46}$

(Set P/Y=4) $\boxed{2^{nd}}$ (CLR TVM) 100 $\boxed{\pm}$ $\boxed{PV}$ 4.4 $\boxed{I/Y}$ 20 $\boxed{N}$ $\boxed{CPT}$ $\boxed{FV}$ 124.46

(b) $n = 10 \times 4 = 40$

$\boxed{FV =}\ 100.00(1.011)^{40} = 100.00(1.548981) = \boxed{\$154.90}$

$\boxed{Interest =}\ 154.90 - 100.00 = \boxed{\$54.90}$

(Set P/Y=4) $\boxed{2^{nd}}$ (CLR TVM) 100 $\boxed{\pm}$ $\boxed{PV}$ 4.4 $\boxed{I/Y}$ 20 $\boxed{N}$ $\boxed{CPT}$ $\boxed{FV}$ 154.90

(c) $n = 20 \times 4 = 80$

$\boxed{FV =}\ 100.00(1.011)^{80} = 100.00(2.399344) = \boxed{\$239.93}$

$\boxed{Interest =}\ 239.93 - 100.00 = \boxed{\$139.93}$

(Set P/Y=4) $\boxed{2^{nd}}$ (CLR TVM) 100 $\boxed{\pm}$ $\boxed{PV}$ 4.4 $\boxed{I/Y}$ 80 $\boxed{N}$ $\boxed{CPT}$ $\boxed{FV}$ 487.54

9.   PV = 5000.00; I/Y = 7.75; C/Y = 2; $i = 3.875\% = 0.03875$; $n = 2\left(5\dfrac{10}{12}\right) = 11.6$

$\boxed{FV =} 5000.00(1.03875)^{11.6}$

$\quad = 5000.00(1.55822)$

$\quad \boxed{= 7791.10}$

I = 7791.10 - 5000.00 = $\boxed{\$2791.10}$

(Set P/Y=2) $\boxed{2^{nd}}$ (CLR TVM) 5000 $\boxed{\pm}$ $\boxed{PV}$ 7.75 $\boxed{I/Y}$ 11.6 $\boxed{N}$ $\boxed{CPT}$ $\boxed{FV}$ 7791.10

11.   Interest period 2012-08-01 to 2017-06-01 contains 4 years, 10 months.

PV = 600.00; I/Y = 5; C/Y = 2; $i = 2.5\% = 0.025$; $n = 2\left(4\dfrac{10}{12}\right) = 9\dfrac{2}{3}$

Maturity value = $600.00(1.025)^{9.6}$

$\quad\quad\quad\quad\quad\quad = 600.00(1.269592)$

$\quad\quad\quad\quad\quad\quad = \boxed{\$761.75}$

(Set P/Y=2) $\boxed{2^{nd}}$ (CLR TVM) 600 $\boxed{\pm}$ $\boxed{PV}$ 5 $\boxed{I/Y}$ 9.6 $\boxed{N}$ $\boxed{CPT}$ $\boxed{FV}$ 761.75

13. $PV = 8000.00$; $I/Y = 10.8$; $C/Y = 1$; $i = 10.8\% = 0.108$; $n = 7\frac{5}{12} = 7.416$

    $FV = 8000.00(1.108)^{7.416}$
    $= 8000.00(2.139620)$
    $= \boxed{\$17\,116.96}$

    (Set P/Y=1) $\boxed{2^{nd}}$ (CLR TVM) 8000 $\boxed{\pm}$ $\boxed{PV}$ 10.8 $\boxed{I/Y}$ 7.416 $\boxed{N}$ $\boxed{CPT}$ $\boxed{FV}$ 17 116.96

15. $PV = 98.5$; $I/Y = 3$; $C/Y = 1$; $i = 3\% = 0.03$; $n = 21$

    $FV = 98.5(1.03)^{21} = 98.5(1.860295) = 183.24$

    Index at the beginning of 2012 would be $\boxed{183.24}$

    (Set P/Y=1) $\boxed{2^{nd}}$ (CLR TVM) 98.5 $\boxed{\pm}$ $\boxed{PV}$ 3 $\boxed{I/Y}$ 21 $\boxed{N}$ $\boxed{CPT}$ $\boxed{FV}$ 183.24

17. (a) Bank: $PV = 5000.00$; $I/Y = 1.75$; $C/Y = 2$; $i = \frac{1.75\%}{2} = 0.875\% = 0.00875$

    $n = 5 \times 2 = 10$
    $FV = 5000.00(1.00875)^{10} = 5000.00(1.091027) = \$5455.13$

    Credit Union: $PV = 5000.00$; $I/Y = 1.62$, $C/Y = 12$; $i = \frac{1.62}{12} = 0.135 = 0.00135$

    $n = 5 \times 12 = 60$
    $FV = 5000.00(1.00135)^{60} = 5000.00(1.084312) = \$5421.56$

    Bank:
    (Set P/Y=2) $\boxed{2^{nd}}$ (CLR TVM) 5000 $\boxed{\pm}$ $\boxed{PV}$ 1.75 $\boxed{I/Y}$ 10 $\boxed{N}$ $\boxed{CPT}$ $\boxed{FV}$ 5455.13
    Credit Union:
    (Set P/Y=12) $\boxed{2^{nd}}$ (CLR TVM) 5000 $\boxed{\pm}$ $\boxed{PV}$ 1.62 $\boxed{I/Y}$ 60 $\boxed{N}$ $\boxed{CPT}$ $\boxed{FV}$ 5421.56
    $\boxed{\text{The bank investment gives more interest.}}$

    (b) Difference in interest $= 5455.13 - 5421.56 = \boxed{\$33.57}$

C. 1. Balance after 2.5 years:

   $PV = 2000.00$; $I/Y = 3$; $C/Y = 4$; $i = \frac{3\%}{4} = 0.75\% = 0.0075$; $n = 2.5 \times 4 = 10$

   $FV = 2000.00(1.0075)^{10} = 2000.00(1.077583) = \$2155.165091$
   Balance after 6 years:

PV = 2155.165091; I/Y = 2.75; C/Y = 12; $i = \dfrac{2.75\%}{12} = 0.2292\% = 0.002292$;

$n = 3.5 \times 12 = 42$

FV = $2155.165091(1.002292)^{42} = 2155.16509(1.100913) = \$2372.65$

After six years the account is worth $\boxed{\$2372.65.}$

(Set P/Y=4) 2nd (CLR TVM) 2000 $\pm$ PV 3 I/Y 10 N CPT FV 2155.165091

(Set P/Y=12) 2nd (CLR TVM) 2155.165091 $\pm$ PV 2.75 I/Y 42 N CPT FV 2372.65

3. Debt value August 1, 2015:

PV = 800.00; I/Y = 10; C/Y = 2; $i = \dfrac{10\%}{2} = 5\% = 0.05$;

February 1, 2013 – August 1, 2015, contains 2 years, 6 months: $n = 2.5 \times 2 = 5$

FV = $800.00(1.05)^5 = 800.00(1.276282) = \$1021.02525$

Debt value November 1, 2018:

PV = 1021.02525; I/Y = 11; C/Y = 4; $i = \dfrac{11\%}{4} = 2.75\% = 0.0275$;

August 1, 2015 – November 1, 2018, contains 3 years, 3 months: $n = 3.25 \times 4 = 13$

FV = $1021.02525(1.0275)^{13} = 1021.02525(1.422865) = \$1452.78$

The accumulated value of the debt on November 1, 2018, is $\boxed{\$1452.78.}$

(Set P/Y=2) 2nd (CLR TVM) 800 $\pm$ PV 10 I/Y 5 N CPT FV 1021.02525

(Set P/Y=4) 2nd (CLR TVM) 1021.02525 $\pm$ PV 11 I/Y 13 N CPT FV 1452.78

5. $I/Y = 6$; $C/Y = 12$; $i = \dfrac{6\%}{12} = 0.5\% = 0.005$;

Balance July 1, 2010:

PV = \$1000.00; $n = 19$

FV = $1000.00(1.005)^{19} = 1000.00(1.099399) = \$1099.398584$

Balance November 1, 2012:

PV = $1099.398584 + 1000 = 2099.398584$; $n = 28$

FV = $2099.398584(1.005)^{28} = 2099.398584(1.149873) = \$2414.040929$

Balance January 1, 2016:

PV = $2414.040929 + 1000.00 = 3414.040929$; $n = 38$

FV = $3414.040929(1.005)^{38} = 3414.040929(1.208677) = \$4126.47$

The balance in the RRSP account is $\boxed{\$4126.47}$ on January 1, 2016.

(Set P/Y=12) 2nd (CLR TVM) 1000 $\pm$ PV 6 I/Y 19 N CPT FV 1099.398584

148 CHAPTER 9

(Set P/Y=12) 2nd (CLR TVM) 2099.398584 $\pm$ PV 6 I/Y 28 N CPT FV 2414.040929

(Set P/Y=12) 2nd (CLR TVM) 3414.040929 $\pm$ PV 6 I/Y 38 N CPT FV 4126.47

7. I/Y = 10; C/Y = 4; $i = \dfrac{10\%}{4} = 2.5\% = 0.025$

   Balance after 9 months:
   PV = 4000.00; n = 3
   FV = $4000.00(1.025)^3 = 4000.00(1.076891) = \$4307.5625$
   Balance after 18 months:
   PV = 4307.5625 − 1500.00 = 2807.5625; n = 3
   FV = $2807.5625(1.025)^3 = 2807.5625(1.076891) = \$3023.437735$
   Balance after 27 months:
   PV = 3023.437735 − 2000.00 = 1023.437735; n = 3
   FV = $1023.437735(1.025)^3 = 1023.437735(1.076891) = \$1102.13$

   The size of the final payment is $\boxed{\$1102.13.}$

   (Set P/Y=4) 2nd (CLR TVM) 4000.00 $\pm$ PV 10 I/Y 3 N CPT FV 4307.5625

   (Set P/Y=4) 2nd (CLR TVM) 2807.5625 $\pm$ PV 10 I/Y 3 N CPT FV 3023.437735

   (Set P/Y=4) 2nd (CLR TVM) 1023.437735 $\pm$ PV 10 I/Y 3 N CPT FV 1102.13

9. Balance after 1 year:

   PV = 3000.00; I/Y = 9; C/Y = 4; $i = \dfrac{9\%}{4} = 2.25\% = 0.0225$; $n = 1 \times 4 = 4$

   FV = $3000.00(1.0225)^4 = 3000.00(1.093083) = \$3279.249956$
   Balance after 2 years:

   PV = 3279.249956; I/Y = 10; C/Y = 2; $i = \dfrac{10\%}{2} = 5\% = 0.05$; $n = 1 \times 2 = 2$

   FV = $3279.249956(1.05)^2 = 3279.249956(1.1025) = \$3615.373077$

   Balance after 4 years:
   PV = 3615.373077 − 1500.00 = 2115.373077; i = 0.05; $n = 2 \times 2 = 4$
   FV = $2115.373077(1.05)^4 = 2115.373077(1.215506) = \$2571.249196$
   Balance after 7 years:

$PV = 2571.249196 - 1500.00 = 1071.249196;\ m = 12;\ i = \dfrac{10\%}{12} = 0.8\dot{3}\% = 0.008\dot{3};$

$n = 3 \times 12 = 36$

$FV = 1071.249196(1.008\dot{3})^{36} = 1071.249196(1.348182) = \$1444.24$

The final payment is $\boxed{\$1444.24.}$

(Set P/Y=4) 2nd (CLR TVM) 3000.00 $\pm$ PV 9 I/Y 4 N CPT FV 3279.249956

(Set P/Y=2) 2nd (CLR TVM) 3279.249956 $\pm$ PV 10 I/Y 2 N CPT FV 3615.373077

(Set P/Y=2) 2nd (CLR TVM) 2115.373077 $\pm$ PV 10 I/Y 4 N CPT FV 2571.249196

(Set P/Y=12) 2nd (CLR TVM) 1071.249196 $\pm$ PV 10 I/Y 36 N CPT FV 1444.24

11. Balance after 2 months:

$PV = 15\,000.00;\ I/Y = 7;\ C/Y = 12;\ i = \dfrac{7\%}{12} = 0.58\dot{3}\% = 0.0058\dot{3};\ n = 2$

$FV = 15\,000.00(1.0058\dot{3})^2 = 15\,000.00(1.011701) = \$15175.51042$

Balance after 7 months:

$PV = 15175.51042 - 2000.00 = 13175.51042;\ I/Y = 7;\ C/Y = 12;$

$i = \dfrac{7\%}{12} = 0.58\dot{3}\% = 0.0058\dot{3};\ n = 5$

$FV = 13175.51042(1.0058\dot{3})^5 = 13175.51042(1.029509) = \$13564.3057$

Balance after 12 months:

$PV = 13564.3057 - 5000.00 = 8564.3057;\ i = 0.005833;\ n = 5$

$FV = 8564.3057(1.0058\dot{3})^5 = 8564.3057(1.029509) = \$8817.029242$

Balance after 16 months:

$PV = 8817.029242 + 4000.00 = 12817.029242;\ i = 0.00625;\ n = 4$

$FV = 12817.029242(1.00625)^4 = 12817.029242(1.025235) = \$13140.4715$

Balance after 24 months:

$PV = 13140.4715 - 3000.00 = 10140.43;\ i = 0.00625;\ n = 8$

$FV = 10140.4715(1.00625)^8 = 10140.4715(1.051108) = \$10658.73$

The final payment is $\boxed{\$10658.73.}$

(Set P/Y=12) 2nd (CLR TVM) 15000.00 $\pm$ PV 7 I/Y 2 N CPT FV 15175.51042

(Set P/Y=12) 2nd (CLR TVM) 13175.51042 $\pm$ PV 7 I/Y 5 N CPT FV 13564.3057

150 CHAPTER 9

(Set P/Y=12) 2nd (CLR TVM) 8564.3057 $\pm$ PV 7 I/Y 5 N CPT FV 8817.029242

(Set P/Y=12) 2nd (CLR TVM) 12817.029242 $\pm$ PV 7.5 I/Y 4 N CPT FV 13140.4715

(Set P/Y=12) 2nd (CLR TVM) 10140.4715 $\pm$ PV 7.5 I/Y 8 N CPT FV 10658.73

Exercise 9.3

A. 1. FV = 1000.00; I/Y = 8; C/Y = 4; $i = \dfrac{8\%}{4} = 2.0\% = 0.02$; $n = 7 \times 4 = 28$

$$PV = \dfrac{S}{(1+i)^n} = S(1+i)^{-n}$$

$= 1000.00(1.02)^{-28} = 1000.00(0.574375) = \boxed{\$574.37}$

(Set P/Y=4) 2nd (CLR TVM) 1000.00 FV 8 I/Y 28 N CPT PV -574.37

3. FV = 600.00; I/Y = 8; C/Y = 12; $i = \dfrac{8\%}{12} = 0.\overline{6}\% = 0.00\overline{6}$; $n = 6 \times 12 = 72$

$PV = 600.00(1.00\overline{6})^{-72} = 600.00(0.619770) = \boxed{\$371.86}$

(Set P/Y=12) 2nd (CLR TVM) 600.00 FV 8 I/Y 72 N CPT PV -371.86

5. FV = 1200.00; I/Y = 9; C/Y = 12; $i = \dfrac{9\%}{12} = 0.75\% = 0.0075$; $n = 12 \times 12 = 144$

$PV = 1200.00(1.0075)^{-144} = 1200.00(0.340967) = \boxed{\$409.16}$

(Set P/Y=12) 2nd (CLR TVM) 1200.00 FV 9 I/Y 144 N CPT PV -409.16

7. FV = 900.00; I/Y = 6.4; C/Y = 4; $i = \dfrac{6.4\%}{4} = 1.6\% = 0.016$; $n = 9.25 \times 4 = 37$

$PV = 900.00(1.016)^{-37} = 900.00(0.555818) = \boxed{\$500.24}$

(Set P/Y=4) 2nd (CLR TVM) 900.00 FV 6.4 I/Y 37 N CPT PV -500.24

9. FV = 1500.00; I/Y = 4.5; C/Y = 1; $i = 4.5\% = 0.045$; $n = 15\dfrac{9}{12} = 15.75$

$PV = 1500.00(1.045)^{-15.75} = 1500.00(0.499941) = \boxed{\$749.91}$

(Set P/Y=1) 2nd (CLR TVM) 1500.00 FV 4.5 I/Y 15.75 N CPT PV -749.91

11. $FV = 6400.00$; $I/Y = 7$; $C/Y = 4$; $i = 1.75\% = 0.0175$; $n = 4\left(5\dfrac{7}{12}\right) = 22\dfrac{1}{3} = 22.\dot{3}$

$PV = 6400.00(1.0175)^{-22.\dot{3}} = 6400.00(0.678784) = \boxed{\$4344.21}$

(Set P/Y=4) $\boxed{2^{nd}}$ (CLR TVM) 6400.00 $\boxed{FV}$ 7 $\boxed{I/Y}$ 22.3 $\boxed{N}$ $\boxed{CPT}$ $\boxed{PV}$ −4344.21

B. 1. $FV = 1600.00$; $I/Y = 4$; $C/Y = 2$; $i = \dfrac{4\%}{2} = 2\% = 0.02$; $n = 4.5 \times 2 = 9$

$PV = 1600.00(1.02)^{-9} = 1600.00(0.836755) = \boxed{\$1338.81}$

Compound discount $= 1600.00 - 1338.81 = \boxed{\$261.19}$

(Set P/Y=2) $\boxed{2^{nd}}$ (CLR TVM) 1600.00 $\boxed{FV}$ 4 $\boxed{I/Y}$ 9 $\boxed{N}$ $\boxed{CPT}$ $\boxed{PV}$ −1338.81

3. $FV = 1250.00$; $I/Y = 10$; $C/Y = 4$; $i = \dfrac{10\%}{4} = 2.5\% = 0.025$; $n = 5 \times 4 = 20$

$PV = 1250.00(1.025)^{-20} = 1250.00(0.610271) = \boxed{\$762.84}$

(Set P/Y=4) $\boxed{2^{nd}}$ (CLR TVM) 1250.00 $\boxed{FV}$ 10 $\boxed{I/Y}$ 20 $\boxed{N}$ $\boxed{CPT}$ $\boxed{PV}$ −762.84

5. $FV = 5000.00$; $I/Y = 7$; $C/Y = 4$; $i = \dfrac{7\%}{4} = 1.75\% = 0.0175$;

February 1, 2011 − November 1, 2017, contains 6 years, 9 months: $n = 6.75 \times 4 = 27$

$PV = 5000.00(1.0175)^{-27} = 5000.00(0.625995) = \boxed{\$3129.97}$

(Set P/Y=4) $\boxed{2^{nd}}$ (CLR TVM) 5000.00 $\boxed{FV}$ 7 $\boxed{I/Y}$ 27 $\boxed{N}$ $\boxed{CPT}$ $\boxed{PV}$ −3129.97

7. $FV = 3000.00$; $I/Y = 9$; $C/Y = 2$; $i = 4.5\% = 0.045$; $n = 2\left(8\dfrac{8}{12}\right) = 17\dfrac{1}{3} = 17.\dot{3}$

$PV = 3000.00(1.045)^{-17.\dot{3}}$

$= 3000.00(0.466284)$

$= \boxed{\$1398.85}$

(Set P/Y=2) $\boxed{2^{nd}}$ (CLR TVM) 3000.00 $\boxed{FV}$ 9 $\boxed{I/Y}$ 17.3 $\boxed{N}$ $\boxed{CPT}$ $\boxed{PV}$ −1398.85

9. $FV = 60\,000.00$; $I/Y = 6$; $C/Y = 1$; $i = 6.0\% = 0.06$; $n = 5$

$PV = 60\,000.00(1.06)^{-5}$

$= 60\,000.00(0.747258)$

$= \$44\,835.49$

Compare $60\,000.00 + 44\,835.49 = \$104\,835.49$ with $\$100\,000.00$

The two payments are worth $4835.49 more than one payment now. Choose the two payments.

(Set P/Y=1) 2nd (CLR TVM) 60000.00 FV 6 I/Y 5 N CPT PV −44835.49

11. FV = 2200.00; I/Y = 8; C/Y = 12; $i = 8\%/12 = 0.6\% = 0.00\dot{6}$; $n = 18$

$PV = 2200.00(1.00\dot{6})^{-18}$
$= 2200.00(0.887274)$
$= \$1952.00$

Compare $100.00 + 1952.00 = \$2052.00$ with $2000.00

The two payments are worth $52.00 more than one payment now. Choose the two payments.

(Set P/Y=12) 2nd (CLR TVM) 2200.00 FV 8 I/Y 18 N CPT PV −1952.00

Exercise 9.4

A. 1. Maturity value: FV = PV = 2000.00, due date 2015-06-30.

Proceeds:

Discount period 2014-12-31 to 2015-06-30 contains 0.5 years.

$FV = 2000.00$; I/Y = 5; C/Y = 2; $i = \dfrac{5\%}{2} = 2.5\% = 0.025$; $n = 0.5(2) = 1$

$PV = 2000.00(1.025)^{-1} = 2000.00(0.975610) = \boxed{\$1951.22}$

Discount = $2000.00 − 1951.22 = \boxed{\$48.78}$

(Set P/Y=2) 2nd (CLR TVM) 2000.00 FV 5 I/Y 1 N CPT PV −1951.22

3. Due date: 2018-04-01

Discount period 2017-08-01 to 2018-04-01: 8 months.

$FV = 5000.00$; I/Y = 5; C/Y = 1; $i = 0.05$; $n = \dfrac{8}{12} = 0.\dot{6}$

$PV = 5000.00(1.05)^{-0.\dot{6}} = 5000.00(0.967997) = \boxed{\$4839.99}$

Discount = $5000.00 − 4839.99 = \boxed{\$160.01}$

(Set P/Y=1) 2nd (CLR TVM) 5000.00 FV 5 I/Y 0.$\dot{6}$ N CPT PV 4839.99

5. Due date: 2016-03-31

Discount period 2013-10-31 to 2016-03-31: 2 years, 5 months

$FV = 3200.00;\ I/Y = 8;\ C/Y = 4;\ i = 0.02;\ n = 4\left(2\dfrac{5}{12}\right) = 9.6$

$PV = 3200.00(1.02)^{-9.6} = 3200.00(0.825781) = \boxed{\$2642.50}$

Discount $= 3200.00 - 2642.50 = \boxed{\$557.50}$

(Set P/Y=4) 2nd (CLR TVM) 3200.00 $\boxed{FV}$ 8 $\boxed{I/Y}$ 9.6 $\boxed{N}$ $\boxed{CPT}$ $\boxed{PV}$ -2642.50

7. Due date: 2017-09-30

   $PV = 780.00;\ I/Y = 8;\ C/Y = 1;\ i = 0.08;\ n = 10$

   Maturity value $= 780.00(1.08)^{10} = 780.00(2.158925) = \$1683.96$

   Discount period: 2015-04-30 to 2017-09-30: 2 years, 5 months

   $FV = 1683.96;\ I/Y = 8;\ C/Y = 4;\ i = 0.02;\ n = 4\left(2\dfrac{5}{12}\right) = 9.6$

   Proceeds $= 1683.96(1.02)^{-9.6}$
   $= 1683.96(0.825781) = \boxed{\$1390.58}$

   Discount $= 1683.96 - 1390.58 = \boxed{\$293.38}$

   (Set P/Y=1) 2nd (CLR TVM) 780.00 $\boxed{\pm}$ $\boxed{PV}$ 8 $\boxed{I/Y}$ 10 $\boxed{N}$ $\boxed{CPT}$ $\boxed{FV}$ 1683.96

   (Set P/Y=4) 2nd (CLR TVM) 1683.96 $\boxed{FV}$ 8 $\boxed{I/Y}$ 9.6 $\boxed{N}$ $\boxed{CPT}$ $\boxed{PV}$ -1390.58

9. Due date: 2017-11-01

   $PV = 1850.00;\ I/Y = 10;\ C/Y = 4;\ i = 0.025;\ n = 20$

   Maturity value $= 1850.00(1.025)^{20} = 1850.00(1.638616) = \$3031.44$

   Discount period: 2014-10-01 to 2017-11-01: 3 years, 1 month

   $FV = 3031.44;\ I/Y = 9;\ C/Y = 2;\ i = 0.045;\ n = 2\left(3\dfrac{1}{12}\right) = 6.16$

   Proceeds $= 3031.44(1.045)^{-6.16}$
   $= 3031.44(0.762283) = \boxed{\$2310.82}$

   Discount $= 3031.44 - 2310.82 = \boxed{\$720.62}$

   (Set P/Y=4) 2nd (CLR TVM) 1850.00 $\boxed{\pm}$ $\boxed{PV}$ 10 $\boxed{I/Y}$ 20 $\boxed{N}$ $\boxed{CPT}$ $\boxed{FV}$ 3031.44

   (Set P/Y=2) 2nd (CLR TVM) 3031.44 $\boxed{FV}$ 9 $\boxed{I/Y}$ 6.16 $\boxed{N}$ $\boxed{CPT}$ $\boxed{PV}$ -2310.82

154   CHAPTER 9

11. Maturity value

   Due date 2020-05-31

   $PV = 1500.00$; $I/Y = 7$; $C/Y = 1$; $i = 7\% = 0.07$; $n = 8$

   $FV = 1500.00(1.07)^8 = 1500.00(1.718186) = \$2577.28$

   Proceeds:

   Discount period 2017-05-31 to 2020-05-31 contains 3 years.

   $FV = 2577.28$; $I/Y = 8$; $C/Y = 2$; $i = \dfrac{8\%}{2} = 4\% = 0.04$; $n = 3 \times 2 = 6$

   $PV = 2577.28(1.04)^{-6} = 2577.28(0.790315) = \boxed{\$2036.86}$

   Discount $= 2577.28 - 2036.86 = \boxed{\$540.42}$

   (Set P/Y=1) 2nd (CLR TVM) 1500.00 $\pm$ PV 7 I/Y 8 N CPT FV 2577.28

   (Set P/Y=2) 2nd (CLR TVM) 2577.28 FV 8 I/Y 6 N CPT PV -2036.86

13. Maturity value:

   Due date 2017-11-01

   $PV = 800.00$; $I/Y = 9$; $C/Y = 4$; $i = \dfrac{9\%}{4} = 2.25\% = 0.0225$; $n = 7.75 \times 4 = 31$

   $FV = 800.00(1.0225)^{31} = 800.00(1.993255) = \$1594.60$

   Proceeds:

   Discount period 2015-11-01 to 2017-11-01 contains 2 years.

   $FV = 1594.60$; $I/Y = 9$; $C/Y = 12$; $i = \dfrac{9\%}{12} = 0.75\% = 0.0075$; $n = 2 \times 12 = 24$

   $PV = 1594.60(1.0075)^{-24} = 1594.60(0.835831) = \boxed{\$1332.82}$

   Discount $= 1594.60 - 1332.82 = \boxed{\$261.78}$

   (Set P/Y=4) 2nd (CLR TVM) 800.00 $\pm$ PV 9 I/Y 31 N CPT FV 1594.60

   (Set P/Y=12) 2nd (CLR TVM) 1594.60 FV 9 I/Y 24 N CPT PV -1332.82

B. 1. $FV = 6000.00$; $I/Y = 6$; $C/Y = 4$; $i = \dfrac{6\%}{4} = 1.5\% = 0.015$; $n = \dfrac{54}{12} \times 4 = 18$

   $PV = 6000.00(1.015)^{-18} = 6000.00(0.764912) = \boxed{\$4589.47}$

   (Set P/Y=4) 2nd (CLR TVM) 6000.00 FV 6 I/Y 18 N CPT PV -4589.47

3. Discount period 2012-03-31 to 2015-09-30 contains 3 years, 6 months.

   $FV = 1800.00$; $I/Y = 8.5$; $C/Y = 2$; $i = \dfrac{8.5\%}{2} = 4.25\% = 0.0425$; $n = 3.5 \times 2 = 7$

   $PV = 1800.00(1.0425)^{-7} = 1800.00(0.747253) = \boxed{\$1345.06}$

   (Set P/Y=2) $\boxed{2^{nd}}$ (CLR TVM) 1800.00 $\boxed{FV}$ 8.5 $\boxed{I/Y}$ 7 $\boxed{N}$ $\boxed{CPT}$ $\boxed{PV}$ −1345.06

5. Maturity value:

   $PV = 3000.00$; $I/Y = 8$; $C/Y = 2$; $i = \dfrac{8\%}{2} = 4\% = 0.04$; $n = 5 \times 2 = 10$

   $FV = 3000.00(1.04)^{10} = 3000.00(1.480244) = \$4440.73$

   Proceeds:

   $FV = 4440.73$; $I/Y = 9$; $C/Y = 4$; $i = \dfrac{9\%}{4} = 2.25\% = 0.0225$; $n = \dfrac{21}{12} \times 4 = 7$

   $PV = 4440.73(1.0225)^{-7} = 4440.73(0.855769) = \boxed{\$3800.24}$

   (Set P/Y=2) $\boxed{2^{nd}}$ (CLR TVM) 3000.00 $\boxed{\pm}$ $\boxed{PV}$ 8 $\boxed{I/Y}$ 10 $\boxed{N}$ $\boxed{CPT}$ $\boxed{FV}$ 4440.73

   (Set P/Y=4) $\boxed{2^{nd}}$ (CLR TVM) 4440.73 $\boxed{FV}$ 9 $\boxed{I/Y}$ 7 $\boxed{N}$ $\boxed{CPT}$ $\boxed{PV}$ −3800.24

7. Maturity value:

   Due date 2019-06-01

   $PV = 900.00$; $I/Y = 10$; $C/Y = 4$; $i = \dfrac{10\%}{4} = 2.5\% = 0.025$; $n = 6 \times 4 = 24$

   $FV = 900.00(1.025)^{24} = 900.00(1.808726) = \$1627.85$

   Proceeds:

   Discount period 2018-12-01 to 2019-06-01 contains 6 months.

   $FV = 1627.85$; $I/Y = 8.5$; $C/Y = 2$; $i = \dfrac{8.5\%}{2} = 4.25\% = 0.0425$; $n = 1$

   $PV = 1627.85(1.0425)^{-1} = 1627.85(0.959233) = \boxed{\$1561.49}$

   (Set P/Y=4) $\boxed{2^{nd}}$ (CLR TVM) 900.00 $\boxed{\pm}$ $\boxed{PV}$ 10 $\boxed{I/Y}$ 24 $\boxed{N}$ $\boxed{CPT}$ $\boxed{FV}$ 1627.85

   (Set P/Y=2) $\boxed{2^{nd}}$ (CLR TVM) 1627.85 $\boxed{FV}$ 8.5 $\boxed{I/Y}$ 1 $\boxed{N}$ $\boxed{CPT}$ $\boxed{PV}$ −1561.49

C. 1. $FV = 10\,000.00$; $I/Y = 9$; $C/Y = 12$; $i = 0.75\% = 0.0075$; $n = 22.5$

   Proceeds $= 10\,000.00(1.0075)^{-22.5} = 10\,000.00(0.845252) = \boxed{\$8452.52}$

   (Set P/Y=12) $\boxed{2^{nd}}$ (CLR TVM) 10 000 $\boxed{FV}$ 9 $\boxed{I/Y}$ 22.5 $\boxed{N}$ $\boxed{CPT}$ $\boxed{PV}$ −8452.52

156 CHAPTER 9

3. $\quad$ FV = 3800.00; I/Y = 7.5; C/Y = 1; $i = 7.5\% = 0.075$; $n = 6\frac{8}{12} = 6.\dot{6}$

$$PV = 3800.00(1.075)^{-6.\dot{6}}$$
$$= 3800.00(0.617462)$$
$$= \boxed{\$2346.36}$$

(Set P/Y=1) $\boxed{2^{nd}}$ (CLR TVM) 3800 $\boxed{FV}$ 7.5 $\boxed{I/Y}$ 6.6 $\boxed{N}$ $\boxed{CPT}$ $\boxed{PV}$ −2346.36

5. $\quad$ Discount period = 48 − 32 = 16 months

$\quad$ FV = 3750.00; I/Y = 5.5; C/Y = 2; $i = 2.75\% = 0.0275$; $n = \frac{16}{12} \times 2 = \frac{16}{6} = 2\frac{2}{3} = 2.\dot{6}$

$\quad$ PV = $3750.00(1.0275)^{-2.\dot{6}} = 3750.00(0.930212) = \boxed{\$3488.29}$

(Set P/Y=2) $\boxed{2^{nd}}$ (CLR TVM) 3750 $\boxed{FV}$ 5.5 $\boxed{I/Y}$ 2.6 $\boxed{N}$ $\boxed{CPT}$ $\boxed{PV}$ −3488.29

7. $\quad$ Due date: 2020-08-01

$\quad$ Discount period: 2012-04-01 to 2016-08-01: 4 years, 4 months

$\quad$ FV = 4500.00; I/Y = 6.5; C/Y = 1; $i = 0.065$; $n = 4\frac{4}{12} = 4.\dot{3}$

$$\text{Proceeds} = 4500.00(1.065)^{-4.\dot{3}}$$
$$= 4500.00(0.761176)$$
$$= 3425.29$$

$\quad$ Discount = 4500.00 − 3425.29 = $\boxed{\$1074.71}$

(Set P/Y=1) $\boxed{2^{nd}}$ (CLR TVM) 4500 $\boxed{FV}$ 6.5 $\boxed{I/Y}$ 4.3 $\boxed{N}$ $\boxed{CPT}$ $\boxed{PV}$ −3425.29

9. $\quad$ Due date: 2018-12-01

$\quad$ PV = 1750.00; I/Y = 6.5; C/Y = 1; $i = 6.5\% = 0.065$; $n = 6$

$\quad$ Maturity value = $1750.00(1.065)^6 = 1750.00(1.459142) = \$2553.50$

$\quad$ Discount period: 2015-03-01 to 2018-12-01: 3 years, 9 months

$\quad$ FV = 2553.50; I/Y = 7; C/Y = 2; $i = 3.5\% = 0.035$; $n = 2\left(3\frac{9}{12}\right) = 7.5$

$\quad$ PV = $2553.50(1.035)^{-7.5} = 2553.50(0.772587) = \boxed{\$1972.80}$

(Set P/Y=1) $\boxed{2^{nd}}$ (CLR TVM) 1750 $\boxed{\pm}$ $\boxed{PV}$ 6.5 $\boxed{I/Y}$ 6 $\boxed{N}$ $\boxed{CPT}$ $\boxed{FV}$ 2553.50

(Set P/Y=2) $\boxed{2^{nd}}$ (CLR TVM) 2553.50 $\boxed{FV}$ 7 $\boxed{I/Y}$ 7.5 $\boxed{N}$ $\boxed{CPT}$ $\boxed{PV}$ −1972.80

11. $PV = 2650.00$; $I/Y = 9$; $C/Y = 4$; $i = 2.25\% = 0.0225$; $n = 28$

Maturity value $= 2650.00(1.0225)^{28} = 2650.00(1.864545) = \$4941.04$

$FV = 4941.04$; $I/Y = 8$; $C/Y = 2$; $i = 0.04$; $n = 2\left(4\dfrac{7}{12}\right) = 9.16$

Proceeds $= 4941.04(1.04)^{-9.16}$
$= 4941.04(0.698009)$
$= 3448.89$

Discount $= 4941.04 - 3448.89 = \boxed{\$1492.15}$

(Set P/Y=4) 2nd (CLR TVM) 2650 $\pm$ PV 9 I/Y 28 N CPT FV 4941.04

(Set P/Y=2) 2nd (CLR TVM) 4941.04 FV 8 I/Y 9.16 N CPT PV -3448.89

Exercise 9.5

A. 1. $PV = 5000.00$; $I/Y = 6$; $C/Y = 12$; $i = 0.5\% = 0.005$; $n = 3 \times 12 = 36$; find FV

$FV = 5000.00;(1.005)^{36} = 5000.00(1.196681) = \boxed{\$5983.40}$

(Set P/Y = 12) 2nd (CLR TVM) 5000 $\pm$ PV 6 I/Y 36 N CPT FV 5983.40

3. $FV = 3400.00$; $I/Y = 10$; $C/Y = 2$; $i = 5\% = 0.05$; $n = 3 \times 2 = 6$; find PV

$PV = 3400.00(1.05)^{-6} = 3400.00(0.746215) = \boxed{\$2537.13}$

(Set P/Y=2) 2nd (CLR TVM) 3400 FV 10 I/Y 6 N CPT PV -2537.13

5. $PV_1 = 800.00$; $I/Y = 9.5$; $C/Y = 12$; $i = 0.7916\% = 0.007916$; $n = 18$

$FV_1 = 800.00(1.007916)^{18} = 800.00(1.152506) = \$922.00$

$PV_2 = 700.00$; $i = 0.007916$; $n = 9$

$FV_2 = 700.00(1.0079176)^9 = 700.00(1.073548) = \$751.48$

$FV = FV_1 + FV_2 = 922.00 + 751.48 = \boxed{\$1673.48}$

(Set P/Y=12) 2nd (CLR TVM) 800 $\pm$ PV 9.5 I/Y 18 N CPT FV 922.00

(Set P/Y=12) 2nd (CLR TVM) 700 $\pm$ PV 9.5 I/Y 9 N CPT FV 751.48

7. $FV_1 = 400.00$; $I/Y = 11$; $C/Y = 2$; $i = 5.5\% = 0.055$; $n = 3 \times 2 = 6$

$PV_1 = 400.00(1.055)^{-6} = 400.00(0.725246) = \$290.10$

$FV_2 = 600.00$; $i = 0.055$; $n = 5 \times 2 = 10$

158 CHAPTER 9

$$PV_2 = 600.00(1.055)^{-10} = 600.00(0.585431) = \$351.26$$

$$PV = PV_1 + PV_2 = 290.10 + 351.26 = \boxed{\$641.36}$$

(Set P/Y=2) 2nd (CLR TVM) 400 $\boxed{FV}$ 11 $\boxed{I/Y}$ 6 $\boxed{N}$ $\boxed{CPT}$ $\boxed{PV}$ −290.10

(Set P/Y=2) 2nd (CLR TVM) 600 $\boxed{FV}$ 11 $\boxed{I/Y}$ 10 $\boxed{N}$ $\boxed{CPT}$ $\boxed{PV}$ −351.26

B. 1. FV = 4000; I/Y = 7; C/Y = 1; $i = 7\% = 0.07$

(a) $E = 4000.00(1.07)^{-5} = 4000.00(0.712986) = \boxed{\$2851.94}$

(Set P/Y=1) 2nd (CLR TVM) 4000 $\boxed{FV}$ 7 $\boxed{I/Y}$ 5 $\boxed{N}$ $\boxed{CPT}$ $\boxed{PV}$ −2851.94

(b) $E = 4000.00(1.07)^{-3} = 4000.00(0.816298) = \boxed{\$3265.19}$

(Set P/Y=1) 2nd (CLR TVM) 4000 $\boxed{FV}$ 7 $\boxed{I/Y}$ 3 $\boxed{N}$ $\boxed{CPT}$ $\boxed{PV}$ −3265.19

(c) $E = \boxed{\$4000.00}$

(d) $E = 4000.00(1.07)^5 = 4000.00(1.402552) = \boxed{\$5610.21}$

(Set P/Y=1) 2nd (CLR TVM) 4000 $\boxed{\pm}$ $\boxed{PV}$ 7 $\boxed{I/Y}$ 5 $\boxed{N}$ $\boxed{CPT}$ $\boxed{FV}$ 5610.21

3. I/Y = 10; C/Y = 2; $i = 10\%/2 = 0.05$

Focal date is four years from now.

$E_1 = 2000.00(1.05)^8 = 2000.00(1.477455) = \$2954.91$

$E_2 = 2000.00(1.05)^2 = 2000.00(1.1025) = \$2205.00$

$E_3 = 2000.00(1.05)^{-4} = 2000.00(0.822702) = \$1645.40$

$x = E_1 + E_2 + E_3$

$ = 2954.91 + 2205.00 + 1645.40$

$ = \$6805.31$

The single payment four years from now is $\boxed{\$6805.31.}$

(Set P/Y=2) 2nd (CLR TVM) 2000 $\boxed{\pm}$ $\boxed{PV}$ 10 $\boxed{I/Y}$ 8 $\boxed{N}$ $\boxed{CPT}$ $\boxed{FV}$ 2954.91

(Set P/Y=2) 2nd (CLR TVM) 2000 $\boxed{\pm}$ $\boxed{PV}$ 10 $\boxed{I/Y}$ 2 $\boxed{N}$ $\boxed{CPT}$ $\boxed{FV}$ 2205.00

(Set P/Y=2) 2nd (CLR TVM) 2000 $\boxed{FV}$ 10 $\boxed{I/Y}$ 4 $\boxed{N}$ $\boxed{CPT}$ $\boxed{PV}$ −1645.40

5. I/Y = 6; C/Y = 12; $i = 6\%/12 = 0.005$

Focal date is 15 months from now.

$E_1 = 400.00(1.005)^{15} = 400.00(1.077683) = \$431.07$

$E_2 = \left[700.00(1.00375)^8\right](1.005)^7$

$\quad = 700.00(1.030397)(1.005)^7$

$\quad = 721.28(1.035529) = \$746.91$

$E_3 = 500.00(1.005)^9 = 500.00(1.045911) = \$522.96$

$$E_1 + E_2 = E_3 + x$$
$$431.07 + 746.91 = 522.96 + x$$
$$x = 655.02$$

The final payment is $\boxed{\$655.02.}$

(Set P/Y=12) 2nd (CLR TVM) 400 $\pm$ PV 6 I/Y 15 N CPT FV 431.07

(Set P/Y=12) 2nd (CLR TVM) 700 $\pm$ PV 4.5 I/Y 8 N CPT FV 721.28

(Set P/Y=12) 2nd (CLR TVM) 721.28 $\pm$ PV 6 I/Y 7 N CPT FV 746.91

(Set P/Y=12) 2nd (CLR TVM) 500 $\pm$ PV 6 I/Y 9 N CPT FV 522.96

7. $I/Y = 7.5$; $C/Y = 4$; $i = \dfrac{7.5\%}{4} = 1.875\% = 0.01875$

$E_1 = 1400.00(1.065)^3 = 1400.00(1.207950) = \$1691.13$

$E_2 = 1691.13(1.01875)^{-4} = 1691.13(1.928388) = \$1570.02$

$E_3 = 800.00(1.01875)^6 = 800.00(1.117907) = \$894.33$

$$E_2 + E_3 = x$$
$$1570.02 + 894.33 = x$$
$$x = 2464.35$$

The replacement payment is $\boxed{\$2464.35}$

(Set P/Y=1) 2nd (CLR TVM) 1400 $\pm$ PV 6.5 I/Y 3 N CPT FV 1691.13

(Set P/Y=4) 2nd (CLR TVM) 1691.13 FV 7.5 I/Y 4 N CPT PV −1570.02

(Set P/Y=4) 2nd (CLR TVM) 800 $\pm$ PV 7.5 I/Y 6 N CPT FV 894.33

9. $I/Y = 7$; $C/Y = 4$; $i = \dfrac{7\%}{4} = 1.75\% = 0.0175$

$E_1 = 1500.00(1.0175)^{13} = 1500.00(1.252990) = \$1879.48$

$E_2 = 1900.00(1.0175)^8 = 1900.00(1.148882) = \$2182.88$

$E_3 = 2000.00(1.0175)^3 = 2000.00(1.053424) = \$2106.85$

$$E_1 + E_2 = E_3 + x$$
$$1879.48 + 2182.88 = 2106.85 + x$$
$$x = 1955.51$$

The replacement payment is $\boxed{\$1955.51.}$

(Set P/Y=4) 2nd (CLR TVM) 1500 $\pm$ PV 7 I/Y 13 N CPT FV 1879.48

(Set P/Y=4) 2nd (CLR TVM) 1900 $\pm$ PV 7 I/Y 8 N CPT FV 2182.88

(Set P/Y=4) 2nd (CLR TVM) 2000 $\pm$ PV 7 I/Y 3 N CPT FV 2106.85

11. Let the size of the equal payments x and the focal date be now.

   I./Y = 8; C/Y 4; I = 8%/4 = 2% = 0.02

   $7500 = x(1.02)^{-4} + x(1.02)^{-12}$

   $7500 = 0.923845x + 0.788493x$

   $7500 = 1.712338x$

   $x = 4379.98$

   The size of the equal payments is $\boxed{\$4379.98}$

   (Set P/Y=4) 2nd (CLR TVM) 1 FV 8 I/Y 4 N CPT PV -0.923845

   (Set P/Y=4) 2nd (CLR TVM) 1 FV 8 I/Y 12 N CPT PV -0.788493

13. Let the size of the equal payments x and the focal date be five years from now.

   I./Y = 5.16; C/Y 12; i = 5.16%/12 = 0.43% = 0.0043

   $9000 = x(1.00473)^{40} + x(1.0043)^{30} + x$

   $9000 = 1.18724x + 1.137376x + x$

   $9000 = 3.324615x$

   $x = 2707.08$

   The size of the equal payments is $\boxed{\$2707.08}$

   (Set P/Y=12) 2nd (CLR TVM) 1$\pm$ PV 5.16 I/Y 40 N CPT FV 1.18724

   (Set P/Y=12) 2nd (CLR TVM) 1$\pm$ PV 5.16 I/Y 30 N CPT FV 1.137376

15. $I/Y = 6.9$; $C/Y = 12$; $i = \dfrac{6.9\%}{12} = 0.575\% = 0.00575$

   $E_1 = 3000.00(1.00575)^{12} = 3000.00(1.071224) = \$3213.67$

   $E_2 = 2500.00(1.00575)^{-48} = 2500.00(0.759413) = \$1898.53$

   $E_3 = \$x$

$E_4 = x(1.00575)^{-72} = 0.661785x$

$$E_1 + E_2 = E_3 + E_4$$
$$3213.67 + 1898.53 = x + 0.661785x$$
$$5112.20 = 1.661785x$$
$$x = 3076.33$$

The size of the two equal payments is $\boxed{\$3076.33.}$

(Set P/Y=12) 2nd (CLR TVM) 3000 $\pm$ PV 6.9 I/Y 12 N CPT FV 3213.67

(Set P/Y=12) 2nd (CLR TVM) 2500 FV 6.9 I/Y 48 N CPT PV -1898.53

(Set P/Y=12) 2nd (CLR TVM) 1 FV 6.9 I/Y 72 N CPT PV -0.661785

17. $I/Y = 9;\ C/Y = 12;\ i = \dfrac{9\%}{12} = 0.75\% = 0.0075$

$E_1 = 900.00(1.00275)^1 = 900.00(1.0275) = \$924.75$

$E_2 = 924.75(1.0075)^{-3} = 924.75(0.977833) = \$904.25$

$E_3 = 800.00(1.0275)^{10} = 800.00(1.311651) = \$1049.32$

$E_4 = 1049.32(1.0075)^{-30} = 1049.32(0.799187) = \$838.60$

$E_5 = \$x$

$E_6 = x(1.0075)^{-36} = 0.764149x$

$$E_2 + E_4 = E_5 + E_6$$
$$904.25 + 838.60 = x + 0.764149x$$
$$1742.85 = 1.764149x$$
$$x = 987.93$$

The size of the two equal payments is $\boxed{\$978.93.}$

(Set P/Y=4) 2nd (CLR TVM) 900 $\pm$ PV 11 I/Y 1 N CPT FV 924.75

(Set P/Y=12) 2nd (CLR TVM) 924.75 FV 9 I/Y 3 N CPT PV -904.25

(Set P/Y=4) 2nd (CLR TVM) 800 $\pm$ PV 11 I/Y 10 N CPT FV 1049.32

(Set P/Y=12) 2nd (CLR TVM) 1049.32 FV 9 I/Y 30 N CPT PV -838.60

(Set P/Y=12) 2nd (CLR TVM) 1 FV 9 I/Y 36 N CPT PV -0.764149

Review Exercise

1. (a) $FV = 500.00(1.06)^{15} = 500.00(2.396558) = \boxed{\$1198.28}$

    (Set P/Y=1) 2nd (CLR TVM) 500 $\pm$ PV 6 I/Y 15 N CPT FV 1198.28

    (b) $FV = 500.00(1.015)^{60} = 500.00(2.443220) = \boxed{\$1221.61}$

    (Set P/Y=4) 2nd (CLR TVM) 500 $\pm$ PV 6 I/Y 60 N CPT FV 1221.61

    (c) $FV = 500.00(1.005)^{180} = 500.00(2.454094) = \boxed{\$1227.05}$

    (Set P/Y=12) 2nd (CLR TVM) 500 $\pm$ PV 6 I/Y 180 N CPT FV 1227.05

3. (a) $FV = 2000.00(1.0175)^{10} = 2000.00(1.189444) = \boxed{\$2378.89}$

    (Set P/Y=2) 2nd (CLR TVM) 2000 $\pm$ PV 3.5 I/Y 10 N CPT FV 2378.89

    (b) Interest $= 2378.89 - 2000.00 = \boxed{\$378.89}$

5. (a) $FV = 1800.00(1.00925)^{62} = 1800.00(1.769795) = \boxed{\$3185.63}$

    Interest $= 3185.63 - 1800.00 = \boxed{\$1385.63}$

    (Set P/Y=4) 2nd (CLR TVM) 1800 $\pm$ PV 3.7 I/Y 62 N CPT FV 3185.63

    (b) $FV = 1250.00(1.000216)^{180} = 1250.00(1.039766) = \boxed{\$1299.71}$

    Interest $= 1299.71 - 1250.00 = \boxed{\$49.71}$

    (Set P/Y=12) 2nd (CLR TVM) 1250 $\pm$ PV 2.6 I/Y 180 N CPT FV 1299.71

7. $FV = 5000.00(1.02)^{38.3} = 5000.00(2.136354) = \boxed{\$10\,681.77}$

    (Set P/Y=4) 2nd (CLR TVM) 5000 $\pm$ PV 8 I/Y 38.3 N CPT FV 10 681.77

9. $PV = 14\,000.00(1.0125)^{-18.6} = 14000.00(0.793036) = \boxed{\$11\,102.50}$

    (Set P/Y=4) 2nd (CLR TVM) 14000 FV 5 I/Y 18.6 N CPT PV −11 102.50

11. $PV = 5200.00(1.01625)^{-13.3} = 5200.00(0.806602) = \boxed{\$4194.33}$

    (Set P/Y=4) 2nd (CLR TVM) 5200 FV 6.5 I/Y 13.3 N CPT PV −4194.33

13. Accumulated value after two years

    $= 20\,000.00(1.05)^4 = 20\,000.00(1.215506) = \$24\,310.125$

    Balance after payment $= 24\,310.125 - 8000.00 = \$16\,310.125$

    Accumulated value after 3.5 years

    $= 16\,310.125(1.05)^3 = 16\,310.125(1.157625) = \$18\,881.00845$

    Balance after payment $= 18\,881.00845 - 10\,000.00 = \$8881.00845$

    Accumulated value one year later

    $= 8881.00845(1.05)^2 = 8881.00845(1.1025) = \boxed{\$9791.31}$

    (Set P/Y=2) 2nd (CLR TVM) 20 000 $\pm$ PV 10 I/Y 4 N CPT FV 24 310.125

    (Set P/Y=2) 2nd (CLR TVM) 16 310.125 $\pm$ PV 10 I/Y 3 N CPT FV 18 881.00845

    (Set P/Y=2) 2nd (CLR TVM) 8881.00845 $\pm$ PV 10 I/Y 2 N CPT FV 9791.31

15. Balance after 2.5 years

    $FV_1 = 2500.00(1.0125)^{10} = 2500.00(1.132271) = \$2830.677074$

    Balance two years later

    $FV_2 = 2830.677074(1.005)^{24} = 2830.68(1.127160) = \boxed{\$3190.63}$

    (Set P/Y=4) 2nd (CLR TVM) 2500 $\pm$ PV 5 I/Y 10 N CPT FV 2830.677074

    (Set P/Y=12) 2nd (CLR TVM) 2830.677074 $\pm$ PV 6 I/Y 24 N CPT FV 3190.63

17. Balance February 1, 2013

    $= 2500.00(1.0125)^4 = 2500.00(1.050945) = \$2627.363342$

    Balance February 1, 2018

    $= (2627.363342 + 2000.00)(1.0125)^{20} = 4627.363342(1.282037) = \$5932.452089$

    Balance August 1, 2022

    $= (5932.452089 + 1500.00)(1.0125)^{18} = (7432.452089)(1.250577) = \boxed{\$9294.86}$

    (Set P/Y=4) 2nd (CLR TVM) 2500 $\pm$ PV 5 I/Y 4 N CPT FV 2627.363342

    (Set P/Y=4) 2nd (CLR TVM) 4627.363342 $\pm$ PV 5 I/Y 20 N CPT FV 5932.452089

    (Set P/Y=4) 2nd (CLR TVM) 7432.452089 $\pm$ PV 5 I/Y 18 N CPT FV 9294.86

19. Discount period 2012-09-30 to 2016-06-30 contains 3 years, 9 months

    $PV = 1500.00(1.025)^{-15} = 1500.00(0.690466) = \boxed{\$1035.70}$

    (Set P/Y=4) 2nd (CLR TVM) 1500 FV 10 I/Y 15 N CPT PV -1035.70

164 CHAPTER 9

21. $PV = 6000.00(1.00416)^{-180} = 6000.00(0.473103) = \boxed{\$2838.62}$

   (Set P/Y=12) 2^{nd}(CLR TVM) 6000 $\boxed{FV}$ 5 $\boxed{I/Y}$ 180 $\boxed{N}$ $\boxed{CPT}$ $\boxed{PV}$ −2838.62

23. Due date May 1, 2023

   Maturity value $= 1750.00(1.02)^{20} = 1750.00(1.485947) = \$2600.41$

   Discount period 2019-08-01 to 2023-05-01 contains 3 years, 9 months

   Proceeds$= 2600.41(1.015)^{-15} = 2600.41(0.799852) = \boxed{\$2079.94}$

   (Set P/Y=2) 2^{nd}(CLR TVM) 1750 $\boxed{\pm}$ $\boxed{PV}$ 4 $\boxed{I/Y}$ 20 $\boxed{N}$ $\boxed{CPT}$ $\boxed{FV}$ 2600.41

   (Set P/Y=4) 2^{nd}(CLR TVM) 2600.41 $\boxed{FV}$ 6 $\boxed{I/Y}$ 15 $\boxed{N}$ $\boxed{CPT}$ $\boxed{PV}$ −2079.94

25. Due date 2025-06-01

   Maturity value $= 40\,000.00(1.06)^{30} = 40\,000.00(5.743491) = \$229\,739.65$

   Discount period 2018-09-01 to 2025-06-01 contains 6 years, 9 months

   Proceeds$= 229\,739.65(1.0275)^{-27} = 229\,739.65(0.480718) = \boxed{\$110\,440.03}$

   (Set P/Y=2) 2^{nd}(CLR TVM) 40000 $\boxed{\pm}$ $\boxed{PV}$ 12 $\boxed{I/Y}$ 30 $\boxed{N}$ $\boxed{CPT}$ $\boxed{FV}$ 229 739.65

   (Set P/Y=4) 2^{nd}(CLR TVM) 229 739.65 $\boxed{FV}$ 11 $\boxed{I/Y}$ 27 $\boxed{N}$ $\boxed{CPT}$ $\boxed{PV}$ −110 440.03

27. Due date 2019-05-02

   Maturity value $= 20\,000.00(1.025)^{32} = 20\,000.00(2.203757) = \$44\,075.14$

   Discount period 2013-09-02 to 2019-05-02 contains 5 years, 8 months

   Proceeds$= 44\,075.14(1.0475)^{-11.3} = 44\,075.14(0.591000) = \boxed{\$26\,048.42}$

   (Set P/Y=4) 2^{nd}(CLR TVM) 20000 $\boxed{\pm}$ $\boxed{PV}$ 10 $\boxed{I/Y}$ 32 $\boxed{N}$ $\boxed{CPT}$ $\boxed{FV}$ 44 075.14

   (Set P/Y=2) 2^{nd}(CLR TVM) 44075.14 $\boxed{FV}$ 9.5 $\boxed{I/Y}$ 11.3 $\boxed{N}$ $\boxed{CPT}$ $\boxed{PV}$ −26 048.42

29. (a) $E = 3000.00(1.005)^{-18} = 3000.00(0.914136) = \boxed{\$2742.41}$

   (Set P/Y=12) 2^{nd}(CLR TVM) 3000 $\boxed{FV}$ 6 $\boxed{I/Y}$ 18 $\boxed{N}$ $\boxed{CPT}$ $\boxed{PV}$ −2742.41

   (b) $E = 3000.00(1.005)^{-6} = 3000.00(0.970518) = \boxed{\$2911.55}$

   (Set P/Y=12) 2^{nd}(CLR TVM) 3000 $\boxed{FV}$ 6 $\boxed{I/Y}$ 6 $\boxed{N}$ $\boxed{CPT}$ $\boxed{PV}$ −2911.55

   (c) $E = 3000.00(1.005)^{18} = 3000.00(1.093929) = \boxed{\$3281.79}$

(Set P/Y=12) 2^{nd}(CLR TVM) 3000 $\pm$ PV 6 I/Y 18 N CPT PV 3281.79

31. Let the second payment be x and the focal date be 15 months from now.

    Accumulated value of $10 000 one year from now

    $$10000.00(1.05)^2 = 10000.00(1.1025) = \$11025.00$$
    $$11025.00(1.0075)^3 = 6000.00(1.0075)^9 + x$$
    $$11025.00(1.022669) = 6000.00(1.069561) + x$$
    $$11274.93 = 6417.37 + x$$
    $$x = \boxed{\$4857.56}$$

    (Set P/Y=2) 2^{nd}(CLR TVM) 10000 $\pm$ PV 10 I/Y 2 N CPT FV 11025.00

    (Set P/Y=12) 2^{nd}(CLR TVM) 11025 $\pm$ PV 9 I/Y 3 N CPT FV 11274.93

    (Set P/Y=12) 2^{nd}(CLR TVM) 6000 $\pm$ PV 9 I/Y 9 N CPT FV 6417.37

33. Let the single payment be x and the focal date be two years from now.

    $$400.00(1.02)^8 + 500.00(1.02)^2 + 900.00(1.02)^{-4} = x$$
    $$400.00(1.171659) + 500.00(1.0404) + 900.00(0.923845) = x$$
    $$468.66 + 520.20 + 831.46 = x$$
    $$x = \boxed{\$1820.32}$$

    (Set P/Y=4) 2^{nd}(CLR TVM) 400 $\pm$ PV 8 I/Y 8 N CPT FV 468.66

    (Set P/Y=4) 2^{nd}(CLR TVM) 500 $\pm$ PV 8 I/Y 2 N CPT FV 520.20

    (Set P/Y=4) 2^{nd}(CLR TVM) 900 FV 8 I/Y 4 N CPT PV -831.46

35. Let the size of the equal payments be x and the focal date be now.

    $$7000.00(1.01)^{24} = x + x(1.01)^{-24} + x(1.01)^{-36}$$
    $$7000.00(1.269735) = x + 0.787566x + 0.698925x$$
    $$8888.14 = 2.486491x$$
    $$x = \boxed{\$3574.57}$$

    (Set P/Y=12) 2^{nd}(CLR TVM) 7000 $\pm$ PV 12 I/Y 24 N CPT FV 8888.14

    (Set P/Y=12) 2^{nd}(CLR TVM) 1 FV 12 I/Y 24 N CPT PV -0.787566

    (Set P/Y=12) 2^{nd}(CLR TVM) 1 FV 12 I/Y 36 N CPT PV -0.698925

Self-Test

1. FV = 3300.00; I/Y=4; C/Y=4; $i = 1\%$; $n = 44$

   PV = $3300.00(1.01)^{-44} = 3300.00(0.64544) = \boxed{\$2129.97}$

   (Set P/Y=4) 2nd (CLR TVM) 3300 FV 4 I/Y 44 N CPT PV −2129.97

3. I/Y=7; C/Y = 2; $i = 3.5\%$; $n = 29$

   $(1+i)^n = 1.035^{29} = \boxed{2.711878}$

   (Set P/Y=2) 2nd (CLR TVM) 1 ± PV 7 I/Y 29 N CPT FV 2.711878

5. Balance after five years: PV = 3600.00; I/Y = 4.8; C/Y = 12; $i = 0.4\%$; $n = 60$

   FV = $3600.00(1.004)^{60} = 3600.00(1.270641) = \$4574.306587$

   Balance seven years later (after 12 years)

   PV = 4574.306587; I/Y = 6; C/Y = 2; $i = 3\%$; $n = 14$

   FV = $4574.306587(1.03)^{14} = 4574.306587(1.512590) = \boxed{\$6919.05}$

   (Set P/Y=12) 2nd (CLR TVM) 3600 ± PV 4.8 I/Y 60 N CPT FV 4574.306587

   (Set P/Y=2) 2nd (CLR TVM) 4574.306587 ± PV 6 I/Y 14 N CPT FV 6919.05

7. Maturity value: PV = 10 200.00; I/Y = 11.6; C/Y = 2; $i = 5.8\%$; $n = 10$

   FV = $10200.00(1.058)^{10} = 10200.00(1.757344) = \$17924.90$

   Proceeds: FV = 17 924.90; $I/Y = 10$; $C/Y = 4$; $i = 2.5\%$; $n = 8$

   PV = $17924.90(1.025)^{-8} = 17924.90(0.820747) = \boxed{\$14711.80}$

   (Set P/Y=2) 2nd (CLR TVM) 10 200 ± PV 11.6 I/Y 10 N CPT FV 17 924.90

   (Set P/Y=4) 2nd (CLR TVM) 17 924.90 FV 10 I/Y 8 N CPT PV −14 711.80

9. FV = 8800.00; I/Y = 9.6; C/Y = 12; $i = 0.8\%$; $n = 90$

   PV = $8800.00(1.008)^{-90} = 8800.00(0.488149) = \$4295.71$

   Compound discount = $8800.00 - 4295.71 = \boxed{\$4504.29}$

   (Set P/Y=12) 2nd (CLR TVM) 8800 FV 9.6 I/Y 90 N CPT PV −4295.71

11. Maturity value on January 1, 2017:

    Interest period: July 1, 2008–January 1, 2017: 8.5 years

    PV = 8000.00; I/Y = 7; C/Y = 4; $i = 1.75\%$; $n = 34$

    $FV = 8000.00(1.0175)^{34} = 8000.00(1.803725) = \$14\,429.80$

    Proceeds on July 1, 2012

    Discount period: July 1, 2012 – January 1, 2017: 4.5 years

    FV = 14 429.80; I/Y=8; C/Y=2; $i = 4\%$; $n = 9$

    $PV = 14\,429.80(1.04)^{-9} = 14\,429.80(0.702587) = \boxed{\$10\,138.19}$

    (Set P/Y=4) 2nd (CLR TVM) 8000 $\pm$ PV 7 I/Y 34 N CPT FV 14 429.80

    (Set P/Y=2) 2nd (CLR TVM) 14 429.80 FV 8 I/Y 9 N CPT PV −10 138.19

13. Let the size of the three equal payments be $x and the focal date be now.

    $7000.00 = x(1.0275)^{-1} + x(1.0275)^{-5} + x(1.0275)^{-9}$

    $7000.00 = 0.973236x + 0.873154 + 0.783364x$

    $7000.00 = 2.629754x$

    $x = \boxed{\$2661.85}$

    (Set P/Y=4) 2nd (CLR TVM) 1 FV 11 I/Y 1 N CPT PV −0.973236

    (Set P/Y=4) 2nd (CLR TVM) 1 FV 11 I/Y 5 N CPT PV −0.873154

    (Set P/Y=4) 2nd (CLR TVM) 1 FV 11 I/Y 9 N CPT PV −0.783364

15. Maturity value = $1100.00

    Discount period contains 3 years, 7 months

    $Proceeds = 1100.00(1.075)^{-3.583} = 1100(0.771708) = \boxed{\$848.88}$

    (Set P/Y=1) 2nd (CLR TVM) 1100 FV 7.5 I/Y 3.583 N CPT PV −848.88

Chapter 10 Compound Interest—Further Topics

Exercise 10.1

A. 1. (a) $PV = 2600.00; FV = 6437.50; I/Y = 7; C/Y = 1; i = 7\% = 0.07$

$$6437.50 = 2600.00(1.07)^n$$
$$1.07^n = 2.475962$$
$$n \ln 1.07 = \ln 2.475962$$
$$0.067659n = 0.906629$$
$$n = 13.400043$$
$$n = \boxed{13.4 \,(\text{years})}$$

(Set P/Y = 1) $\boxed{2^{nd}}$ (CLR TVM) 2600 $\boxed{\pm}$ $\boxed{PV}$ 6437.50 $\boxed{FV}$ 7 $\boxed{I/Y}$ $\boxed{CPT}$ $\boxed{N}$ 13.400043

(b) $PV = 1240.00; FV = 1638.40; I/Y = 4; C/Y = 4; i = 1\% = 0.01$

$$1638.40 = 1240.00(1.01)^n$$
$$1.01^n = 1.321290$$
$$n \ln 1.01 = \ln 1.321290$$
$$0.009950n = 0.278609$$
$$n = 27.999951$$
$$n = \boxed{28 \,(\text{quarters})}$$

(Set P/Y = 4) $\boxed{2^{nd}}$ (CLR TVM) 1240 $\boxed{\pm}$ $\boxed{PV}$ 1638.40 $\boxed{FV}$ 4 $\boxed{I/Y}$ $\boxed{CPT}$ $\boxed{N}$ 27.999951

(c) $PV = 560.00; FV = 1350.00; I/Y = 9; C/Y = 12; i = 0.75\% = 0.0075$

$$1350.00 = 560.00(1.0075)^n$$
$$1.0075^n = 2.410714$$
$$n \ln 1.0075 = \ln 2.410714$$
$$0.007472n = 0.879923$$
$$n = 117.762492$$
$$n = \boxed{117.76 \,(\text{months})}$$

(Set P/Y = 12) $\boxed{2^{nd}}$ (CLR TVM) 560 $\boxed{\pm}$ $\boxed{PV}$ 1350 $\boxed{FV}$ 9 $\boxed{I/Y}$ $\boxed{CPT}$ $\boxed{N}$ 117.762492

(d) $PV = 3480.00; S = 4762.60; I/Y = 8; C/Y = 2; i = 4\% = 0.04$

$$4762.60 = 3480.00(1.04)^n$$
$$1.04^n = 1.368563$$
$$n\ln 1.04 = \ln 1.368563$$
$$0.039221n = 0.313761$$
$$n = 7.999891$$
$$n = \boxed{8\,(\text{half-years})}$$

(Set P/Y = 2) 2nd (CLR TVM) 3480 $\pm$ PV 4762.60 FV 8 I/Y CPT N 7.999891

(e) $PV = 950.00; FV = 1900.00; I/Y = 7.5; C/Y = 4; i = 1.875\% = 0.01875$

$$1900.00 = 950.00(1.01875)^n$$
$$1.01875^n = 2$$
$$n\ln 1.01875 = \ln 2$$
$$0.018576n = 0.693147$$
$$n = 37.313350$$
$$n = \boxed{37.31\,(\text{quarters})}$$

(Set P/Y = 4) 2nd (CLR TVM) 950 $\pm$ PV 1900 FV 7.5 I/Y CPT N 37.313350

(f) $PV = 1300.00; FV = 3900.00; I/Y = 6; C/Y = 2; i = 3.0 = 0.03$

$$3900.00 = 1300.00(1.03)^n$$
$$1.03^n = 3$$
$$n\ln 1.03 = \ln 3$$
$$0.029559n = 1.098612$$
$$n = 37.167010$$
$$n = \boxed{37.17\,(\text{half-years})}$$

(Set P/Y = 2) 2nd (CLR TVM) 1300 $\pm$ PV 3900 FV 6 I/Y CPT N 37.167010

B. 1. $PV = 400.00; FV = 760.00; I/Y = 7; C/Y = 2; i = 3.5\% = 0.035$

$760.00 = 400.00(1.035)^n$

$1.035^n = 1.9$

$n \ln 1.035 = \ln 1.9$

$0.034401n = 0.641854$

$n = 18.657769$

$n = 18.66 \text{(half-years)}$

It takes about $\boxed{18.66 \text{ half-years.}}$

$(\text{Set P/Y} = 2) \boxed{2^{nd}} (\text{CLR TVM}) 400 \boxed{\pm} \boxed{PV} 760 \boxed{FV} 7 \boxed{I/Y} \boxed{CPT} \boxed{N} 18.657769$

3. Let $PV = 1; FV = 4; I/Y = 8; C/Y = 4; i = 2.0\% = 0.02$

$1.02^n = 4$

$n \ln 1.02 = \ln 4$

$0.019803n = 1.386294$

$n = 70.005578 \text{(quarters)}$

Number of years $= \frac{1}{4} \times 70.005578 = 17.501394 = \boxed{17.5 \text{ years.}}$

$(\text{Set P/Y} = 4) \boxed{2^{nd}} (\text{CLR TVM}) 1 \boxed{\pm} \boxed{PV} 4 \boxed{FV} 8 \boxed{I/Y} \boxed{CPT} \boxed{N} 70.005578$

5. $PV = 800.00; I = 320.00; FV = 1120.00; I/Y = 6; C/Y = 12; i = 0.5\% = 0.005$

$800.00(1.005)^n = 1120.00$

$1.005^n = 1.4$

$n \ln 1.005 = \ln 1.4$

$0.004988n = 0.336472$

$n = 67.462544 \text{ months}$

Number of years $= \frac{67.462544}{12} = 5.621879 = \boxed{5.62 \text{ years.}}$

$(\text{Set P/Y} = 12) \boxed{2^{nd}} (\text{CLR TVM}) 800 \boxed{\pm} \boxed{PV} 1120 \boxed{FV} 6 \boxed{I/Y} \boxed{CPT} \boxed{N} 67.462544$

7. $PV = 1000.00; I = 157.63; FV = 1157.63; I/Y = 10; C/Y = 2; i = 5\% = 0.05$

$$1157.63 = 1000.00(1.05)^n$$
$$1.05^n = 1.15763$$
$$n \ln 1.05 = \ln 1.15763$$
$$0.048790n = 0.146375$$
$$n = 3.000089 \text{ (half-years)}$$
$$n = 3.000089/2 = 1.500044 \text{ years}$$
$$n = 1.500044 \times 365 = 547.516156$$
$$n = 548 \text{ days}$$

548 days after May 1, 2009 is $\boxed{\text{October 31, 2010.}}$

$\left(\text{Set P/Y} = 2\right)$ $\boxed{2^{nd}}$ (CLR TVM) 1000 $\boxed{\pm}$ $\boxed{PV}$ 1157.63 $\boxed{FV}$ 10 $\boxed{I/Y}$ $\boxed{CPT}$ $\boxed{N}$ 3.000089

9. $PV = 1375.07; FV = 1500.00; I/Y = 5; C/Y = 4; i = 1.25\% = 0.0125$

$$1500.00 = 1375.07(1.0125)^n$$
$$1.0125^n = 1.090854$$
$$n \ln 1.0125 = \ln 1.090854$$
$$0.012423n = 0.086960$$
$$n = 7.000228$$
$$n = 7 \text{ quarters}$$

The discount date is $7 \times 3 = \boxed{21 \text{ months before the due date.}}$

$\left(\text{Set P/Y} = 4\right)$ $\boxed{2^{nd}}$ (CLR TVM) 1375.07 $\boxed{\pm}$ $\boxed{PV}$ 1500 $\boxed{FV}$ 5 $\boxed{I/Y}$ $\boxed{CPT}$ $\boxed{N}$ 7.000228

11. Let the focal date be now; $I/Y = 9; C/Y = 12; i = 0.75\% = 0.0075$

$$4000.00 + 5000.00(1.0075)^{-36} + 6000.00(1.0075)^{-60} = 15000.00(1.0075)^{-n}$$
$$4000.00 + 5000.00(0.764149) + 6000.00(0.638700) = 15000.00(1.0075)^{-n}$$
$$4000.00 + 3820.74 + 3832.20 = 15000.00(1.0075)^{-n}$$
$$11652.94 = 15000.20(1.0075)^{-n}$$
$$1.0075^{-n} = 0.776863$$
$$-n \ln 1.0075 = \ln 0.776863$$
$$-0.007472 n = -0.252492$$
$$n = 33.791648 \,(\text{months})$$

The equated date is $\boxed{33.79 \text{ months from now}}$.

(Set P/Y = 12) $\boxed{2^{nd}}$ (CLR TVM) 5000 $\boxed{FV}$ 9 $\boxed{I/Y}$ 36 $\boxed{N}$ $\boxed{CPT}$ $\boxed{PV}$ −3820.74

(Set P/Y = 12) 6000 $\boxed{FV}$ 9 $\boxed{I/Y}$ 60 $\boxed{N}$ $\boxed{CPT}$ $\boxed{PV}$ −3832.20

(Set P/Y = 12) 11652.94 $\boxed{\pm}$ $\boxed{PV}$ 15000 $\boxed{FV}$ 9 $\boxed{I/Y}$ $\boxed{CPT}$ $\boxed{N}$ 33.791648

13. Let the focal date be now; $I/Y = 7.2; C/Y = 2; i = 3.6\% = 0.036$

$$12000.00(1.036)^{-2} + 12000.00(1.036)^{-4} + 12000.00(1.036)^{-8}$$
$$= 16000.00(1.036)^{-3} + 10000.00(1.036)^{-5} + 10000.00(1.036)^{-n}$$

$$12000.00(0.931709) + 12000.00(0.868082) + 12000.00(0.753567)$$
$$= 16000.00(0.899333) + 10000.00(0.837917) + 10000.00(1.036)^{-n}$$

$$12000.00(2.553358) = 14389.33 + 8379.17 + 10000(1.036)^{-n}$$

$$30640.30 = 22768.50 + 10000(1.036)^{-n}$$

$$7871.80 = 10000(1.036)^{-n}$$

$$0.787180 = (1.036)^{-n}$$

$$-n \ln 1.036 = \ln 0.787180$$

$$-0.035367n = -0.239298$$

$$n = 6.766148 \text{ (half-years)}$$

The 3rd payment is to be received in $\boxed{6.77 \text{ half-years.}}$

(Set P/Y = 2) $\boxed{2^{nd}}$ (CLR TVM) 12000 $\boxed{FV}$ 7.2 $\boxed{I/Y}$ 2 $\boxed{N}$ $\boxed{CPT}$ $\boxed{PV}$ −11180.51

(Set P/Y = 2) 12000 $\boxed{FV}$ 7.2 $\boxed{I/Y}$ 4 $\boxed{N}$ $\boxed{CPT}$ $\boxed{PV}$ −10416.98

(Set P/Y = 2) 12000 $\boxed{FV}$ 7.2 $\boxed{I/Y}$ 8 $\boxed{N}$ $\boxed{CPT}$ $\boxed{PV}$ −9042.80

(Set P/Y = 2) 16000 $\boxed{FV}$ 7.2 $\boxed{I/Y}$ 3 $\boxed{N}$ $\boxed{CPT}$ $\boxed{PV}$ −14389.33

(Set P/Y = 2) 10000 $\boxed{FV}$ 7.2 $\boxed{I/Y}$ 5 $\boxed{N}$ $\boxed{CPT}$ $\boxed{PV}$ −8379.17

(Set P/Y = 2) 7871.80 $\boxed{\pm}$ $\boxed{PV}$ 10000 $\boxed{FV}$ 7.2 $\boxed{I/Y}$ $\boxed{CPT}$ $\boxed{N}$ 6.766148

Exercise 10.2

A.

1. $PV = 1400.00; FV = 1905.21; n = 7; C/Y = 1$

   $1905.21 = 1400.00(1+i)^7$

   $(1+i)^7 = 1.360864$

   $(1+i) = 1.360864^{\frac{1}{7}}$

   $1+i = 1.045000$

   $i = 0.045000$

   $i = 4.500\%$

   The nominal annual rate is $\boxed{4.5\%}$

   (Set P/Y = 1) $\boxed{2^{nd}}$ (CLR TVM) 1400 $\boxed{\pm}$ $\boxed{PV}$ 1905.21 $\boxed{FV}$ 7 $\boxed{N}$ $\boxed{CPT}$ $\boxed{I/Y}$ 4.5

3. $PV = 690.00; FV = 1225.00; n = 72; C/Y = 12$

   $1225.00 = 690.00(1+i)^{72}$

   $(1+i)^{72} = 1.775362$

   $1+i = 1.775362^{\frac{1}{n}}$

   $1+i = 1.008004$

   $i = 0.8004\%$

   The nominal annual rate is $0.8004\% \times 12 = \boxed{9.6050\%.}$

   (Set P/Y = 12) $\boxed{2^{nd}}$ (CLR TVM) 690 $\boxed{\pm}$ $\boxed{PV}$ 1225 $\boxed{FV}$ 72 $\boxed{N}$ $\boxed{CPT}$ $\boxed{I/Y}$ 9.6050

5. $PV = 3160.00; FV = 5000.00; n = 19; C/Y = 4$

   $5000.00 = 3160.00(1+i)^{19}$

   $(1+i)^{19} = 1.582278$

   $(1+i) = 1.582278^{\frac{1}{19}}$

   $1+i = 1.024445$

   $i = 2.4445\%$

   The nominal annual rate is $2.4445\% \times 4 = \boxed{9.7779\%.}$

   (Set P/Y = 4) $\boxed{2^{nd}}$ (CLR TVM) 3160 $\boxed{\pm}$ $\boxed{PV}$ 5000 $\boxed{FV}$ 19 $\boxed{N}$ $\boxed{CPT}$ $\boxed{I/Y}$ 9.7779

B. 1. $PV = 420.00; FV = 1000.00; n = 38; C/Y = 4$

$$1000.00 = 420.00(1+i)^{38}$$

$$(1+i)^{38} = 2.380952$$

$$(1+i) = 2.380952^{\frac{1}{38}}$$

$$1+i = 1.023092$$

$$i = 2.3092\%$$

The nominal annual rate is $2.3092\% \times 4 = \boxed{9.2366\%}$.

$(\text{Set P/Y} = 4)$ $\boxed{2^{nd}}$ (CLR TVM) 420 $\boxed{\pm}$ $\boxed{PV}$ 1000 $\boxed{FV}$ 38 $\boxed{N}$ $\boxed{CPT}$ $\boxed{I/Y}$ 9.2366

3. Let PV = 1; FV = 2

(a) $n = 27; C/Y = 4$

$$(1+i)^{27} = 2$$

$$1+i = 2^{\frac{1}{27}}$$

$$1+i = 1.026004$$

$$i = 2.6004\%$$

The nominal annual rate is $2.6004 \times 4 = \boxed{10.4018\%}$.

$(\text{Set P/Y} = 4)$ $\boxed{2^{nd}}$ (CLR TVM) 1 $\boxed{\pm}$ $\boxed{PV}$ 2 $\boxed{FV}$ 27 $\boxed{N}$ $\boxed{CPT}$ $\boxed{I/Y}$ 10.4018

(b) $n = 110; C/Y = 12$

$$(1+i)^{110} = 2$$

$$(1+i) = 2^{\frac{1}{110}}$$

$$(1+i) = 1.006321$$

$$i = 0.6321\%$$

The nominal annual rate is $0.6321 \times 12 = \boxed{7.5855\%}$.

$(\text{Set P/Y} = 12)$ $\boxed{2^{nd}}$ (CLR TVM) 1 $\boxed{\pm}$ $\boxed{PV}$ 2 $\boxed{FV}$ 110 $\boxed{N}$ $\boxed{CPT}$ $\boxed{I/Y}$ 7.5855

176 CHAPTER 10

5. $PV = 800.00; FV = 952.75; n = 60; C/Y = 12$

$952.75 = 800.00(1+i)^{60}$

$(1+i)^{60} = 1.190938$

$(1+i) = 1.190938^{\frac{1}{60}}$

$1+i = 1.002917$

$i = 0.2917\%$

The nominal annual rate is $0.2917\% \times 12 = \boxed{3.4999\%.}$

(Set P/Y=12) $\boxed{2^{nd}}$ (CLR TVM) 800 $\boxed{\pm}$ $\boxed{PV}$ 952.75 $\boxed{FV}$ 60 $\boxed{N}$ $\boxed{CPT}$ $\boxed{I/Y}$ 3.4999

7. $PV = 1200.00; FV = 1400; n = 13; C/Y = 4$

$1400 = 1200.00(1+i)^{13}$

$(1+i)^{13} = 1.1\dot{6}$

$(1+i) = 1.1\dot{6}^{\frac{1}{13}}$

$1+i = 1.011928$

$i = 1.1928\%$

The nominal annual rate is $1.1928\% \times 4 = \boxed{4.7713\%.}$

(Set P/Y=4) $\boxed{2^{nd}}$ (CLR TVM) 1200 $\boxed{\pm}$ $\boxed{PV}$ 1400 $\boxed{FV}$ 13 $\boxed{N}$ $\boxed{CPT}$ $\boxed{I/Y}$ 4.7713

Exercise 10.3

A. 1. Let the rate compounded annually be i.

(a) $1+i = 1.0625^2$

$1+i = 1.128906$

$i = 0.128906$

$= \boxed{12.8906\%}$

$\boxed{2^{nd}}$ $\boxed{IConv}$ Nom=12.5 $\boxed{Enter}$ $\boxed{\downarrow}$ $\boxed{\downarrow}$ C/Y=2 $\boxed{Enter}$ $\boxed{\downarrow}$ $\boxed{\downarrow}$ $\boxed{CPT}$ Eff=12.8906

(b) $1+i = 1.005^{12}$

$1+i = 1.061678$

$i = \boxed{6.1678\%}$

2nd | IConv | Nom=6 Enter ↓ ↓ C/Y=12 Enter ↓ ↓ CPT Eff=6.1678

(c) $\quad 1+i=1.018^4$
$\quad\quad 1+i=1.073967$
$\quad\quad\quad i=\boxed{7.3967\%}$

2nd | IConv | Nom=7.2 Enter ↓ ↓ C/Y=4 Enter ↓ ↓ CPT Eff=7.3967

(d) $\quad 1+i=1.0085^{12}$
$\quad\quad 1+i=1.106906$
$\quad\quad\quad i=\boxed{10.6906\%}$

2nd | IConv | Nom=10.2 Enter ↓ ↓ C/Y=12 Enter ↓ ↓ CPT Eff=10.6906

3. (a) $\quad (1.045)^2 = \left(1+\dfrac{i}{4}\right)^4$

$\quad\quad\quad 1.092025 = \left(1+\dfrac{i}{4}\right)^4$

$\quad\quad\quad (1.092025)^{\frac{1}{4}} = 1+\dfrac{i}{4}$

$\quad\quad\quad 1.022252 = 1+\dfrac{i}{4}$

$\quad\quad\quad\quad \dfrac{i}{4} = 0.022252$

$\quad\quad\quad\quad i = 0.089010 = \boxed{8.9010\%}$

2nd | IConv | Nom=9 Enter ↓ ↓ C/Y=2 Enter ↓ ↓ CPT Eff=9.2025
↓ C/Y=4 Enter ↓ Nom= CPT 8.9010

(b)
$$(1.01625)^4 = \left(1+\frac{i}{12}\right)^{12}$$
$$1.066602 = \left(1+\frac{i}{12}\right)^{12}$$
$$(1.066602)^{\frac{1}{12}} = 1+\frac{i}{12}$$
$$1+\frac{i}{12} = 1.005388$$
$$\frac{i}{12} = 0.005388$$
$$i = 0.064651 = \boxed{6.4651\%}$$

$\boxed{2^{nd}}$ $\boxed{\text{IConv}}$ Nom=6.5 $\boxed{\text{Enter}}$ $\boxed{\downarrow}$ $\boxed{\downarrow}$ C/Y=4 $\boxed{\text{Enter}}$ $\boxed{\downarrow}$ $\boxed{\downarrow}$ Eff = $\boxed{\text{CPT}}$ 6.6602
$\boxed{\downarrow}$ C/Y=12 $\boxed{\text{Enter}}$ $\boxed{\downarrow}$ Nom=$\boxed{\text{CPT}}$ 6.4651

(c)
$$(1.0375)^2 = \left(1+\frac{i}{12}\right)^{12}$$
$$1.076406 = \left(1+\frac{i}{12}\right)^{12}$$
$$(1.076406)^{\frac{1}{12}} = 1+\frac{i}{12}$$
$$1.006155 = 1+\frac{i}{12}$$
$$\frac{i}{12} = 0.006155$$
$$i = 0.073854 = \boxed{7.3854\%}$$

$\boxed{2^{nd}}$ $\boxed{\text{IConv}}$ Nom=7.5 $\boxed{\text{Enter}}$ $\boxed{\downarrow}$ $\boxed{\downarrow}$ C/Y=2 $\boxed{\text{Enter}}$ $\boxed{\downarrow}$ $\boxed{\downarrow}$ Eff = $\boxed{\text{CPT}}$ 7.6406
$\boxed{\downarrow}$ C/Y=12 $\boxed{\text{Enter}}$ $\boxed{\downarrow}$ Nom=$\boxed{\text{CPT}}$ 7.3854

(d) $(1.010625)^4 = \left(1+\dfrac{i}{2}\right)^2$

$1.043182 = \left(1+\dfrac{i}{2}\right)^2$

$(1.043182)^{\frac{1}{2}} = 1+\dfrac{i}{2}$

$1.021363 = 1+\dfrac{i}{2}$

$\dfrac{i}{2} = 0.021363$

$i = 0.042726 = \boxed{4.2726\%}$

$\boxed{2^{nd}}$ $\boxed{\text{IConv}}$ Nom = 4.25 $\boxed{\text{Enter}}$ $\boxed{\downarrow}$ $\boxed{\downarrow}$ C/Y = 4 $\boxed{\text{Enter}}$ $\boxed{\downarrow}$ $\boxed{\downarrow}$ Eff = $\boxed{\text{CPT}}$ 4.3182

$\boxed{\downarrow}$ C/Y = 2 $\boxed{\text{Enter}}$ $\boxed{\downarrow}$ Nom = $\boxed{\text{CPT}}$ 4.2726

B. 1. PV = 100.00; FV = 150.00; n = 24; C/Y = 4

$150.00 = 100.00(1+i)^{24}$

$(1+i)^{24} = 1.5$

$(1+i) = 1.5^{\frac{1}{24}}$

$1+i = 1.017038$

$f = (1+i)^m - 1$

$= 1.017038^4 - 1$

$= 1.069913 - 1$

$= 0.069913$

$= \boxed{6.9913\%}$

(Set P/Y = 4) 100 $\boxed{\pm}$ $\boxed{\text{PV}}$ 150 $\boxed{\text{FV}}$ 24 $\boxed{\text{N}}$ $\boxed{\text{CPT}}$ $\boxed{\text{I/Y}}$ 6.8152 $\boxed{\text{STO}}$ 1

$\boxed{2^{nd}}$ $\boxed{\text{IConv}}$ Nom = $\boxed{\text{RCL}}$ 1 $\boxed{\text{Enter}}$ $\boxed{\downarrow}$ $\boxed{\downarrow}$ C/Y = 4 $\boxed{\text{Enter}}$ $\boxed{\downarrow}$ $\boxed{\downarrow}$ $\boxed{\text{CPT}}$ Eff = 6.9913

3. $PV = 1100.00; FV = 1350.00; n = 9; C/Y = 2$

$$1350.00 = 1100.00(1+i)^9$$

$$(1+i)^9 = 1.227273$$

$$(1+i) = 1.227273^{\frac{1}{9}}$$

$$1+i = 1.023016$$

$$f = (1+i)^m - 1$$

$$= 1.023016^2 - 1$$

$$= 1.046561 - 1$$

$$= 0.046561$$

$$= \boxed{4.6561\%}$$

(Set P/Y = 2) 1100 $\pm$ PV 1350 FV 9 N CPT I/Y 4.6032 STO 1

2nd IConv Nom= RCL 1 Enter $\downarrow$ $\downarrow$ C/Y=2 Enter $\downarrow$ $\downarrow$ CPT Eff = 4.6561

5. $f = 9.25\% = 0.0925; C/Y = 4$

$$f = (1+i)^m - 1$$

$$0.0925 = (1+i)^4 - 1$$

$$(1+i)^4 = 1.0925$$

$$(1+i) = 1.0925^{\frac{1}{4}}$$

$$1+i = 1.022364$$

$$i = 2.2364\%$$

The nominal annual rate is 2.2364% × 4 = $\boxed{8.9454\%}$ compounded quarterly.

2nd IConv $\downarrow$ Eff = 9.25 Enter $\downarrow$ C/Y = 4 Enter $\downarrow$ CPT Nom = 8.9454

7. $f = 6.4\% = 0.064; C/Y = 12$

$$f = (1+i)^m - 1$$

$$(1+i)^{12} = 1 + 0.064$$

$$(1+i) = 1.064^{\frac{1}{12}}$$

$$1+i = 1.005183$$

$$i = 0.5183\%$$

The nominal annual rate is $0.5183\% \times 12 = \boxed{6.2196\%}$ compounded monthly.

$\boxed{2^{nd}}$ $\boxed{IConv}$ $\boxed{\downarrow}$ Eff = 6.4 $\boxed{Enter}$ $\boxed{\downarrow}$ C/Y = 12 $\boxed{Enter}$ $\boxed{\downarrow}$ $\boxed{CPT}$ Nom = 6.2196

9. Value of $1 in one year at 7.5% compounded semi-annually.

$FV_1 = 1.0375^2 = 1.076406$

Value of $1 in one year at a monthly rate i, $FV_2 = (1+i)^{12}$

for $FV_1 = FV_2$

$$1.076406 = (1+i)^{12}$$

$$1+i = 1.076406^{\frac{1}{12}}$$

$$1+i = 1.006155$$

$$i = 0.6155\%$$

The nominal rate is $0.6155\% \times 12 = \boxed{7.3854\%}$ compounded monthly.

$\boxed{2^{nd}}$ $\boxed{IConv}$ Nom = 7.5 $\boxed{Enter}$ $\boxed{\downarrow}$ $\boxed{\downarrow}$ C/Y = 12 $\boxed{Enter}$ $\boxed{\downarrow}$ $\boxed{\downarrow}$ $\boxed{CPT}$ Eff = 7.6406 $\boxed{STO}$ 1

$\boxed{2^{nd}}$ $\boxed{IConv}$ $\boxed{\downarrow}$ Eff = $\boxed{RCL}$ 1 $\boxed{Enter}$ $\boxed{\downarrow}$ C/Y = 12 $\boxed{Enter}$ $\boxed{\downarrow}$ $\boxed{CPT}$ Nom = 7.3854

11. $PV = 600.00; i = 0.291\dot{6}\%; n = 60; C/Y = 12$

   (a) $FV = 600.00(1.00291\dot{6})^{60} = 600.00(1.190943) = \boxed{\$714.57}$

   (b) Interest earned $= 714.57 - 600.00 = \boxed{\$114.57}$

   (c) $f = (1+i)^m - 1$
   $= 1.00291\dot{6}^{12} - 1$
   $= 1.035567 - 1$
   $= 0.035567$
   $= \boxed{3.5567\%}$

   (Set P/Y = 12) $\boxed{2^{nd}}$ (CLR TVM) 600 $\boxed{\pm}$ $\boxed{PV}$ 60 $\boxed{N}$ 3.5 $\boxed{I/Y}$ $\boxed{CPT}$ $\boxed{FV}$ 714.565698 $\boxed{STO}$ 1
   $\boxed{2^{nd}}$ $\boxed{IConv}$ Nom = 3.5 $\boxed{Enter}$ $\boxed{\downarrow}$ $\boxed{\downarrow}$ C/Y = 12 $\boxed{Enter}$ $\boxed{\downarrow}$ $\boxed{\downarrow}$ $\boxed{CPT}$ Eff = 3.5567

   OR: (Set P/Y = 1) $\boxed{2^{nd}}$ (CLR TVM) 600 $\boxed{\pm}$ $\boxed{PV}$ $\boxed{RCL}$ 1 $\boxed{FV}$ 5 $\boxed{N}$ $\boxed{CPT}$ $\boxed{I/Y}$ 3.5567

13. $PV = 1200.00; i = 0.0425/4 = 0.010625; n = 40; C/Y = 4$

   (a) $FV = 1200.00(1.010625)^{40} = 1200.00(1.526165) = \boxed{\$1831.40}$

   (b) Interest earned $= 1831.40 - 1200.00 = \boxed{\$631.40}$

   (c) $f = (1+i)^m - 1$
   $= 1.010625^4 - 1$
   $= 1.043182 - 1$
   $= 0.043182$
   $= \boxed{4.3182\%}$

   (Set P/Y = 4) $\boxed{2^{nd}}$ (CLR TVM) 1200 $\boxed{\pm}$ $\boxed{PV}$ 40 $\boxed{N}$
   4.25 $\boxed{I/Y}$ $\boxed{CPT}$ $\boxed{FV}$ 1831.398002 $\boxed{STO}$ 1
   $\boxed{2^{nd}}$ $\boxed{IConv}$ $\boxed{\downarrow}$ Nom = 4.25 $\boxed{Enter}$ $\boxed{\downarrow}$ $\boxed{\downarrow}$ C/Y = 4
   $\boxed{Enter}$ $\boxed{\downarrow}$ $\boxed{\downarrow}$ $\boxed{CPT}$ Eff = 4.3182

   OR: (Set P/Y = 1) $\boxed{2^{nd}}$ (CLR TVM) 1200 $\boxed{\pm}$ $\boxed{PV}$
   $\boxed{RCL}$ 1 $\boxed{FV}$ 10 $\boxed{N}$ $\boxed{CPT}$ $\boxed{I/Y}$ 4.3182

Review Exercise

1. $PV = 400.00; I = 100.00; FV = 500.00; n = 48; C/Y = 12$

   $500.00 = 400.00(1+i)^{48}$

   $(1+i)^{48} = 1.25$

   $(1+i) = 1.25^{\frac{1}{48}}$

   $1+i = 1.004660$

   $i = 0.4660\%$

   The nominal annual rate is $0.4660\% \times 12 = \boxed{5.592\%.}$

   $(\text{Set P/Y} = 12)$ $\boxed{2^{nd}}$ (CLR TVM) 400 $\boxed{\pm}$ $\boxed{PV}$ 500 $\boxed{FV}$ 48 $\boxed{N}$ $\boxed{CPT}$ $\boxed{I/Y}$ 5.592

3. Let the focal date be today; $i = 0.75\% = 0.0075; C/Y = 12$

   $500.00(1.0075)^6 + 600.00 = 1300.00(1.0075)^{-n}$

   $500.00(1.045852) + 600.00 = 1300.00(1.0075)^{-n}$

   $522.93 + 600.00 = 1300.00(1.0075)^{-n}$

   $1122.93 = 1300.00(1.0075)^{-n}$

   $1.0075^{-n} = 0.863792$

   $-n \ln 1.0075 = \ln 0.863792$

   $-0.007472n = -0.146423$

   $n = 19.596177 \text{ (months)}$

   The payment date is $\boxed{19.60 \text{ months from now}.}$

   $(\text{Set P/Y} = 12)$ $\boxed{2^{nd}}$ (CLR TVM) 500 $\boxed{\pm}$ $\boxed{PV}$ 9 $\boxed{I/Y}$ 6 $\boxed{N}$ $\boxed{CPT}$ $\boxed{FV}$ 522.93

   $522.93 + 600.00 = 1122.93$

   $(\text{Set P/Y} = 12)$ 1122.93 $\boxed{\pm}$ $\boxed{PV}$ 1300 $\boxed{FV}$ 9 $\boxed{I/Y}$ $\boxed{CPT}$ $\boxed{N}$ 19.5962

5. Let $PV = \$1; FV = \$3; i = 5.0\% = 0.05; C/Y = 2$

   $3 = 1(1.05)^n$

   $\ln 3 = n \ln 1.05$

   $1.098612 = 0.048790n$

   $n = 22.517085$

   $n = \boxed{22.52 \text{ half-years}}$

   $(\text{Set P/Y} = 2)$ $\boxed{2^{nd}}$ (CLR TVM) 1 $\boxed{\pm}$ $\boxed{PV}$ 3 $\boxed{FV}$ 10 $\boxed{I/Y}$ $\boxed{CPT}$ $\boxed{N}$ 22.517085

7. Value of $1 in one year at $i\%$ monthly, $FV_1 = (1+i)^{12}$
Value of $1 in one year at 6.2% effective, $FV_2 = 1.062$
For $FV_1 = FV_2, (1+i)^{12} = 1.062$

$$1+i = 1.062^{\frac{1}{12}}$$
$$1+i = 1.005025$$
$$i = 0.5025\%$$

The nominal rate is $0.5025\% \times 12 = \boxed{6.0305\%}$ compounded monthly.

$\boxed{2^{nd}}$ $\boxed{\text{IConv}}$ $\boxed{\downarrow}$ Eff = 6.2 $\boxed{\text{Enter}}$ $\boxed{\downarrow}$ C/Y = 12 $\boxed{\text{Enter}}$ $\boxed{\downarrow}$ $\boxed{\text{CPT}}$ Nom = 6.0305

9. (a) PV = 2500.00; FV = 4000.00; $n = 32$; C/Y = 4
$$4000.00 = 2500.00(1+i)^{32}$$
$$(1+i)^{32} = 1.6$$
$$(1+i) = 1.6^{\frac{1}{32}}$$
$$1+i = 1.014796$$
$$i = 1.4796\%$$

The nominal annual rate is $1.4796\% \times 4 = \boxed{5.9184\%}$ compounded quarterly.

$(\text{Set P/Y} = 4)$ $\boxed{2^{nd}}$ (CLR TVM) 2500 $\boxed{\pm}$ $\boxed{\text{PV}}$
4000 $\boxed{\text{FV}}$ 32 $\boxed{\text{N}}$ $\boxed{\text{CPT}}$ $\boxed{\text{I/Y}}$ 5.9184

(b) Let PV = $1; FV = $2; $n = 10$; C/Y = 2
$$2 = (1+i)^{10}$$
$$1+i = 2^{\frac{1}{10}}$$
$$1+i = 1.071773$$
$$i = 7.1773\%$$

The nominal annual rate is $7.1773\% \times 2 = \boxed{14.3547\%\text{ compounded semi-annually.}}$

$(\text{Set P/Y} = 2)$ $\boxed{2^{nd}}$ (CLR TVM) 1 $\boxed{\pm}$ $\boxed{\text{PV}}$ 2 $\boxed{\text{FV}}$ 10 $\boxed{\text{N}}$ $\boxed{\text{CPT}}$ $\boxed{\text{I/Y}}$ 14.3547

(c) $f = 9.2\% = 0.092; C/Y = 12$

$1 + f = (1+i)^m$

$1.092 = (1+i)^{12}$

$(1+i) = 1.092^{\frac{1}{12}}$

$1 + i = 1.007361$

$i = 0.7361\%$

The nominal annual rate is $0.7361\% \times 12 =$ $\boxed{8.8334\% \text{ compounded monthly}}$.

$\boxed{2^{nd}}$ $\boxed{\text{IConv}}$ $\boxed{\downarrow}$ Eff = 9.2 $\boxed{\text{Enter}}$ $\boxed{\downarrow}$ C/Y = 12 $\boxed{\text{Enter}}$ $\boxed{\downarrow}$ $\boxed{\text{CPT}}$ Nom = 8.8334

(d) $1 + i = 1.02^4$

$1 + i = 1.082432$

$i = 8.2432\%$

The nominal annual rate is $\boxed{8.2432\% \text{ compounded annually}}$.

$\boxed{2^{nd}}$ $\boxed{\text{IConv}}$ Nom = 8 $\boxed{\text{Enter}}$ $\boxed{\downarrow}$ $\boxed{\downarrow}$ C/Y = 4 $\boxed{\text{Enter}}$ $\boxed{\downarrow}$ $\boxed{\downarrow}$ $\boxed{\text{CPT}}$ Eff = 8.2432

11. (a) $f = 1.00375^{12} - 1 = 1.045940 - 1 = 0.045940 = \boxed{4.5940\%}$

$\boxed{2^{nd}}$ $\boxed{\text{IConv}}$ Nom = 4.5 $\boxed{\text{Enter}}$ $\boxed{\downarrow}$ $\boxed{\downarrow}$ C/Y = 12 $\boxed{\text{Enter}}$ $\boxed{\downarrow}$ $\boxed{\downarrow}$ $\boxed{\text{CPT}}$ Eff = 4.5940

(b) $3000.00 = 2000.00(1+i)^{28}; n = 28; C/Y = 4$

$(1+i)^{28} = 1.5$

$1 + i = 1.5^{\frac{1}{28}}$

$1 + i = 1.014586$

$f = 1.014586^4 - 1 = 1.059634 - 1 = 0.059634 = \boxed{5.9634\%}$

(Set P/Y = 4) $\boxed{2^{nd}}$ (CLR TVM) 2000 $\boxed{\pm}$ $\boxed{\text{PV}}$

3000 $\boxed{\text{FV}}$ 28 $\boxed{\text{N}}$ $\boxed{\text{CPT}}$ $\boxed{\text{I/Y}}$ 5.834501 $\boxed{\text{STO}}$ 1

$\boxed{2^{nd}}$ $\boxed{\text{IConv}}$ Nom = $\boxed{\text{RCL}}$ 1 $\boxed{\text{Enter}}$ $\boxed{\downarrow}$ $\boxed{\downarrow}$ C/Y = 4

$\boxed{\text{Enter}}$ $\boxed{\downarrow}$ $\boxed{\downarrow}$ $\boxed{\text{CPT}}$ Eff = 5.9634

13. $(1+i)^{12} = (1.02125)^4$

$1+i = 1.02125^{\frac{4}{12}}$

$1+i = 1.007034$

$i = 0.7034\%$

The nominal annual rate is $0.7034\% \times 12 = \boxed{8.4405\%}$.

$\boxed{2^{nd}}$ $\boxed{\text{IConv}}$ Nom=8.5 $\boxed{\text{Enter}}$ $\boxed{\downarrow}$ $\boxed{\downarrow}$ C/Y=4 $\boxed{\text{Enter}}$ $\boxed{\downarrow}$ $\boxed{\downarrow}$ $\boxed{\text{CPT}}$

Eff=8.774796 $\boxed{\text{STO}}$ 1

$\boxed{2^{nd}}$ $\boxed{\text{IConv}}$ $\boxed{\downarrow}$ Eff=$\boxed{\text{RCL}}$ 1 $\boxed{\text{Enter}}$ $\boxed{\downarrow}$ C/Y=12

$\boxed{\text{Enter}}$ $\boxed{\downarrow}$ $\boxed{\text{CPT}}$ Nom=8.4405

15. (a) $i = 4.00\% = 0.04; C/Y = 1$

$f = (1+i)^m - 1 = (1.04)^1 - 1 = 1.04 - 1 = 0.04 = \boxed{4\%}$

$\boxed{2^{nd}}$ $\boxed{\text{IConv}}$ Nom=4 $\boxed{\text{Enter}}$ $\boxed{\downarrow}$ $\boxed{\downarrow}$ C/Y=1 $\boxed{\text{Enter}}$ $\boxed{\downarrow}$ $\boxed{\downarrow}$ $\boxed{\text{CPT}}$ Eff=4.0

(b) $i = 1.875\% = 0.01875; C/Y = 2$

$f = (1+i)^m - 1 = (1.01875)^2 - 1 = 1.037852 - 1 = 0.037852 = \boxed{3.7852\%}$

$\boxed{2^{nd}}$ $\boxed{\text{IConv}}$ Nom=3.75 $\boxed{\text{Enter}}$ $\boxed{\downarrow}$ $\boxed{\downarrow}$ C/Y=2 $\boxed{\text{Enter}}$ $\boxed{\downarrow}$ $\boxed{\downarrow}$ $\boxed{\text{CPT}}$ Eff=3.7852

(c) $i = 0.875\% = 0.00875; C/Y = 4$

$f = (1+i)^m - 1 = (1.00875)^4 - 1 = 1.035462 - 1 = 0.035462 = \boxed{3.5462\%}$

$\boxed{2^{nd}}$ $\boxed{\text{IConv}}$ Nom=3.5 $\boxed{\text{Enter}}$ $\boxed{\downarrow}$ $\boxed{\downarrow}$ C/Y=4 $\boxed{\text{Enter}}$ $\boxed{\downarrow}$ $\boxed{\downarrow}$ $\boxed{\text{CPT}}$ Eff=3.4562

(d) $i = 0.2708\% = 0.002708; C/Y = 12$

$f = (1+i)^m - 1 = (1.002708)^{12} - 1 = 1.032989 - 1 = 0.032989 = \boxed{3.2989\%}$

$\boxed{2^{nd}}$ $\boxed{\text{IConv}}$ Nom=3.25 $\boxed{\text{Enter}}$ $\boxed{\downarrow}$ $\boxed{\downarrow}$ C/Y=12 $\boxed{\text{Enter}}$ $\boxed{\downarrow}$ $\boxed{\downarrow}$ $\boxed{\text{CPT}}$ Eff=3.2989

$\boxed{\text{He should choose 4\% compounded annually.}}$

17. Let the focal date be now; $i = 2\% = 0.02$

$$2000.00(1.02)^{-3} + 1500.00(1.02)^{-4} = 1800.00 + 1700.00(1.02)^{-n}$$
$$2000.00(0.942322) + 1500.00(0.923845) = 1800.00 + 1700.00(1.02)^{-n}$$
$$1884.64 + 1385.77 = 1800.00 + 1700.00(1.02)^{-n}$$
$$1470.41 = 1700.00(1.02)^{-n}$$
$$1.02^{-n} = 0.864947$$
$$-n \ln 1.02 = \ln 0.864947$$
$$-0.019803n = -0.145087$$
$$n = 7.326653 \text{ (quarters)}$$

The second payment is to be made $\boxed{7.33 \text{ quarters from now}}$.

(Set P/Y = 4) 2nd (CLR TVM) 2000 [FV] 8 [I/Y] 3 [N] [CPT] [PV] −1884.64

(Set P/Y = 4) 1500 [FV] 8 [I/Y] 4 [N] [CPT] [PV] −1385.77

1884.64 + 1385.77 − 1800 = 1470.41

(Set P/Y = 4) 1470.41 [±] [PV] 1700 [FV] 8 [I/Y] [CPT] [N] 7.326653

19. Let the focal date be now; $i = 0.5\% = 0.005$; C/Y = 12.

$$2000.00 + 2500.00(1.005)^{-6} + 4000.00(1.005)^{-12} = 9000.00(1.005)^{-n}$$
$$2000.00 + 2500.00(0.970518) + 4000.00(0.941905) = 9000.00(1.005)^{-n}$$
$$2000.00 + 2426.30 + 3767.62 = 9000.00(1.005)^{-n}$$
$$8193.92 = 9000.00(1.005)^{-n}$$
$$1.005^{-n} = 0.910436$$
$$-n \ln 1.005 = \ln 0.910436$$
$$-0.004988n = -0.093832$$
$$n = 18.813309 \text{ (months)}$$

The date of discharge is $\boxed{18.81 \text{ months from now}}$.

(Set P/Y = 12) 2nd (CLR TVM) 2500 [FV] 6 [I/Y] 6 [N] [CPT] [PV] −2426.30

(Set P/Y = 12) 4000 [FV] 6 [I/Y] 12 [N] [CPT] [PV] −3767.62

2000.00 + 2426.30 − 3767.62 = 8193.92

(Set P/Y = 12) 8193.92 [±] [PV] 9000 [FV] 6 [I/Y] [CPT] [N] 18.813309

21. Let the focal date be now.

$I/Y = 8\%; C/Y = 4, i = 8\%/4 = 2\% = 0.02$

$12000.00 = 7500.00(1.02)^{-8} + 7500.00(1.02)^{-n}$

$12000.00 = 7500.00(0.853490) + 7500.00(1.02)^{-n}$

$12000.00 = 6401.18 + 7500.00(1.02)^{-n}$

$5598.82 = 7500.00(1.02)^{-n}$

$(1.02)^{-n} = 0.746509$

$-n \ln 1.02 = \ln 0.746509$

$-0.019803n = -0.292348$

$n = 14.762794 \text{ (quarters)}$

The second payment should be made in $\boxed{14.76 \text{ quarters}}$.

(Set P/Y = 4) 2nd (CLR TVM) 7500 $\boxed{FV}$ 8 $\boxed{I/Y}$ 8 $\boxed{N}$ $\boxed{CPT}$ $\boxed{PV}$ −6401.18

(Set P/Y = 4) 5598.82 ± PV 7500 $\boxed{FV}$ 8 $\boxed{I/Y}$ $\boxed{CPT}$ $\boxed{N}$ 14.762794

Self-Test

1. $PV = 11000.00; FV = 12950.00; I/Y = 5\%; C/Y = 2; i = 5\%/2 = 2.5\% = 0.025$

   $12950.00 = 11000.00(1.025)^n$

   $1.177273 = (1.025)^n$

   $n \ln 1.025 = \ln 1.177273$

   $0.024693n = 0.163201$

   $n = 6.60919 \text{ (half-years)}$

   The money was invested for $0.5 \times 6.60919 = \boxed{3.3 \text{ years}}$

   (Set P/Y = 2) 11000 ± $\boxed{PV}$ 12950 $\boxed{FV}$ 5 $\boxed{I/Y}$ $\boxed{CPT}$ $\boxed{N}$ 6.60919

3. $i = 0.45\%; C/Y = 12$

   $f = 1.0045^{12} - 1 = 1.055357 - 1 = \boxed{5.5357\%}$

   2nd $\boxed{IConv}$ Nom = 5.4 $\boxed{Enter}$ $\boxed{\downarrow}$ $\boxed{\downarrow}$ C/Y = 12 $\boxed{Enter}$ $\boxed{\downarrow}$ $\boxed{\downarrow}$ $\boxed{CPT}$ Eff = 5.5357

5. $PV = 6900.00; FV = 6900.00 + 3000.00 = 9900.00; n = 10; C/Y = 2$

   $9900.00 = 6900.00(1+i)^{10}$

   $(1+i)^{10} = 1.434783$

   $1+i = 1.434783^{0.10}$

   $1+i = 1.036761$

   $i = 3.6761\%$

   The nominal annual rate is $3.6761\% \times 2 =$ $\boxed{7.3522\% \text{ compounded semi-annually.}}$

   $(\text{Set P/Y} = 2) \boxed{2^{nd}} (\text{CLR TVM}) 6900 \boxed{\pm} \boxed{PV} 9900 \boxed{FV} 10 \boxed{N} \boxed{CPT} \boxed{I/Y} \; 7.3522$

7. $f = 10.25\%; C/Y = 2$

   $1.1025 = (1+i)^2$

   $1+i = 1.1025^{0.5}$

   $1+i = 1.05$

   $i = 0.05$

   The nominal annual rate is $\boxed{10\% \text{ compounded semi-annually.}}$

   $\boxed{2^{nd}} \boxed{\text{I Conv}} \boxed{\downarrow} \text{Eff} = 10.25 \boxed{\text{Enter}} \boxed{\downarrow} C/Y = 2 \boxed{\text{Enter}} \boxed{\downarrow} \boxed{\text{CPT}} \text{Nom} = 10$

9. At 3.95% compounded semi-annually, the effective rate will be $(1.01975)^2 - 1 = 3.98901\%$.

   At 3.92% compounded quarterly, the effective rate will be $(1.0098)^4 - 1 = 3.978001\%$.

   At 3.9% compounded monthly, the effective rate will be $(1.00325)^{12} - 1 = 3.970473\%$.

   He will maximize his return at $\boxed{3.95\% \text{ compounded semi-annually.}}$

   $\boxed{2^{nd}} \boxed{\text{I Conv}} \text{Nom} = 3.95 \boxed{\text{Enter}} \boxed{\downarrow}\boxed{\downarrow} C/Y = 2 \boxed{\text{Enter}} \boxed{\downarrow}\boxed{\downarrow} \boxed{\text{CPT}} \text{Eff} = 3.98901$

   $\boxed{2^{nd}} \boxed{\text{I Conv}} \text{Nom} = 3.92 \boxed{\text{Enter}} \boxed{\downarrow}\boxed{\downarrow} C/Y = 4 \boxed{\text{Enter}} \boxed{\downarrow}\boxed{\downarrow} \boxed{\text{CPT}} \text{Eff} = 3.978001$

   $\boxed{2^{nd}} \boxed{\text{I Conv}} \text{Nom} = 3.9 \boxed{\text{Enter}} \boxed{\downarrow}\boxed{\downarrow} C/Y = 12 \boxed{\text{Enter}} \boxed{\downarrow}\boxed{\downarrow} \boxed{\text{CPT}} \text{Eff} = 3.970473$

Chapter 11   Ordinary Simple Annuities

Exercise 11.1

A. 1. (a) annuity certain   (b) annuity due   (c) general annuity

   3. (a) perpetuity   (b) deferred annuity   (c) general annuity

   5. (a) annuity certain   (b) deferred annuity   (c) simple annuity

Exercise 11.2

A. 1. PMT=1500.00; $i=1.25\%=0.0125$; $n=7.5\times 4=30$

$$FV_n = 1500.00\left[\frac{1.0125^{30}-1}{0.0125}\right] = 1500.00(36.129069) = \boxed{\$54\,193.60}$$

(Set P/Y, C/Y=4) 0 PV 1500 ± PMT 5 I/Y 30 N CPT FV 54193.60

   3. PMT=700.00; $i=3.5\%=0.035$; $n=40$

$$FV_n = 700.00\left[\frac{1.035^{40}-1}{0.035}\right] = 700.00(84.550278) = \boxed{\$59\,185.19}$$

(Set P/Y, C/Y=2) 0 PV 700 ± PMT 7 I/Y 40 N CPT FV 59 185.19

   5. PMT=320.00; $i=2.6\%=0.026$; $n=4\left(8\frac{9}{12}\right)=35$

$$FV_n = 320.00\left[\frac{1.026^{35}-1}{0.026}\right] = 320.00(55.984616) = \boxed{\$17\,915.08}$$

(Set P/Y, C/Y=4) 0 PV 320 ± PMT 10.4 I/Y 35 N CPT FV 17 915.08

B. 1. PMT=200.00; $i=1.25\%$; $n=48$

$$FV_n = 200.00\left[\frac{1.0125^{48}-1}{0.0125}\right] = 200.00(65.228388) = \boxed{\$13\,045.68}$$

(Set P/Y, C/Y=4) 0 PV 200 ± PMT 5 I/Y 48 N CPT FV 13 045.68

3. PMT = 1500.00; $i = 3.5\%$; $n = 30$

$$FV_n = 1500.00\left[\frac{1.035^{30} - 1}{0.035}\right] = 1500.00(51.622677) = \$77\,434.02$$

Interest = $77\,434.02 - 1500.00(30) = 77\,434.02 - 45\,000.00 = \boxed{\$32\,434.02}$

(Set P/Y, C/Y=2) 0 [PV] 1500 [±] [PMT] 7 [I/Y] 30 [N] [CPT] [FV] 77 434.02

5. (a) After 15 years: PMT = 25.00; $i - 0.3\%$; $n = 180$

$$FV_n = 25.00\left[\frac{1.003^{180} - 1}{0.003}\right] = 25.00(238.206744) = \$5955.16859$$

Amount 25 years from now:

PV = 5955.16859; $i = 0.3\%$; $n = 10 \times 12 = 120$

FV = $5955.16859(1.003)^{120} = 5955.16859(1.432557) = \boxed{\$8531.12}$

(b) Contribution = $25.00(180) = \boxed{\$4500.00}$

(c) Interest = $8531.12 - 4500.00 = \boxed{\$4031.12}$

(Set P/Y, C/Y=12) 0 [PV] 25 [±] [PMT] 3.6 [I/Y] 180 [N] [CPT] [FV] 5955.16859 [STO] 1
[RCL] 1 [±] [PV] 0 [PMT] 120 [N] [CPT] [FV] 8531.12

7. (a) After five years: PMT = 250.00; $i - 0.3750\%$; $n = 60$

$$FV_n = 250.00\left[\frac{1.00375^{60} - 1}{0.00375}\right] = 250.00(67.145552) = \$16\,786.39$$

Amount four years later:

PV = 16 786.39; $i = 0.375\%$; $n = 48$

FV = $16\,786.39(1.00375)^{48} = 16\,786.39(1.196814) = \boxed{\$20\,090.19}$

(b) Contribution = $60(250.00) - \boxed{\$15\,000.00}$

(c) Interest = $20\,090.19 - 15\,000.00 = \boxed{\$5090.19}$

(Set P/Y, C/Y=12) 0 [PV] 250 [±] [PMT] 4.5 [I/Y] 60 [N] [CPT] [FV] 16 786.38803 [STO] 1
[RCL] 1 [±] [PV] 0 [PMT] 48 [N] [CPT] [FV] 20090.19

192   CHAPTER 11

9. After two years: PMT = 92.00; $i = 0.33583\%$; $n = 24$

$$FV_1 = 92.00\left[\frac{1.0033583^{24}-1}{0.0033583}\right] = 92.00(24.950135) = 2295.41$$

Five years later: PV = 2295.41; $i = 0.441\dot{6}\%$; $n = 8$

$$FV_2 = 2295.41\left(1.004416\right)^8 = 2295.41(1.035884) = \boxed{\$2536.75}$$

(Set P/Y, C/Y = 12) 0 PV 92 ± PMT 4.03 I/Y 24 N CPT FV 2295.41 STO 1
(Set P/Y, C/Y = 4) RCL 1 ± PV 0 PMT 5.03 I/Y 8 N CPT FV 2536.75

Exercise 11.3

A. 1. PMT = 1600.00; $i = 4.25\%$; $n = 7$

$$PV_n = 1600.00\left[\frac{1-(1.0425)^{-7}}{0.0425}\right] = 1600.00(5.946993) = \boxed{\$9515.19}$$

(Set P/Y, C/Y = 2) 0 FV 1600 ± PMT 8.5 I/Y 7 N CPT PV 9515.19

3. PMT = 4000.00; $i = 7.5\%$; $n = 12$

$$PV_n = 4000.00\left[\frac{1-1.075^{-12}}{0.075}\right] = 4000.00(7.735278) = \boxed{\$30\,941.11}$$

(Set P/Y, C/Y = 1) 0 FV 4000 ± PMT 7.5 I/Y 12 N CPT PV 30 941.11

5. PMT = 250.00; $i = 1.1\%$; $n = 57$

$$PV_n = 250.00\left[\frac{1-1.011^{-57}}{0.011}\right] = 250.00(42.179648) = \boxed{\$10\,544.91}$$

(Set P/Y, C/Y = 4) 0 FV 250 ± PMT 4.4 I/Y 57 N CPT PV 10 544.91

B. 1. PMT = 375.00; $i = 3.5\%$; $n = 30$

$$PV_n = 375.00\left[\frac{1-1.035^{-30}}{0.035}\right] = 375.00(18.392045) = \boxed{\$6897.02}$$

(Set P/Y, C/Y = 2) 0 [FV] 375 [±] [PMT] 7 [I/Y] 30 [N] [CPT] [PV] 6897.02

3. (a) PMT = 600.00; $i = 1.9\%$; $n = 20$

$$PV_n = 600.00\left[\frac{1-1.019^{-20}}{0.019}\right] = 600.00(16.510333) = \boxed{\$9906.20}$$

(b) Interest = $600.00(20) - 9906.20 = 12\,000.00 - 9906.20 = \boxed{\$2093.80}$

(Set P/Y, C/Y = 4) 0 [FV] 600 [±] [PMT] 7.6 [I/Y] 20 [N] [CPT] [PV] 9906.20

5. (a) PMT = 69.33; $i = 0.9\%$; $n = 36$

$$PV_n = 69.33\left[\frac{1-1.009^{-36}}{0.009}\right] = 69.33(30.633420) = \$2123.82$$

Cash price = $400.00 + 2123.82 = \boxed{\$2523.82}$

(b) Cost of financing = $36(69.33) - 2123.82 = 2495.88 - 2123.82 = \boxed{\$372.06}$

(Set P/Y, C/Y = 12) 0 [FV] 69.33 [±] [PMT] 10.8 [I/Y] 36 [N] [CPT] [PV] 2123.82

7. (a) PMT = 343.00; $i = 0.3483\%$; $n = 96$

$$PV = 343.00\left[\frac{1-1.003483^{-96}}{0.003483}\right] = 343.00(81.479677) = \boxed{\$27\,947.10}$$

(Set P/Y, C/Y = 12) 0 [FV] 343 [±] [PMT] 4.18 [I/Y] 96 [N] [CPT] [PV] 27 947.10

(b) Interest = $96(343) - 21\,809.17 = 24\,696.00 - 21\,809.17 = \boxed{\$4980.90}$

(c) PMT = 343.00; $i = 0.3591\dot{6}\%$; $n = 96$

$$PV = 343.00\left[\frac{1-1.003591\dot{6}^{-96}}{0.0035916}\right] = 343.00(63.343959) = \boxed{\$27\,809.29}$$

Investment [decreased by] $27\,947.10 - 27\,809.29 = \boxed{\$137.81}$

(Set P/Y, C/Y = 12) 0 [FV] 343 [±] [PMT] 4.31 [I/Y] 96 [N] [CPT] [PV] 27 809.29

9. **Wayne's price:** PMT = 74.00; $i = 0.7\%$; $n = 24$

$$PV = 74.00\left[\frac{1-1.007^{-24}}{0.007}\right] = 74.00(22.021609) = \boxed{\$1629.60}$$

(Set P/Y, C/Y = 12) 0 FV 74 ± PMT 8.4 I/Y 24 N CPT PV 1629.60

Roberto's price: PMT = 244.00; $i = 1.6\%$, $n = 8$

$$PV = 244.00\left[\frac{1-1.016^{-8}}{0.016}\right] = 244.00(7.453418) = \boxed{\$1818.63}$$

Wayne paid less.

(Set P/Y, C/Y = 12) 0 FV 74 ± PMT 8.4 I/Y 24 N CPT PV 1629.60
(Set P/Y, C/Y = 4) 0 FV 244 ± PMT 6.4 I/Y 60 N CPT PV 1818.63

11. (a) PMT = 234.60; $i = 0.6\%$; $n = 72$

$$PV_n = 234.60\left[\frac{1-1.006^{-72}}{0.006}\right] = 234.60(58.325343) = \boxed{\$13683.13}$$

(Set P/Y, C/Y = 12) 0 FV 234.60 ± PMT 7.2 I/Y 72 N CPT PV 13683.13

(b) PMT = 234.60; $i = 0.6\%$; $n = 6$

$$FV_n = 234.60\left[\frac{1.006^6 - 1}{0.006}\right] = 234.60(6.090723) = \boxed{\$1428.88}$$

(Set P/Y, C/Y = 12) 0 PV 234.60 ± PMT 7.2 I/Y 6 N CPT FV 1428.88

(c) Payout amount = Balance owing – After six months
$= 13683.13(1 + 0.006)^6$
$= 13683.13(1.006)^6$
$= 13683.13(1.036544)$
$= \boxed{\$14\,183.17}$

(Set P/Y, C/Y = 12) 13683.13 FV 0 ± PMT 7.2 I/Y 6 N CPT FV 14 183.17

(d) Interest = $14183.17 - 13683.13 = \boxed{\$500.04}$

(e) Payment required after six months $1428.88
    Normal payment = 6×234.60 1407.60
    Additional interest $\boxed{\$\ 21.28}$

Exercise 11.4

A. 1. $FV_n = 15\,000.00; i = 2.75\%; n = 15$

$$15\,000.00 = PMT\left[\frac{1.0275^{15} - 1}{0.0275}\right]$$

$15\,000.00 = 18.261781\,PMT$

$PMT = \boxed{\$821.39}$

(Set P/Y, C/Y = 2)0 $\boxed{PV}$ 15000 $\boxed{FV}$ 5.5 $\boxed{I/Y}$ 15 $\boxed{N}$ $\boxed{CPT}$ $\boxed{PMT}$ −821.39

3. $PV_n = 12\,000.00; i = 4.5\%; n = 15$

$$12\,000.00 = PMT\left[\frac{1 - 1.045^{-15}}{0.045}\right]$$

$12\,000.00 = 10.739546\,PMT$

$PMT = \boxed{\$1117.37}$

(Set P/Y, C/Y = 1)0 $\boxed{FV}$ 12000 $\boxed{\pm}$ $\boxed{PV}$ 4.5 $\boxed{I/Y}$ 15 $\boxed{N}$ $\boxed{CPT}$ $\boxed{PMT}$ 1117.37

5. $FV_n = 8000.00; i = 1.7\%; n = 24$

$$8000.00 = PMT\left[\frac{1.017^{24} - 1}{0.017}\right]$$

$8000.00 = 29.332891\,PMT$

$PMT = \boxed{\$272.73}$

(Set P/Y, C/Y = 4)0 $\boxed{PV}$ 8000 $\boxed{FV}$ 6.8 $\boxed{I/Y}$ 24 $\boxed{N}$ $\boxed{CPT}$ $\boxed{PMT}$ −272.73

7. $FV_n = 45\,000.00; i = 0.75\%; n = 120$

$$45\,000.00 = PMT\left[\frac{1.0075^{120} - 1}{0.0075}\right]$$

$45\,000.00 = 193.514277\,PMT$

$PMT = \boxed{\$232.54}$

(Set P/Y, C/Y = 12)0 $\boxed{PV}$ 45000 $\boxed{FV}$ 9 $\boxed{I/Y}$ 120 $\boxed{N}$ $\boxed{CPT}$ $\boxed{PMT}$ −232.54

9. $PV_n = 20\,000.00; i = 3.5\%; n = 16$

$$20\,000.00 = PMT\left[\frac{1-1.035^{-16}}{0.035}\right]$$

$20\,000.00 = 12.094117\,PMT$

$PMT = \boxed{\$1653.70}$

(Set P/Y, C/Y = 2) 0 $\boxed{FV}$ 20000 $\boxed{\pm}$ $\boxed{PV}$ 7 $\boxed{I/Y}$ 16 $\boxed{N}$ $\boxed{CPT}$ $\boxed{PMT}$ 1653.70

B. 1. $FV_n = 20\,000.00; i = 1.5\%; n = 60$

$$20\,000.00 = PMT\left[\frac{1.015^{60}-1}{0.015}\right]$$

$20\,000.00 = 96.214652\,PMT$

$PMT = \boxed{\$207.87}$

(Set P/Y, C/Y = 4) 0 $\boxed{PV}$ 20000 $\boxed{FV}$ 6 $\boxed{I/Y}$ 60 $\boxed{N}$ $\boxed{CPT}$ $\boxed{PMT}$ −207.87

3. $PV_n = 7500.00; i = 4.8\%; n = 20$

$$7500.00 = PMT\left[\frac{1-1.048^{-20}}{0.048}\right]$$

$7500.00 = 12.676284\,PMT$

$PMT = \boxed{\$591.66}$

(Set P/Y, C/Y = 2) 0 $\boxed{FV}$ 7500 $\boxed{\pm}$ $\boxed{PV}$ 9.6 $\boxed{I/Y}$ 20 $\boxed{N}$ $\boxed{CPT}$ $\boxed{PMT}$ 591.66

5. $FV_n = 11\,000.00; i = 1.0\%; n = 36$

$$11\,000.00 = PMT\left[\frac{1.01^{36}-1}{0.01}\right]$$

$11\,000.00 = 43.076878\,PMT$

$PMT = \boxed{\$255.36}$

(Set P/Y, C/Y = 4) 0 $\boxed{PV}$ 11000 $\boxed{FV}$ 4 $\boxed{I/Y}$ 36 $\boxed{N}$ $\boxed{CPT}$ $\boxed{PMT}$ −255.36

7. $FV_n = 3500.00; i = 0.9375\%; n = 28$

$$3500.00 = PMT\left[\frac{1.009375^{28} - 1}{0.009375}\right]$$

$3500.00 = 31.849338\, PMT$

$PMT = \boxed{\$109.89}$

(Set P/Y, C/Y = 4) 0 [PV] 3500 [FV] 3.75 [I/Y] 28 [N] [CPT] [PMT] −109.89

9. $PV_n = 7200.00; i = 1.625\%; n = 12$

$$7200.00 = PMT\left[\frac{1 - 1.01625^{-12}}{0.01625}\right]$$

$7200.00 = 10.823053\, PMT$

$PMT = \boxed{\$665.25}$

(Set P/Y, C/Y = 4) 0 [FV] 7200 [±] [PV] 6.5 [I/Y] 12 [N] [CPT] [PMT] 665.25

11. Amount financed: $\$16\,500.00 - 2000.00 = \$14\,500.00$

$PV_n = 14\,500.00; i = 0.625\%; n = 60$

$$14\,500.00 = PMT\left[\frac{1 - 1.00625^{-60}}{0.00625}\right]$$

$14\,500.00 = 49.905308\, PMT$

$PMT = \boxed{\$290.55}$

(Set P/Y, C/Y = 12) 0 [FV] 14500 [±] [PV] 7.5 [I/Y] 60 [N] [CPT] [PMT] 290.55

13. Amount financed: $\$50\,000.00 - (0.2)50\,000.00 = \$50\,000.00 - 10\,000.00 = \$40\,000.00$

$PV_n = 40\,000.00; i = 2.5\%; n = 100$

$$40\,000.00 = PMT\left[\frac{1 - 1.025^{-100}}{0.025}\right]$$

$40\,000.00 = 36.614105\, PMT$

$PMT = \boxed{\$1092.48}$

(Set P/Y, C/Y = 4) 0 [FV] 40000 [±] [PV] 10 [I/Y] 100 [N] [CPT] [PMT] 1092.48

15. Amount after 15 years:

    PMT = 1200.00; $i = 3.75\%$; $n = 30$

    $$FV_n = 1200.00 \left[\frac{1.0375^{30} - 1}{0.0375} \right]$$

    $= 1200.00(53.799237)$

    $= \boxed{\$64\,559.08}$

    (Set P/Y, C/Y = 2) 0 PV 1200 ± PMT 7.5 I/Y 30 N CPT FV 64 559.08

    RRIF withdrawals:

    $PV_n = 64\,559.08$; $i = 3.75\%$; $n = 40$

    $$64\,559.08 = PMT \left[\frac{1 - 1.0375^{-40}}{0.0375} \right]$$

    $64\,559.08 = 20.550990\, PMT$

    PMT = $3141.41

    (Set P/Y, C/Y = 2) 0 FV 64 559.08 ± PV 7.5 I/Y 40 N CPT PMT 3141.41

17. Amount after 18 years:

    PV = 300.00; $i = 0.75\%$; $n = 72$

    $$FV = 2000.00 \left[\frac{1.0075^{72} - 1}{0.0075} \right] = 200.00(95.007028) = \$19\,001.41$$

    (Set P/Y, C/Y = 4) 0 PV 200 ± PMT 3 I/Y 72 N CPT FV 19 001.41

    Monthly payments received:

    PV = 19 001.41; $i = 0.325\%$; $n = 48$

    $$19\,001.41 = PMT \left[\frac{1 - 1.00325^{-48}}{0.00325} \right] = 44.376728\, PMT$$

    PMT = $\boxed{\$428.18}$

    (Set P/Y, C/Y = 12) 0 FV 19 001.41 ± PV 3.9 I/Y 48 N CPT PMT 428.18

19. Amount after 14 years:

    $PV = 1500.00; i = 1.4\%; n = 28$

    $FV = 1500.00 \left[\dfrac{1.014^{28} - 1}{0.014} \right] = 1500.00\,(33.994267) = \$50\,991.40$

    (Set P/Y, C/Y = 2) 0 $\boxed{PV}$ 1500 $\boxed{\pm}$ $\boxed{PMT}$ 2.8 $\boxed{I/Y}$ 28 $\boxed{N}$ $\boxed{CPT}$ $\boxed{FV}$ 50 991.40

    Size of each withdrawal:

    $PV = 50\,991.40; i = 1.4\%; n = 40$

    $50\,991.40 = PMT \left[\dfrac{1 - 1.014^{-40}}{0.014} \right] = 30.469155\,PMT$

    $PMT = \boxed{\$1673.54}$

    (Set P/Y, C/Y = 2) 0 $\boxed{FV}$ 50 991.40 $\boxed{\pm}$ $\boxed{PV}$ 2.8 $\boxed{I/Y}$ 40 $\boxed{N}$ $\boxed{CPT}$ $\boxed{PMT}$ 1673.54

Exercise 11.5

A. 1. $FV_n = 20\,000.00; PMT = 800.00; i = 7.5\%$

$$20\,000.00 = 800.00 \left[\dfrac{1.075^n - 1}{0.075} \right]$$

$$25.00 = \dfrac{1.075^n - 1}{0.075}$$

$$1.875 = 1.075^n - 1$$

$$1.075^n = 2.875$$

$$n \ln 1.075 = \ln 2.875$$

$$0.072321 n = 1.056053$$

$$n = 14.602365 \text{ years}$$

$$n = \boxed{14 \text{ years, 8 months}}$$

(Set P/Y, C/Y = 1) 0 $\boxed{PV}$ 800 $\boxed{\pm}$ $\boxed{PMT}$ 20 000 $\boxed{FV}$ 7.5 $\boxed{I/Y}$ $\boxed{CPT}$ $\boxed{N}$ 14.602365

3. $PV_n = 14\,500.00; PMT = 190.00; i = 0.4375\%$

$$14\,500.00 = 190.00\left[\frac{1-1.004375^{-n}}{0.004375}\right]$$

$$76.315789 = \frac{1-1.004375^{-n}}{0.004375}$$

$$0.333882 = 1-1.004375^{-n}$$

$$1.004375^{-n} = 0.666118$$

$$-n\ln 1.004375 = \ln 0.666118$$

$$0.004365n = -0.406288$$

$$n = 93.068782 \text{ months}$$

$$n = \boxed{7 \text{ years, 10 months}}$$

(Set P/Y, C/Y = 12) 0 [FV] 14 500 [±][PV] 190 [PMT] 5.25 [I/Y] [CPT] [N] 93.068782

5. $FV_n = 3600.00; PMT = 175.00; i = 3.7\%$

$$3600.00 = 175.00\left[\frac{1.037^n - 1}{0.037}\right]$$

$$20.571429 = \frac{1.037^{-n} - 1}{0.037}$$

$$0.761143 = 1.037^n - 1$$

$$1.037^n = 1.761143$$

$$n\ln 1.037 = \ln 1.761143$$

$$0.036332n = 0.565963$$

$$n = 15.577564 \text{ half years}$$

$$n = \boxed{8 \text{ years}}$$

(Set P/Y, C/Y = 2) 0 [PV] 175 [±][PMT] 3600 [FV] 7.4 [I/Y] [CPT] [N] 15.577564

7. $PV_n = 21\,400.00; PMT = 1660.00; i = 2.25\%$

$$21\,400.00 = 1660.00\left[\frac{1-1.0225^{-n}}{0.0225}\right]$$

$$12.891566 = \frac{1-1.0225^{-n}}{0.0225}$$

$$0.290060 = 1-1.0225^{-n}$$

$$1.0225^{-n} = 0.709940$$

$$-n\ln 1.0225 = \ln 0.709940$$

$$-0.022251n = -0.342575$$

$$n = 15.396215 \text{ semi-annual periods}$$

$$n = \boxed{8 \text{ years}}$$

(Set P/Y, C/Y = 2) 0 FV 21400 ± PV 1660 PMT 4.5 I/Y CPT N 15.396215

9. $FV_n = 7200.00; PMT = 90.00; i = 0.3125\%$

$$7200.00 = 90.00\left[\frac{1.003125^n - 1}{0.003125}\right]$$

$$80.0 = \frac{1.003125^n - 1}{0.003125}$$

$$0.25 = 1.003125^n - 1$$

$$1.003125^n = 1.25$$

$$n\ln 1.003125 = \ln 1.25$$

$$0.003120n = 0.223144$$

$$n = 71.517450 \text{ months}$$

$$n = \boxed{6 \text{ years}}$$

(Set P/Y, C/Y = 12) 0 PV 90 ± PMT 7200 FV 3.75 I/Y CPT N 71.517450

B. 1. $FV_n = 4500.00; PMT = 50.00; i = 0.50\%$

$$4500.00 = 50.00\left[\frac{1.005^n - 1}{0.005}\right]$$

$$90.00 = \frac{1.005^n - 1}{0.005}$$

$$1.005^n = 1.45$$

$$n \ln 1.005 = \ln 1.45$$

$$0.004987n = 0.371564$$

$$n = 74.498339 \text{ months}$$

$$n = \boxed{75 \text{ months}}$$

(Set P/Y, C/Y = 12) 0 PV 4500 FV 50 ± PMT 6 I/Y CPT N 74.498339

3. $FV_n = 20\,000.00; PMT = 0; i = 3.25\%; n = 8$

$PV = 20\,000.00(1.0325)^{-8} = 15484.9395$

$FV_n = 15\,484.9395; PMT = 646.56; i = 3.25\%$

$$15484.9395 = 646.56\left[\frac{1.0325^n - 1}{0.0325}\right]$$

$$23.949733 = \frac{1.0325^n - 1}{0.0325}$$

$$1.0325^n = 1.778366$$

$$n \ln 1.0325 = \ln 1.778366$$

$$0.031983n = 0.575670$$

$$n = 18.000010 \text{ semi-annual periods}$$

The number of deposits is $\boxed{18.}$

(Set P/Y, C/Y = 2) 20 000 FV 0 PMT 6.5 I/Y 8 N CPT PV 15484.9395
(Set P/Y, C/Y = 2) 0 PV 15484.9395 FV 646.56 ± PMT 6.5 I/Y CPT N 18.000010

5. PMT = 96.00; FV = 3600.00; $i = 0.3\%$

$$3600 = 96.00 \left[\frac{1.003^n - 1}{0.003} \right]$$

$$37.5 = \left[\frac{1.003^n - 1}{0.003} \right]$$

$$0.1125 = 1.003^n - 1$$

$$1.1125 = 1.003^n$$

$$n\ln 1.003 = \ln 1.1125$$

$$0.0029955n = 0.10661$$

$$n = 35.584918$$

It will take $\boxed{3 \text{ years.}}$

(Set P/Y, C/Y = 12) 0 $\boxed{\text{PV}}$ 96 $\boxed{\pm}$ $\boxed{\text{PMT}}$ 3600 $\boxed{\text{FV}}$ 3.6 $\boxed{\text{I/Y}}$ $\boxed{\text{CPT}}$ $\boxed{\text{N}}$ 35.584918

7. $PV_n = 8000.00$; PMT = 300.00; $i = 0.\dot{3}\%$

$$8000.00 = 300.00 \left[\frac{1.100\dot{3}^{-n}}{0.00\dot{3}} \right]$$

$$26.\dot{6} = \left[\frac{1. - 1.00\dot{3}^{-n}}{0.00\dot{3}} \right]$$

$$1.00\dot{3}^{-n} = 0.9\dot{1}$$

$$-n\ln 1.00\dot{3} = \ln 0.9\dot{1}$$

$$-0.003328n = -0.093090$$

$$n = 27.973646 \text{ months}$$

It will take $\boxed{2 \text{ years, 4 months.}}$

(Set P/Y, C/Y = 12) 0 $\boxed{\text{FV}}$ 8000 $\boxed{\pm}$ $\boxed{\text{PV}}$ 300 $\boxed{\text{PMT}}$ 4 $\boxed{\text{I/Y}}$ $\boxed{\text{CPT}}$ $\boxed{\text{N}}$ 27.973646

9. $\quad PV_n = 12\,000.00; PMT = 292.96; i = 0.6\%$

$$12\,000.00 = 292.96\left[\frac{1-1.00\dot{6}^{-n}}{0.00\dot{6}}\right]$$

$$40.961223 = \left[\frac{1.-1.00\dot{6}^{-n}}{0.00\dot{6}}\right]$$

$$1.00\dot{6}^{-n} = 0.726925$$

$$-n\ln 1.00\dot{6} = \ln 0.726925$$

$$-0.006645n = -0.318932$$

$$n = 47.999048 \text{ months}$$

It will take $\boxed{4 \text{ years.}}$

(Set P/Y, C/Y = 12)0 $\boxed{FV}$ 12 000 $\boxed{\pm}$ $\boxed{PV}$ 292.96 $\boxed{PMT}$ 8 $\boxed{I/Y}$ $\boxed{CPT}$ $\boxed{N}$ 47.999048

11. $PV_n = 12\,000.00; PMT = 1100.00; i = 1.95\%$

(Set P/Y, C/Y = 2)0 $\boxed{FV}$ 12000 $\boxed{\pm}$ $\boxed{PV}$ 1100 $\boxed{PMT}$ 3.9 $\boxed{I/Y}$ $\boxed{CPT}$ $\boxed{N}$ 12.384875

It will take $\boxed{6 \text{ years, 6 months.}}$

13. $PV_n = 5741.00; PMT = 650.00; i = 0.4291\dot{6}\%$

(Set P/Y, C/Y = 12)0 $\boxed{FV}$ 5741 $\boxed{\pm}$ $\boxed{PV}$ 650 $\boxed{PMT}$ 5.15 $\boxed{I/Y}$ $\boxed{CPT}$ $\boxed{N}$ 9.023365

It will take $\boxed{10 \text{ months.}}$

Exercise 11.6

A. 1. $FV_n = 9000.00; PMT = 230.47; n = 32$

(Set P/Y, C/Y = 4)0 $\boxed{PV}$ 9000 $\boxed{FV}$ 230.47 $\boxed{\pm}$ $\boxed{PMT}$ 32 $\boxed{N}$ $\boxed{CPT}$ $\boxed{I/Y}$ 5.0001

Nominal rate is $\boxed{5.0001\% \text{ compounded quarterly.}}$

3. $PV_n = 7400.00$; $PMT = 119.06$; $n = 84$

(Set P/Y, C/Y = 12)0 [FV] 7400 [±] [PV] 119.06 [PMT] 84 [N] [CPT] [I/Y] 9.0002

Nominal rate is $\boxed{9.0002\% \text{ compounded monthly.}}$

5. $FV_n = 70\,000.00$; $PMT = 1014.73$; $n = 25$

(Set P/Y, C/Y = 1)0 [PV] 70000 [FV] 1014.73 [±] [PMT] 25 [N] [CPT] [I/Y] 7.6013

Nominal rate is $\boxed{7.6013\% \text{ compounded annually.}}$

7. $PV_n = 28\,700.00$; $PMT = 2015.00$; $n = 30$

(Set P/Y, C/Y = 2)0 [FV] 28700 [±] [PV] 2015 [PMT] 30 [N] [CPT] [I/Y] 11.3679

Nominal rate is $\boxed{11.3679\% \text{ compounded semi-annually.}}$

B. 1. $FV_n = 12\,239.76$; $PMT = 350.00$; $n = 24$

(Set P/Y, C/Y = 4)0 [PV] 12239.76 [FV] 350 [±] [PMT] 24 [N] [CPT] [I/Y] 12.5000

Nominal rate is $\boxed{12.5\% \text{ compounded quarterly.}}$

3. $FV_n = 35\,000.00$; $PMT = 250.00$; $n = 120$

(Set P/Y, C/Y = 12)0 [PV] 35000 [FV] 250 [±] [PMT] 120 [N] [CPT] [I/Y] 3.0356

Nominal rate is $\boxed{3.0356\% \text{ compounded monthly.}}$

5. $PV_n = 6000.00$; $PMT = 144.23$; $n = 48$

(Set P/Y, C/Y = 12)0 [FV] 6000 [±] [PV] 144.23 [PMT] 48 [N] [CPT] [I/Y] 7.1983

Nominal rate is $\boxed{7.1983\% \text{ compounded monthly.}}$

7. $PV_n = 21\,500.00$; $PMT = 1000.00$; $n = 28$

(Set P/Y, C/Y = 4)0 [FV] 21500 [±] [PV] 1000 [PMT] 28 [N] [CPT] [I/Y] 7.6850

Nominal rate is $\boxed{7.685\% \text{ compounded quarterly.}}$

9. Amount financed: $50\,000.00 - (0.20)50\,000.00 - 50\,000.00 - 10\,000.00 = \$40\,000.00$

   $PV_n = 40\,000.00$; $PMT = 1000.00$; $n = 100$

   (Set P/Y, C/Y = 4) 0 [FV] 40000 [±] [PV] 1000 [PMT] 100 [N] [CPT] [I/Y] 8.8899

   Nominal rate is $\boxed{8.8899\% \text{ compounded quarterly.}}$

Review Exercise

1. (a) $PMT = 360.00$; $i = 1.75\%$; $n = 48$

   $$FV_n = 360.00\left[\frac{1.0175^{48} - 1}{0.0175}\right] = 360.00(74.262784) = \boxed{\$26\,734.60}$$

   (b) Amount deposited $= 48(360.00) = \boxed{\$17\,280.00}$

   (c) Interest $= 26\,734.60 - 17\,280.00 = \boxed{\$9454.60}$

   (Set P/Y, C/Y = 4) 0 [PV] 360 [±] [PMT] 7 [I/Y] 48 [N] [CPT] [FV] 26 734.60

3. $PMT = 320.00$; $i = 2\%$; $n = 20$

   $$PV_n = 320.00\left[\frac{1 - 1.02^{-20}}{0.02}\right] = 320.00(16.351433) = \boxed{\$5232.46}$$

   (Set P/Y, C/Y = 4) 0 [FV] 320 [±] [PMT] 8 [I/Y] 20 [N] [CPT] [PV] 5232.46

5. $FV_n = 10\,000.00$; $PMT = 300.00$; $i = 2.25\%$

$$10\,000.00 = 300.00\left[\frac{1.0225^n - 1}{0.0225}\right]$$

$$33.\dot{3} = \frac{1.0225^n - 1}{0.0225}$$

$$1.0255^n = 1.75$$

$n \ln 1.0225 = \ln 1.75$

$0.022251n = 0.559616$

$\quad n = 25.150583$ semi-annual periods

$\quad n = \boxed{13 \text{ years}}$

(Set P/Y, C/Y = 2)0 PV 300 ± PMT 10000 FV 4.5 I/Y CPT N 25.150583

7. $FV = 10\,000.00$; $i = 2.4\%$; $n = 5$

$$10\,000 = PMT\left[\frac{1.024^5 - 1}{0.024}\right]$$

$240 = PMT(1.024^5 - 1) = PMT(0.1259)$

$PMT = \boxed{\$1906.28}$

(Set P/Y, C/Y = 2)0 PV 5 N 10000 FV 4.8 I/Y CPT PMT −1906.28

9. At the end of four years:

$PMT = 1500.00$; $i = 2.13\%$; $n = 8$

$$FV = 1500.00\left[\frac{1.0213^8 - 1}{0.0213}\right] = 1500(8.622495) = \$12\,933.74$$

Six years after last payment:

$P = 12\,933.74$; $i = 2.13\%$; $n = 12$

$FV = 12\,933.74(1.0213)^{12} = 12\,933.74(1.287775) = \boxed{\$16\,655.75}$

(Set P/Y, C/Y = 2)0 PV 1500 ± PMT 4.26 I/Y 8 N CPT FV 12933.74
(Set P/Y, C/Y = 2)0 PMT 12933.74 ± PV 4.26 I/Y 12 N CPT FV 16655.75

11. $PV_n = 11\,500.00$; $PMT = 1450.00$; $i = 5.25\%$

$$11\,500.00 = 1450.00\left[\frac{1-1.0525^{-n}}{0.0525}\right]$$

$$7.931034 = \frac{1-1.0525^{-n}}{0.0525}$$

$$1.0525^{-n} = 0.583621$$

$$-n\ln 1.0525 = \ln 0.583621$$

$$-0.051168n = -0.053850$$

$$n = 10.524175 \text{ half-years}$$

The term of the contract is 5 years, 6 months.

(Set P/Y, C/Y = 2)0 FV 11500 ± PV 1450 PMT 10.5 I/Y CPT N 10.524175

13. $PV_n = 5600.00$; $PMT = 121.85$; $n = 54$

(Set P/Y, C/Y = 12)0 FV 5600 ± PV 121.85 PMT 54 N CPT I/Y 7.2505

Nominal rate is 7.2505% compounded monthly.

15. Amount needed at retirement:

$PMT = 500.00$; $i = 0.5\%$; $n = 240$

$$PV_n = 500.00\left[\frac{1-1.005^{-240}}{0.005}\right] = 500.00(139.580772) = \$69\,790.39$$

Amount needed 12 years earlier:

$FV = 69\,790.39$; $i = 0.5\%$; $n = 144$

$PV = 69\,790.39(1.005^{-144}) = 69\,790.39(0.487626) = \$34\,031.63$

(Set P/Y, C/Y = 12)0 FV 500 ± PMT 6 I/Y 240 N CPT PV 69 790.39
(Set P/Y, C/Y = 12)0 PMT 69 790.39 FV 6 I/Y 144 N CPT PV −34 031.63

17. At the end of four years:

$PV = 10\,000.00$; $i = 1.75\%$; $n = 8$

$FV = 10\,000.00(1.0175)^8 = 10\,000(1.148882) = \$11\,488.82$

Annuity term:

$PV = 11\,488.82;\, PMT = 932.00;\, i = 1.75\%$

$$11\,488.82 = 932.00\left[\frac{1-1.0175^{-n}}{0.0175}\right]$$

$$12.327060 = \left[\frac{1-1.0175^{-n}}{0.0175}\right]$$

$0.215724 = 1 - 1.0175^{-n}$

$1.0175^{-n} = 1 - 0.215724 = 0.784276$

$-n \ln 1.0175 = \ln 0.784276$

$-0.017349n = -0.242994$

$n = 14.00624127$ (half-years)

$n = \boxed{7 \text{ years.}}$

(Set P/Y, C/Y = 2) 0 PMT 10000 ± PV 3.5 I/Y 8 N CPT FV 11488.82
(Set P/Y, C/Y = 2) 11488.82 PV 932 ± PMT 0 FV 3.5 I/Y CPT N 14.00624127

19. $PMT = 2750.00;\, n = 6;\, i = 6.82\%$

$$PV = 2750.00\left[\frac{1-1.0682^{-6}}{0.0682}\right] = 2750(4.793142) = \boxed{\$13\,181.14}$$

(Set P/Y, C/Y = 1) 0 FV 2750 ± PMT 6.82 I/Y 6 N CPT PV 13181.14

Self-Test

1. $PMT = 2400.00;\, i = 1.375\%;\, n = 32$

$$PV_n = 2400.00\left[\frac{1-1.01375^{-32}}{0.01375}\right] = 2400.00(25.747647) = \$61\,794.35$$

$FV = 61\,794.35;\, i = 1.375\%;\, n = 40$

$PV = 61794.35(1.01375)^{-40} = 61794.35(0.579116) = \boxed{\$35\,786.08}$

(Set P/Y, C/Y = 4) 0 FV 2400 ± PMT 5.5 I/Y 32 N CPT PV 61794.35
(Set P/Y, C/Y = 4) 0 PMT 61794.35 FV 5.5 I/Y 40 N CPT PV −35786.08

3. $PV_n = 48\,000.00$; $PMT = 4000.00$; $n = 20$

    (Set P/Y, C/Y = 2) 0 [FV] 48000 [±] [PV] 4000 [PMT] 20 [N] [CPT] [I/Y] 10.9002

    Nominal rate is $\boxed{10.9002\%\ \text{compounded semi-annually.}}$

5. $PMT = 574.00$; $i = 0.005$; $n = 72$

    After 6 years:

    $$FV = 574.00\left[\frac{1.005^{72}-1}{0.005}\right] = 574(86.408856) = \$49\,598.68$$

    Term of the annuity:

    $PV = 49\,598.68$; $PMT = 3600.00$; $i = 0.01475$

    $$49\,598.68 = 3600.00\left[\frac{1-1.01475^{-n}}{0.01475}\right]$$

    $$13.777411 = \left[\frac{1-1.01475^{-n}}{0.01475}\right]$$

    $$0.203217 = 1-1.01475^{-n}$$
    $$1.01475^{-n} = 0.796783$$
    $$-n\ln 1.01475 = \ln 0.796783$$
    $$-0.014642n = -0.227173$$
    $$n = 15.515156\ \text{(quarters)}$$

    It will take $\boxed{47\ \text{months.}}$

    (Set P/Y, C/Y = 12) 574 [±] [PMT] 0 [PV] 6 [I/Y] 72 [N] [CPT] [FV] 49 598.68
    (Set P/Y, C/Y = 4) 49 598.68 [PV] 3600 [±] [PMT] 0 [FV] 5.9 [I/Y] [CPT] [N] 15.515156

7. Accumulated value of the deposits for first five years:

    $PMT = 540.00$; $i = 1.25\%$; $n = 20$

    $$FV_n = 540.00\left[\frac{1.0125^{20}-1}{0.0125}\right] = 540.00(22.562979) = \$12\,184.00841$$

    $PV = 12\,184.00841$; $i = 1.375\%$; $n = 32$

    $$FV = 12184.00841(1.01375)^{32} = 12184.00841(1.548060) = \$18\,861.5744$$

    Accumulated value of the deposits for remaining eight years:

PMT = 540.00; $i = 1.375\%$; $n = 32$

$$FV_n = 540.00\left[\frac{1.01375^{32}-1}{0.01375}\right] = 540.00(39.858899) = \$21\,523.80557$$

Balance = 18 861.5744 + 21 523.80557 = $\boxed{\$40\,385.38}$

(Set P/Y, C/Y = 4) 0 $\boxed{PV}$ 540 $\boxed{\pm}$ $\boxed{PMT}$ 5 $\boxed{I/Y}$ 20 $\boxed{N}$ $\boxed{CPT}$ $\boxed{FV}$ 12184.00841
(Set P/Y, C/Y = 4) 0 $\boxed{PMT}$ 12184.00841 $\boxed{\pm}$ $\boxed{PV}$ 5.5 $\boxed{I/Y}$ 32 $\boxed{N}$ $\boxed{CPT}$ $\boxed{FV}$ 18861.5744
(Set P/Y, C/Y = 4) 0 $\boxed{PV}$ 540 $\boxed{\pm}$ $\boxed{PMT}$ 5.5 $\boxed{I/Y}$ 32 $\boxed{N}$ $\boxed{CPT}$ $\boxed{FV}$ 21523.80557

9. $FV_n = 67\,200.00$; $i = 3.25\%$; $n = 16$

$$67\,200.00 = PMT\left[\frac{1.0325^{16}-1}{0.0325}\right]$$

67 200.00 = 20.559155 PMT

PMT = $\boxed{\$3268.62}$

(Set P/Y, C/Y = 2) 0 $\boxed{PV}$ 67 200 $\boxed{FV}$ 16 $\boxed{N}$ 6.5 $\boxed{I/Y}$ $\boxed{CPT}$ $\boxed{PMT}$ −3268.62

Chapter 12 Ordinary General Annuities

Exercise 12.1

A. 1.   PMT = 2500.00; $i = 2\%$; $n = 14$; $c = 2$

$$p = (1+i)^c - 1 = 1.02^2 - 1 = 1.0404 - 1 = 0.0404 = 4.04\%$$

$$FV = 2500.00 \left[\frac{1.0404^{14} - 1}{0.0404} \right] = 2500.00(18.342183) = \boxed{\$45\,855.46}$$

(Set P/Y = 2; C/Y = 4) 0 |PV| 2500 |±| |PMT| 8 |I/Y| 14 |N| |CPT| |FV| 45 855.46

3.   PMT = 72.00; $i = 1.5\%$; $n = 180$; $c = \dfrac{2}{12} = \dfrac{1}{6}$

$$p = (1.015)^{\frac{1}{6}} - 1 = 1.002485 - 1 = 0.002485 = 0.2485\%$$

$$FV = 72.00 \left[\frac{1.002485^{180} - 1}{0.002485} \right] = 72.00(226.635713) = \boxed{\$16\,317.77}$$

(Set P/Y = 12; C/Y = 2) 0 |PV| 72 |±| |PMT| 3 |I/Y| 180 |N| |CPT| |FV| 16 317.77

5.   PMT = 1750.00; $i = 7.0\%$; $n = 24$; $c = 1/2$

$$p = (1.07)^{\frac{1}{2}} - 1 = 1.034408 - 1 = 0.034408 = 3.4408\%$$

$$FV = 1750.00 \left[\frac{1.034408^{24} - 1}{0.034408} \right] = 1750.00(36.392409) = \boxed{\$63\,686.72}$$

(Set P/Y = 2; C/Y = 1) 0 |PV| 1750 |±| |PMT| 7 |I/Y| 24 |N| |CPT| |FV| 63 686.72

7.   PMT = 7500.00; $i = 1.5\%$; $n = 4$; $c = 4$

$$p = 1.015^4 - 1 = 1.061364 - 1 = 0.061364 = 6.1364\%$$

$$FV = 7500.00 \left[\frac{1.061364^4 - 1}{0.061364} \right] = 7500.00(4.383475) = \boxed{\$32\,876.06}$$

(Set P/Y = 1; C/Y = 4) 0 |PV| 7500 |±| |PMT| 6 |I/Y| 4 |N| |CPT| |FV| 32 876.06

B. 1. PMT = 300.00; $i = 0.3416\%$; $n = 12$; $c = \dfrac{12}{4} = 3$

$p = 1.0.003416^3 - 1 = 1.010285 - 1 = 1.0285\%$

$FV = 300.00\left[\dfrac{1.010285^{12} - 1}{0.010285}\right] = 300(12.702629) = \boxed{\$3810.79}$

(Set P/Y = 4; C/Y = 12) 0 PV 300 ± PMT 4.1 I/Y 12 N CPT FV 3810.79

3. PMT = 25.00; $i = 1.25\%$; $n = 120$; $c = \dfrac{4}{12} = 0.\dot{3}$

$p = 1.025^{0.3} - 1 = 1.008264838 - 1 = 0.8264838\%$

$FV = 25.00\left[\dfrac{1.008264838^{120} - 1}{0.008264838}\right] = 25(203.8834837) = \boxed{\$5097.09}$

(Set P/Y = 12; C/Y = 4) 0 PV −15 ± PMT 120 N 5 I/Y CPT FV 2326.66

5. (a) PMT = 1000.00; $i = 1.5\%$; $n = 10$; $c = \dfrac{4}{1} = 4$

$p = 1.015^4 - 1 = 1.061364 - 1 = 6.1364\%$

$FV = 1000.00\left[\dfrac{1.061364^{10} - 1}{0.061364}\right] = 1000.00(13.265507) = \boxed{\$13\,265.50}$

(Set P/Y = 1; C/Y = 4) 0 PV 1000 ± PMT 6 I/Y 10 N CPT FV 13 265.50

(b) Interest = 13 265.50 − 10(1000.00) = 13 265.50 − 10 000.00 = $\boxed{\$3265.50}$

7. Amount after ten years:

PMT = 500.00; $i = 2.25\%$; $n = 40$; $c = \dfrac{2}{4} = \dfrac{1}{2}$

$p = 1.0225^{\frac{1}{2}} - 1 = 1.011187 - 1 = 1.1187\%$

$FV = 500.00\left[\dfrac{1.011187^{40} - 1}{0.011187}\right] = 500.00(50.101714) = \$25\,050.86786$

Amount five years later:

PV = 25 050.86786; $i = 2.25\%$; $n = 10$

$FV = 25\,050.86786\left(1.0225^{10}\right) = 25\,050.86786(1.249203) = \boxed{\$31\,293.63}$

(Set P/Y = 4; C/Y = 2) 0 PV 500 ± PMT 4.5 I/Y 40 N CPT FV 25 050.86786

(Set P/Y = 2; C/Y = 2) 0 PMT 25 050.86786 ± PV 4.5 I/Y 10 N CPT FV 31 293.63

214 CHAPTER 12

9. PMT = 30.00; $i = 0.4308\%$; $n = 208$; $c = \dfrac{12}{52} = \dfrac{3}{13}$

$$p = 1.004308^{\frac{3}{13}} - 1 = 1.000993 - 1 = 0.0993\%$$

$$FV = 30.00 \left[\dfrac{1.000993^{208} - 1}{0.000993} \right] = 30.00(230.902037) = \boxed{\$6927.06}$$

(Set P/Y = 52; C/Y = 12) 0 [PV] 30 [±] [PMT] 5.17 [I/Y] 208 [N] [CPT] [FV] 6927.06

Exercise 12.2

A. 1. PMT = 1400.00; $i = 0.5\%$; $n = 48$; $c = \dfrac{12}{4} = 3$

$$p = 1.005^3 - 1 = 1.015075 - 1 = 0.015075 = 1.5075\%$$

$$PV = PMT \left[\dfrac{1 - (1+p)^{-n}}{p} \right]$$

$$= 1400.00 \left[\dfrac{1 - 1.015075^{-48}}{0.015075} \right] = 1400.00(33.988043) = \boxed{\$47\,583.23}$$

(Set P/Y = 4; C/Y = 12) 0 [FV] 1400 [±] [PMT] 6 [I/Y] 48 [N] [CPT] [PV] 47 583.23

3. PMT = 3000.00; $i = 6\%$; $n = 16$; $c = \dfrac{1}{4}$

$$p = 1.06^{\frac{1}{4}} - 1 = 1.014674 - 1 = 0.014674 = 1.4674\%$$

$$PV = 3000.00 \left[\dfrac{1 - 1.014674^{-16}}{0.01474} \right] = 3000.00(14.168496) = \boxed{\$42\,505.49}$$

(Set P/Y = 4; C/Y = 1) 0 [FV] 3000 [±] [PMT] 6 [I/Y] 16 [N] [CPT] [PV] 42 505.49

5. PMT = 95.00; $i = 4.5\%$; $n = 60$; $c = \dfrac{1}{12}$

$$p = 1.045^{\frac{1}{12}} - 1 = 1.003675 - 1 = 0.003675 = 0.3675\%$$

$$PV = 95.00 \left[\dfrac{1 - 1.003675^{-60}}{0.003675} \right] = 95.00(53.757605) = \boxed{\$5106.97}$$

(Set P/Y = 12; C/Y = 1) 0 [FV] 95 [±] [PMT] 4.5 [I/Y] 60 [N] [CPT] [PV] 5106.97

7. $\text{PMT} = 1890.00; i = 1.75\%; n = 30; c = \dfrac{4}{2} = 2$

$p = 1.0175^2 - 1 = 1.035306 - 1 = 0.035306 = 3.5306\%$

$\text{PV} = 1890.00\left[\dfrac{1 - 1.035306^{-30}}{0.035306}\right] = 1890.00(18.321678) = \boxed{\$34\,627.97}$

(Set P/Y = 2; C/Y = 4) 0 $\boxed{\text{FV}}$ 1890 $\boxed{\pm}$ $\boxed{\text{PMT}}$ 7 $\boxed{\text{I/Y}}$ 30 $\boxed{\text{N}}$ $\boxed{\text{CPT}}$ $\boxed{\text{PV}}$ 34 627.97

B. 1. $\text{PMT} = 250.00; i = 0.25\%; n = 48; c = \dfrac{12}{4} = 3$

$p = 1.0025^3 - 1 = 1.007519 - 1 = 0.7519\%$

$\text{PV} = 250.00\left[\dfrac{1 - 1.007519^{-48}}{0.007519}\right] = 250.00(40.167488) = \boxed{\$10\,041.88}$

(Set P/Y = 4; C/Y = 12) 0 $\boxed{\text{FV}}$ 250 $\boxed{\pm}$ $\boxed{\text{PMT}}$ 3 $\boxed{\text{I/Y}}$ 48 $\boxed{\text{N}}$ $\boxed{\text{CPT}}$ $\boxed{\text{PV}}$ 10 041.88

3. $\text{PMT} = 825.00; i = 3.5\%; n = 64; c = \dfrac{2}{4} = \dfrac{1}{2}$

$p = 1.035^{\frac{1}{2}} - 1 = 1.017350 - 1 = 1.7350\%$

$\text{PV} = 825.00\left[\dfrac{1 - 1.017350^{-64}}{0.017350}\right] = 825.00(38.468564) = \boxed{\$31\,736.57}$

(Set P/Y = 4; C/Y = 2) 0 $\boxed{\text{FV}}$ 825 $\boxed{\pm}$ $\boxed{\text{PMT}}$ 7 $\boxed{\text{I/Y}}$ 64 $\boxed{\text{N}}$ $\boxed{\text{CPT}}$ $\boxed{\text{PV}}$ 31 736.57

5. (a) $\text{PMT} = 2500.00; i = 0.5\%; n = 12; c = \dfrac{12}{2} = 6$

$p = 1.005^6 - 1 = 1.030378 - 1 = 3.0378\%$

$\text{PV} = 2500.00\left[\dfrac{1 - 1.030378^{-12}}{0.030378}\right] = 2500.00(9.931610) = \$24\,829.02$

Purchase price = 24 829.02 + 5000.00 = $\boxed{\$29\,829.02}$

(Set P/Y = 2; C/Y = 12) 0 $\boxed{\text{FV}}$ 2500 $\boxed{\pm}$ $\boxed{\text{PMT}}$ 6 $\boxed{\text{I/Y}}$ 12 $\boxed{\text{N}}$ $\boxed{\text{CPT}}$ $\boxed{\text{PV}}$ 24 829.02

(b) Interest = 12(2500.00) − 24 829.02 = 30 000.00 − 24 829.02 = $\boxed{\$5170.98}$

216   CHAPTER 12

7. PMT = 715.59; $i = 2.8\%$; $n = 300$; $c = \dfrac{2}{12} = \dfrac{1}{6}$

   $p = 1.028^{\frac{1}{6}} - 1 = 1.004613 - 1 = 0.4613\%$

   $PV = 715.59 \left[\dfrac{1 - 1.004613^{-300}}{0.004613} \right] = 715.59(162.280939) = \boxed{\$116\,126.62}$

   (Set P/Y = 12; C/Y = 2) 0 [FV] 715.59 [±] [PMT] 5.6 [I/Y] 300 [N] [CPT] [PV] 116 126.62

9. PMT = 1800.00; $i = 0.383\%$; $n = 40$; $c = \dfrac{12}{2} = 6$

   $P = 1.00383^{6} - 1 = 1.023222 - 1 = 2.3222\%$

   $PV = 1800.00 \left[\dfrac{1 - 1.023222^{-40}}{0.023222} \right] = 1800(25.871130) = \boxed{\$46\,568.95}$

   (Set P/Y = 2; C/Y = 12) 0 [FV] 1800 [±] [PMT] 4.6 [I/Y] 40 [N] [CPT] [PV] 46 568.95

11. Amount now if quarterly payment are chosen:

   PMT = 145.00; $i = 1.975\%$; $n = 40$; $c = \dfrac{2}{4} = \dfrac{1}{2}$

   $p = 1.01975^{\frac{1}{2}} - 1 = 1.009827 - 1 = 0.9827\%$

   $PV = 145.00 \left[\dfrac{1 - 1.009827^{-40}}{0.009827} \right] = 145.00(32.942971) = \$4776.73$

   Comparing the two offers: $5000.00 - 4776.73 = 233.27$

   $\boxed{\text{The lump-sum cash offer is \$223.27 higher than the quarterly payments offer.}}$

   (Set P/Y = 4; C/Y = 2) 0 [FV] 145 [±] [PMT] 3.95 [I/Y] 40 [N] [CPT] [PV] 4776.73

Exercise 12.3

A. 1. FV = 15 000.00; $i = 5.5\%$; $n = 15$; $c = \dfrac{1}{2}$

   $p = 1.055^{0.5} - 1 = 1.027132 - 1 = 2.7132\%$

   $15\,000.00 = PMT \left[\dfrac{1.027132^{15} - 1}{0.027132} \right]$

   $15\,000.00 = 18.212764\,PMT$

   PMT = $\boxed{\$823.60}$

   (Set P/Y = 2; C/Y = 1) 0 [PV] 15 000 [FV] 5.5 [I/Y] 15 [N] [CPT] [PMT] −823.60

3. PV = 12 000.00; $i = 2.25\%$; $n = 15$; $c = 2$

    $p = 1.0225^2 - 1 = 1.045506 - 1 = 4.5506\%$

    $12\,000.00 = \text{PMT}\left[\dfrac{1 - 1.045506^{-15}}{0.045506}\right]$

    $12\,000.00 = 10.702264\,\text{PMT}$

    PMT = $\boxed{\$1121.26}$

    (Set P/Y = 1; C/Y = 2) 0 [FV] 12 000 [±] [PV] 4.5 [I/Y] 15 [N] [CPT] [PMT] 1121.26

5. FV = 8000.00; $i = 3.4\%$; $n = 24$; $c = \dfrac{2}{4} = \dfrac{1}{2}$

    $p = 1.034^{\frac{1}{2}} - 1 = 1.016858 - 1 = 1.6858\%$

    $8000.00 = \text{PMT}\left[\dfrac{1.016858^{24} - 1}{0.016858}\right]$

    $8000.00 = 29.282512\,\text{PMT}$

    PMT = $\boxed{\$273.20}$

    (Set P/Y = 4; C/Y = 2) 0 [PV] 8000 [FV] 6.8 [I/Y] 24 [N] [CPT] [PMT] −273.20

7. FV = 45 000.00; $i = 2.25\%$; $n = 20$; $c = \dfrac{4}{2} = 2$

    $p = 1.0225^2 - 1 = 1.045506 - 1 = 4.5506\%$

    $45\,000.00 = \text{PMT}\left[\dfrac{1.045506^{20} - 1}{0.045506}\right]$

    $45\,000.00 = 31.538282\,\text{PMT}$

    PMT = $\boxed{\$1426.84}$

    (Set P/Y = 2; C/Y = 4) 0 [PV] 45000 [FV] 9 [I/Y] 20 [N] [CPT] [PMT] −1426.84

9. FV = 20 000.00; $i = 3.5\%$; $n = 96$; $c = \dfrac{2}{12} = \dfrac{1}{6}$

    $p = 1.035^{\frac{1}{6}} - 1 = 1.005750 - 1 = 0.575\%$

    $20\,000.00 = \text{PMT}\left[\dfrac{1.00575^{96} - 1}{0.00575}\right]$

    $20\,000.00 = 127.648869\,\text{PMT}$

    PMT = $\boxed{\$156.68}$

    (Set P/Y = 12; C/Y = 2) 0 [PV] 20 000 [FV] 7 [I/Y] 96 [N] [CPT] [PMT] −156.68

B. 1. $FV = 12\,000.00; i = 0.5\%; n = 60; c = \dfrac{12}{4} = 3$

$p = 1.005^3 - 1 = 1.015075 - 1 = 1.5075\%$

$12\,000.00 = PMT\left[\dfrac{1.015075^{60} - 1}{0.015075}\right]$

$12\,000.00 = 96.456485\,PMT$

$PMT = \boxed{\$124.41}$

(Set P/Y = 4; C/Y = 12) 0 [PV] 12 000 [FV] 6 [I/Y] 60 [N] [CPT] [PMT] −124.41

3. $PV = 9500.00; i = 1.85\%; n = 16; c = \dfrac{4}{2} = 2$

$p = 1.0185^2 - 1 = 1.037342 - 1 = 3.7342\%$

$9500.00 = PMT\left[\dfrac{1 - 1.037342^{-16}}{0.037342}\right]$

$9500.00 = 11.884114\,PMT$

$PMT = \boxed{\$799.39}$

(Set P/Y = 2; C/Y = 4) 0 [FV] 9500 [±] [PV] 7.4 [I/Y] 16 [N] [CPT] [PMT] 799.39

5. $PV = 110\,000.00; i = 2.55\%; n = 216; c = \dfrac{2}{12} = 0.16$

$p = 1.0255^{0.16} - 1 = 1.004206 - 1 = 0.4206\%$

$110\,000.00 = PMT\left[\dfrac{1 - 1.004206^{-216}}{0.00420622}\right]$

$110\,000.00 = PMT(141.726376)$

$PMT = \boxed{\$776.11}$

(Set P/Y = 12; C/Y = 2) 110 000 [PV] 0 [FV] 5.1 [I/Y] 216 [N] [CPT] [PMT] −776.11

7. $FV = 20\,000.00; i = 3.5\%; n = 80; c = \dfrac{2}{4} = \dfrac{1}{2}$

$p = 1.035^{\frac{1}{2}} - 1 = 1.017350 - 1 = 1.7350\%$

$20\,000.00 = PMT\left[\dfrac{1.017350^{80} - 1}{0.017350}\right]$

$20\,000.00 = 170.567481\,PMT$

$PMT = \boxed{\$117.26}$

(Set P/Y = 4; C/Y = 2) 0 [PV] 20 000 [FV] 7 [I/Y] 80 [N] [CPT] [PMT] −117.26

9. $FV = 10\,000.28; i = 3.7\%; n = 180; c = \dfrac{1}{12} = 0.083$

$p = 1.037^{.083} - 1 = 1.003032 - 1 = 0.3032\%$

$10\,000.28 = PMT\left[\dfrac{1.003032^{180} - 1}{0.003032}\right]$

$10\,000.28 = PMT(238.949562)$

$PMT = \boxed{\$41.85}$

(Set P/Y = 12; C/Y = 1) 0 $\boxed{PV}$ 10 000.28 $\boxed{FV}$ 3.7 $\boxed{I/Y}$ 180 $\boxed{N}$ $\boxed{CPT}$ $\boxed{PMT}$ −41.85

Exercise 12.4

1. $FV = 20\,0000.00; PMT = 800.00; i = 3.75\%; c = \dfrac{2}{1} = 2$

$p = 1.0375^2 - 1 = 1.076406 - 1 = 7.6406\%$

$20\,000.00 = 800.00\left[\dfrac{1.076406^n - 1}{0.076406}\right]$

$25.0 = \dfrac{1.076406^n - 1}{0.076406}$

$1.076406^n = 2.910156$

$n \ln 1.076406 = \ln 2.910156$

$0.073628n = 1.068207$

$n = 14.508170 \text{ years}$

$n = \boxed{15 \text{ years}}$

(Set P/Y = 1; C/Y = 2) 0 $\boxed{PV}$ 800 $\boxed{\pm}$ $\boxed{PMT}$ 20000 $\boxed{FV}$ 7.5 $\boxed{I/Y}$ $\boxed{CPT}$ $\boxed{N}$ 14.508170

3. $PV = 14\,500.00$; $PMT = 190.00$; $i = 1.3125\%$; $c = \dfrac{4}{12} = \dfrac{1}{3}$

$$p = 1.013125^{\frac{1}{3}} - 1 = 1.004356 - 1 = 0.4356\%$$

$$14\,500.00 = 190.00\left[\dfrac{1 - 1.004356^{-n}}{0.004356}\right]$$

$$76.315789 = \dfrac{1 - 1.004356^{-n}}{0.004356}$$

$$1.074356^{-n} = 0.667569$$

$$-n\ln 1.004356 = \ln 0.667569$$

$$-0.004347n = -0.404113$$

$$n = 92.973568 \text{ months} = \boxed{7 \text{ years, } 9 \text{ months}}$$

(Set P/Y = 12; C/Y = 4) 0 $\boxed{FV}$ 14 500 $\boxed{\pm}$ $\boxed{PV}$ 190 $\boxed{PMT}$ 5.25 $\boxed{I/Y}$ $\boxed{CPT}$ $\boxed{N}$ 92.973568

5. $FV = 36\,000.00$; $PMT = 175.00$; $i = 7.4\%$; $c = \dfrac{1}{2}$

$$p = 1.074^{\frac{1}{2}} - 1 = 1.036340 - 1 = 3.6340\%$$

$$36\,000.00 = 175.00\left[\dfrac{1.036340^{n} - 1}{0.036340}\right]$$

$$205.714286 = \dfrac{1.036340^{n} - 1}{0.036340}$$

$$1.036340^{n} = 8.475598$$

$$n\ln 1.036340 = \ln 8.475598$$

$$0.035695n = 2.137191$$

$$n = 59.873689 \text{ semi-annual periods} = \boxed{30 \text{ years}}$$

(Set P/Y = 2; C/Y = 1) 0 $\boxed{PV}$ 175 $\boxed{\pm}$ $\boxed{PMT}$ 36 000 $\boxed{FV}$ 7.4 $\boxed{I/Y}$ $\boxed{CPT}$ $\boxed{N}$ 59.873689

7. $PV = 21\,400.00$; $PMT = 1660.00$; $i = 0.375\%$; $c = \dfrac{12}{2} = 6$

$$p = 1.00375^6 - 1 = 1.022712 - 1 = 2.2712\%$$

$$21\,400.00 = 1660.00 \left[\dfrac{1 - 1.022712^{-n}}{0.022712} \right]$$

$$12.8915663 = \dfrac{1 - 1.022712^{-n}}{0.022712}$$

$$0.2927933 = 1 - 1.022712^{-n}$$

$$1.022712^n = 0.707207$$

$$-n \ln 1.022712 = \ln 0.707207$$

$$-0.022458n = -0.346432$$

$$n = 15.425835 \text{ half-years} = \boxed{8 \text{ years}}$$

(Set P/Y = 2; C/Y = 12) 0 $\boxed{FV}$ 21 400 $\boxed{\pm}$ $\boxed{PV}$ 1660 $\boxed{PMT}$ 4.5 $\boxed{I/Y}$ $\boxed{CPT}$ $\boxed{N}$ 15.425835

9. $FV = 72\,000.00$; $PMT = 90.00$; $i = 1.875\%$; $c = \dfrac{2}{12} = \dfrac{1}{6}$

$$p = 1.01875^{\frac{1}{6}} - 1 = 1.003101 - 1 = 0.3101\%$$

$$72\,000.00 = 90.00 \left[\dfrac{1.003101^n - 1}{0.003101} \right]$$

$$800.00 = \dfrac{1.003101^n - 1}{0.003101}$$

$$1.003101^n = 3.480690$$

$$n \ln 1.003101 = \ln 3.480690$$

$$0.003096n = 1.247230$$

$$n = 402.843848 \text{ months} = \boxed{33 \text{ years, 7 months}}$$

(Set P/Y = 12; C/Y = 2) 0 $\boxed{PV}$ 90 $\boxed{\pm}$ $\boxed{PMT}$ 72 000 $\boxed{FV}$ 3.75 $\boxed{I/Y}$ $\boxed{CPT}$ $\boxed{N}$ 402.843848

B. 1. $FV = 5000.00; PMT = 100.00; i = 1.5\%; c = \dfrac{4}{12} = \dfrac{1}{3}$

$$p = 1.015^{\frac{1}{3}} - 1 = 1.004975 - 1 = 0.4975\%$$

$$5000.00 = 100.00 \left[\dfrac{1.004975^n - 1}{0.004975}\right]$$

$$50.00 = \dfrac{1.004975^n - 1}{0.004975}$$

$$1.0049756^n = 1.248760$$

$$n \ln 1.004975 = \ln 10.248760$$

$$0.004963n = 0.222151$$

$$n = 44.762662 \text{ months} = \boxed{3 \text{ years, } 9 \text{ months}}$$

(Set P/Y = 12; C/Y = 4) 0 $\boxed{PV}$ 100 $\boxed{\pm}$ $\boxed{PMT}$ 5000 $\boxed{FV}$ 6 $\boxed{I/Y}$ $\boxed{CPT}$ $\boxed{N}$ 44.762662

3. $PV = 3000.00; PMT = 90.00; i = 5.25\%; c = \dfrac{2}{12} = \dfrac{1}{6}$

$$p = 1.0525^{\frac{1}{6}} - 1 = 1.008565 - 1 = 0.8565\%$$

$$3000.00 = 90.00 \left[\dfrac{1 - 1.008565^{-n}}{0.008565}\right]$$

$$33.\dot{3} = \dfrac{1 - 1.008565^{-n}}{0.008565}$$

$$1.008565^{-n} = 0.714516$$

$$-n \ln 1.008565 = \ln 0.714516$$

$$-0.008528n = -0.336150$$

$$n = 39.416954 \text{ months} = \boxed{3 \text{ years, } 4 \text{ months}}$$

(Set P/Y = 12; C/Y = 2) 0 $\boxed{FV}$ 3000 $\boxed{\pm}$ $\boxed{PV}$ 90 $\boxed{PMT}$ 10.5 $\boxed{I/Y}$ $\boxed{CPT}$ $\boxed{N}$ 39.416954

5. $FV = 120\,000.00;\ PMT = 500.00;\ i = 1.35\%;\ c = \dfrac{4}{12} = \dfrac{1}{3}$

$$p = 1.0135^{\frac{1}{3}} - 1 = 1.004480 - 1 = 0.4480\%$$

$$120\,000.00 = 500.00\left[\dfrac{1.004480^n - 1}{0.004480}\right]$$

$$240.0 = \dfrac{1.004480^n - 1}{0.004480}$$

$$1.004481^n = 2.075176$$

$$n \ln 1.004480 = \ln 2.075176$$

$$0.004470n = 0.730046$$

$$n = 163.325073 \text{ months} = \boxed{13 \text{ years, 8 months}}$$

(Set P/Y = 12; C/Y = 4) 0 [PV] 500 [±] [PMT] 120 000 [FV] 5.4 [I/Y] [CPT] [N] 163.325073

7. $PV = 16\,000.00;\ PMT = 800.00;\ i = 3.4\%;\ c = \dfrac{2}{12} = \dfrac{1}{6}$

$$p = 1.034^{\frac{1}{6}} - 1 = 1.005588 - 1 = 0.5588\%$$

$$16\,000.00 = 800.00\left[\dfrac{1 - 1.005588^{-n}}{0.005588}\right]$$

$$20.0 = \dfrac{1 - 1.005588^{-n}}{0.005588}$$

$$1.005588^{-n} = 0.888240$$

$$-n \ln 1.005588 = \ln 0.888240$$

$$-0.005572n = -0.118514$$

$$n = 21.267743 \text{ months} = \boxed{1 \text{ year, 10 months}}$$

(Set P/Y = 12; C/Y = 2) 0 [FV] 16 000 [±] [PV] 800 [PMT] 6.8 [I/Y] [CPT] [N] 21.267743

9. $FV = 20\,000.00; PMT = 370.37; i = 3.25\%; c = \dfrac{2}{4} = \dfrac{1}{2}$

$$p = 1.0325^{\frac{1}{2}} - 1 = 1.016120 - 1 = 1.6120\%$$

$$20\,000.00 = 370.37\left[\dfrac{1.016120^n - 1}{0.016120}\right]$$

$$54.000054 = \dfrac{1.016120^n - 1}{0.016120}$$

$$1.016120^n = 1.870485$$

$$n \ln 1.016120 = \ln 1.870485$$

$$0.015992n = 0.626198$$

$$n = 39.158098 \text{ quarters} = \boxed{10 \text{ years}}$$

(Set P/Y = 4; C/Y = 2) 0 [PV] 370.37 [±] [PMT] 20 000 [FV] 6.5 [I/Y] [CPT] [N] 39.158098

Exercise 12.5

A. 1. $FV = 39\,200.00; PMT = 2300.00; n = 12; c = 12$
    (Set P/Y = 1; C/Y = 12) 0 [PV] 39 200 [FV] 2300 [±] [PMT] 12 [N] [CPT] [I/Y] 6.0070
    The nominal annual rate is $\boxed{6.007\% \text{ compounded monthly.}}$

3. $PV = 62\,400.00; PMT = 2600.00; n = 50; c = \dfrac{1}{2}$
    (Set P/Y = 2; C/Y = 1) 0 [FV] 62 400 [±] [PV] 2600 [PMT] 50 [N] [CPT] [I/Y] 6.8610
    The nominal annual rate is $\boxed{6.861\% \text{ compounded annually.}}$

5. $FV = 6400.00; PMT = 200.00; n = 18; c = \dfrac{12}{2} = 6$
    (Set P/Y = 2; C/Y = 12) 0 [PV] 6400 [FV] 200 [±] [PMT] 18 [N] [CPT] [I/Y] 12.4076
    The nominal annual rate is $\boxed{12.4076\% \text{ compounded monthly.}}$

7. $PV = 7500.00; PMT = 420.00; n = 20; c = \dfrac{12}{4} = 3$
    (Set P/Y = 4; C/Y = 12) 0 [FV] 7500 [±] [PV] 420 [PMT] 20 [N] [CPT] [I/Y] 4.4017
    The nominal annual rate is $\boxed{4.4017\% \text{ compounded monthly.}}$

B. 1. $FV = 11600.00;\ PMT = 253.00;\ n = 42;\ c = \dfrac{4}{12} = \dfrac{1}{3}$

(Set P/Y = 12; C/Y = 1) 0 [PV] 11 600 [FV] 253 [±] [PMT] 42 [N] [CPT] [I/Y] 5.0895

The nominal annual rate is $\boxed{5.0895\%\text{ compounded quarterly.}}$

3. $PV = 6000.00;\ PMT = 144.23;\ n = 48;\ c = \dfrac{2}{12} = \dfrac{1}{6}$

(Set P/Y = 12; C/Y = 2) 0 [FV] 6000 [±] [PV] 144.23 [PMT] 48 [N] [CPT] [I/Y] 7.3071

The nominal annual rate is $\boxed{7.3071\%\text{ compounded semi-annually.}}$

5. $PV = 50\,000.00 - (0.20)50\,000.00 = 40\,000.00;\ PMT = 1000.00;\ n = 100;\ c = \dfrac{21}{4} = 3$

(Set P/Y = 4; C/Y = 12) 0 [FV] 40 000 [±] [PV] 1000 [PMT] 100 [N] [CPT] [I/Y] 8.824847

The nominal annual rate is $\boxed{8.8248\%\text{ compounded monthly.}}$

7. $FV = 20\,000.00;\ PMT = 400.00;\ n = 32;\ c = \dfrac{12}{4} = 3$

(Set P/Y = 4; C/Y = 12) 0 [PV] 20 000 [FV] 400 [±] [PMT] 32 [N] [CPT] [I/Y] 10.7784

The nominal annual rate is $\boxed{10.7784\%\text{ compounded monthly.}}$

9. $FV = 4850.00;\ PMT = 120.00;\ n = 36;\ c = \dfrac{4}{12} = \dfrac{1}{3}$

(Set P/Y = 12; C/Y = 4) 0 [PV] 4850 [FV] 120 [±] [PMT] 36 [N] [CPT] [I/Y] 7.8560

The nominal annual rate is $\boxed{7.856\%\text{ compounded quarterly.}}$

11. $PV = 35\,500.00;\ PMT = 570.00;\ n = 180;\ c = \dfrac{2}{12} = \dfrac{1}{6}$

(Set P/Y = 12; C/Y = 2) 0 [FV] 35 500 [±] [PV] 570 [PMT] 180 [N] [CPT] [I/Y] 18.616949

The nominal annual rate is $\boxed{18.6169\%\text{ compounded semi-annually.}}$

Exercise 12.6

A. 1. $PMT = 500.00;\ k = 3\% = 0.03;\ n = 25$

(a) Size of the 25th payment

$= 500.00(1.03)^{24}$

$= 500.00(2.032794)$

$= \boxed{\$1016.40}$

(b) Sum of the periodic constant – growth payments

$$= 500.00\frac{\left[(1.03)^{25}-1\right]}{0.03}$$

$$= 500.00\frac{(1.093778)}{0.03}$$

$$= 500.00(36.459264)$$

$$= \boxed{\$18\,229.63}$$

3. $PMT = 1200.00; k = 1.5\% = 0.015; n = 20; i = 5\%/2 = 2.5\% = 0.025;$

(a) Total amount deposited

$$= 1200.00\frac{\left[(1.015)^{20}-1\right]}{0.015}$$

$$= 1200.00\frac{(0.346855)}{0.015}$$

$$= 1200.00(23.123667)$$

$$= \boxed{\$27\,748.40}$$

(b) $FV = 1200.00\frac{\left[(1.025)^{20}-(1.015)^{20}\right]}{0.025-0.015}$

$$= 1200.00\frac{(1.638616-1.346855)}{0.010}$$

$$= 1200.00(29.176143)$$

$$= \boxed{\$35\,011.37}$$

(c) Size of the 12th payment

$$= 1200.00(1.015)^{11}$$

$$= 1200.00(1.177949)$$

$$= \boxed{\$1413.54}$$

(d) Interest $= 35\,011.37 - 27\,748.40 = \boxed{\$7262.97}$

B. 1. $PMT = 400.00; k = 0.5\% = 0.005; n = 120; i = 6\%/12 = 0.5\% = 0.005;$

$PV = 120(400.00)(1.005)^{-1}$

$\quad = 120(400.00)(0.995025)$

$\quad = 47\,761.19$

Total amount withdrawn

$$= 400.00 \frac{\left[(1.005)^{120} - 1\right]}{0.005}$$

$$= 400.00 \frac{(0.819397)}{0.005}$$

$$= 400.00(163.879347)$$

$$= 65\,551.74$$

Interest $= 65\,551.74 - 47\,761.19 = \boxed{\$17\,790.55}$

3. $PV = 150\,000.00; k = -0.6\% = -.006; n = 120; i = 7.2\%/12 = 0.60\% = 0.006;$

$$150\,000.00 = 120(PMT)(1.006)^{-1}$$

$$150\,000.00 = 120(PMT)(0.994036)$$

$$1250.00 = 0.994036(PMT)$$

$$PMT = 1257.50$$

Total amount received

$$= 1257.50 \frac{\left[(0.994)^{120} - 1\right]}{-0.006}$$

$$= 1257.50 \frac{(-0.514302)}{-0.006}$$

$$= 1257.50(85.717035)$$

$$= \boxed{\$107\,789.17}$$

Review Exercise

1. $PMT = 375.00; i = 0.25\%; n = 32; c = \frac{12}{4} = 3$

   $p = 1.0025^3 - 1 = 1.007519 - 1 = 0.7519$

   $FV = 375.00 \left[\frac{1.007519^{32} - 1}{0.007519} \right] = 375.00(36.025676) = \boxed{\$13\,509.62}$

   (Set P/Y = 4; C/Y = 12) 0 $\boxed{FV}$ 375 $\boxed{\pm}$ $\boxed{PMT}$ 3 $\boxed{I/Y}$ 32 $\boxed{N}$ $\boxed{CPT}$ $\boxed{FV}$ 13 509.62

3. $PMT = 4800.00; i = 1.75\%; n = 22; c = \frac{4}{2} = 2$

   $p = 1.0175^2 - 1 = 1.035306 - 1 = 3.5306\%$

   $PV = 4800 \left[\frac{1 - 1.035306^{-22}}{0.035306} \right] = 4800(17.271188) = \boxed{\$82\,901.70}$

   (Set P/Y = 2; C/Y = 4) 0 $\boxed{FV}$ 4800 $\boxed{\pm}$ $\boxed{PMT}$ 4.4 $\boxed{I/Y}$ 22 $\boxed{N}$ $\boxed{CPT}$ $\boxed{PV}$ 87 944.33

5. PMT = 500.00; $i = 3.0\%$; $n = 80$; $c = \frac{2}{4} = \frac{1}{2}$

    $p = 1.03^{\frac{1}{2}} - 1 = 1.014889 - 1 = 1.4889\%$

    $FV = 500.00 \left[\dfrac{1.014889^{80} - 1}{0.014889} \right] = 500.00(151.925181) = \boxed{\$75\,962.59}$

    (Set P/Y = 4; C/Y = 2) 0 [PV] 500 [±] [PMT] 6 [I/Y] 80 [N] [CPT] [FV] 75 962.59

7. FV = 18 000.00; $i = 1.8\%$; $n = 8$; $c = \frac{2}{1} = 2$

    $p = 1.018^2 - 1 = 1.036324 - 1 = 3.6324\%$

    $18\,000.00 = PMT \left[\dfrac{1.036324^8 - 1}{0.036324} \right]$

    $18\,000.00 = 9.094414 \, PMT$

    PMT = $\boxed{\$1979.24}$

    (Set P/Y = 1; C/Y = 2) 0 [PV] 18 000 [FV] 3.6 [I/Y] 8 [N] [CPT] [PMT] −1979.24

9. (a) $FV_{nc} = 12\,000.00$; PMT = 350.00; $i = 0.25\%$; $c = \frac{12}{4} = 3$

    $p = 1.0025^3 - 1 = 1.007519 - 1 = 0.7519\%$

    $12\,000.00 = 350 \left[\dfrac{1.007519^n - 1}{0.007519} \right]$

    $34.285714 = \dfrac{1.007519^n - 1}{0.007519}$

    $1.007519^n = 1.257786$

    $n \ln 1.007519 = \ln 1.257786$

    $0.00749 \ln = 0.229353$

    $n = 30.618640$ quarters = $\boxed{7 \text{ years, } 9 \text{ months}}$

    (Set P/Y = 4; C/Y = 12) 0 [PV] 350 [±] [PMT] 12 000 [FV] 3 [I/Y] [CPT] [N] 30.618640

(b) $FV_{nc} = 12\,000.00; PMT = 350.00; i = 0.25\%; c = \dfrac{12}{2} = 6$

$p = 1.0025^6 - 1 = 1.015094 - 1 = 1.5094\%$

$$12\,000.00 = 350\left[\dfrac{1.015094^n - 1}{0.015094}\right]$$

$$34.285714 = \dfrac{1.015094^n - 1}{0.015094}$$

$1.015094^n = 1.517511$

$n \ln 1.015094 = \ln 1.517511$

$0.014981n = 0.417071$

$n = 27.839496$ semi-annual periods = $\boxed{14 \text{ years}}$

(Set P/Y = 2; C/Y = 12) 0 $\boxed{PV}$ 350 $\boxed{\pm}$ $\boxed{PMT}$ 12 000 $\boxed{FV}$ 3 $\boxed{I/Y}$ $\boxed{CPT}$ $\boxed{N}$ 27.839496

11. (a) $FV_{nc} = 14\,000.00; PMT = 1500.00; i = 0.75\%; c = \dfrac{12}{2} = 6$

$p = 1.0075^6 - 1 = 1.045852 - 1 = 4.5852\%$

$$14\,000.00 = 1500.00\left[\dfrac{1 - 1.045852^{-n}}{0.045852}\right]$$

$$9.\dot{3} = \dfrac{1 - 1.045852^{-n}}{0.045852}$$

$1.045852^{-n} = 0.572046$

$-n \ln 1.045852 = \ln 0.572046$

$-0.044832n = -0.558536$

$n = 12.458403$ half years = $\boxed{6 \text{ years, } 6 \text{ months}}$

(Set P/Y = 2; C/Y = 12) 0 $\boxed{FV}$ 14 000 $\boxed{\pm}$ $\boxed{PV}$ 1500 $\boxed{PMT}$ 9 $\boxed{I/Y}$ $\boxed{CPT}$ $\boxed{N}$ 12.458403

(b) $\quad FV_{nc} = 14\,000.00; PMT = 1500.00; i = 0.75\%; c = \dfrac{12}{2} = 12$

$$p = 1.0075^{12} - 1 = 1.093807 - 1 = 9.3807\%$$

$$14\,000.00 = 1500.00 \left[\dfrac{1 - 1.093807^{-n}}{0.093807} \right]$$

$$9.\dot{3} = \dfrac{1 - 1.093807^{-n}}{0.093807}$$

$$1.093807^{-n} = 0.124469$$

$$-n \ln 1.093807 = \ln 0.124469$$

$$-0.089664 n = -2.083699$$

$$n = 23.238923 \text{ years} = \boxed{24 \text{ years}}$$

$\left(\text{Set } P/Y = 1; C/Y = 12 \right)$ 0 $\boxed{FV}$ 14 000 $\boxed{\pm}$ $\boxed{PV}$ 1500 $\boxed{PMT}$ 9 $\boxed{I/Y}$ $\boxed{CPT}$ $\boxed{N}$ 23.238923

13. $\quad FV_{nc} = 2290.00; PMT = 198.00; i = 1.4125\%; c = \dfrac{12}{4} = 3$.

$$p = 1.014125^3 - 1 = 1.042976 - 1 = 4.2976\%$$

$$2290.00 = 198.00 \left[\dfrac{1 - 1.042976^{-n}}{0.042976} \right]$$

$$11.5\dot{6} = \dfrac{1 - 1.042976^{-n}}{0.042976}$$

$$1.042976^{-n} = 0.502950$$

$$-n \ln 1.042976 = \ln 0.502950$$

$$-0.042079 n = -0.687264$$

$$n = 16.332902 \text{ quarters} = \boxed{4 \text{ years, 3 months}}$$

$\left(\text{Set } P/Y = 4; C/Y = 12 \right)$ 0 $\boxed{FV}$ 2290 $\boxed{\pm}$ $\boxed{PV}$ 198 $\boxed{PMT}$ 16.95 $\boxed{I/Y}$ $\boxed{CPT}$ $\boxed{N}$ 16.332902

15. $PV = 148\,000.00; PMT = 5000.00; i = 0.3583\%; c = \dfrac{12}{4} = 3$

$$p = 1.003583^3 - 1 = 1.010789 - 1 = 1.0789\%$$

$$148\,000.00 = 5000\left[\dfrac{1 - 1.010789^{-n}}{0.010789}\right]$$

$$29.6 = \left[\dfrac{1 - 1.010789^{-n}}{0.010789}\right]$$

$$0.319354 = 1 - 1.010789^{-n}$$

$$1.010789^{-n} = 0.680646$$

$$-n \ln 1.010789 = \ln 0.680646$$

$$-0.010731n = -0.376207$$

$$n = 35.84963 \text{ quarters} = \boxed{9 \text{ years}}$$

(Set P/Y = 4; C/Y = 12) 148 000 [PV] 5000 [±] [PMT] 0 [FV] 4.3 [I/Y] [CPT] [N] 35.84963

17. (a) $PMT = 345.00; i = 0.5\%; n = 36; c = \dfrac{12}{4} = 3$

$$p = 1.005^3 - 1 = 1.015075 - 1 = 1.5075\%$$

$$FV = 345.00\left[\dfrac{1.015075^{36} - 1}{0.015075}\right] = 345(47.342746) = \boxed{\$16\,333.29}$$

(Set P/Y = 4; C/Y = 12) 0 [PV] 345 [±] [PMT] 6 [I/Y] 36 [N] [CPT] [FV] 16 333.29

(b) Interest = $16\,333.29 - 345.00(36) = \boxed{\$3913.29}$

(c) $PV = 16\,333.29; i = 0.416\%; n = 32; c = \dfrac{12}{4} = 3$

$$p = 1.00416^3 - 1 = 1.012552 - 1 = 1.2552\%$$

$$16\,333.29 = PMT\left[\dfrac{1 - 1.012552^{-32}}{0.012552}\right]$$

$$205.017969 = PMT(1 - 1.012552^{-32}) = PMT(1 - 0.670881) = 0.329119\,PMT$$

$$PMT = \boxed{\$622.92}$$

(Set P/Y = 4; C/Y = 12) 16 333.29 [PV] 0 [FV] 5 [I/Y] 32 [N] [CPT] [PMT] −622.92

(d) Combined interest earned $= 32(622.92) - (36)345 = 19\,933.44 - 12\,420 = \boxed{\$7513.44}$

19. $\quad FV = 9500.00; PMT = 75.00\ i = 1.625\%;\ c = \dfrac{4}{12} = \dfrac{1}{3}$

$$p = 1.01625^{\frac{1}{3}} - 1 = 1.005388 - 1 = 0.5388\%$$

$$9500.00 = 75\left[\dfrac{1.005388^n - 1}{0.005388}\right]$$

$$126.\dot{6} = \dfrac{1.005388^n - 1}{0.005388}$$

$$1.005388^n = 1.682428$$

$$n \ln 1.005388 = \ln 1.682428$$

$$0.005373n = 0.520238$$

$$n = 96.822182\ \text{months} = \boxed{8\ \text{years, 1 month}}$$

$(\text{Set P/Y} = 12; \text{C/Y} = 4)\ 0\ \boxed{PV}\ 75\ \boxed{\pm}\ \boxed{PMT}\ 9500\ \boxed{FV}\ 6.5\ \boxed{I/Y}\ \boxed{CPT}\ \boxed{N}\ 96.822182$

21. $\quad PMT = 1200.00;\ k = 1.5\% = 0.015;\ n = 80;\ i = 7\%/4 = 1.75\% = 0.0175;$

$$FV = 1200.00\dfrac{\left[(1.0175)^{80} - (1.015)^{80}\right]}{0.0175 - 0.015}$$

$$= 1200.00\dfrac{(4.006392 - 3.290663)}{0.0025}$$

$$= 343\,549.99$$

Total amount deposited

$$= 1200.00\dfrac{\left[(1.015)^{80} - 1\right]}{0.015}$$

$$= 1200.00\dfrac{(2.290663)}{0.015}$$

$$= 1200.00(152.710852)$$

$$= 183\,253.02$$

Interest $= 343\,549.99 - 183\,253.02 = \boxed{\$160\,296.97}$

Self-Test

1. $\text{PMT} = 480.00;\ i = 2.25\%;\ n = 96;\ c = \dfrac{2}{12} = \dfrac{1}{6}$

    $p = 1.0225^{\frac{1}{6}} - 1 = 1.003715 - 1 = 0.3715\%$

    $\text{FV} = 480.00 \left[\dfrac{1.003715^{96} - 1}{0.003715} \right] = 480.00(115.096817) = \boxed{\$55\,246.47}$

    $\left(\text{Set P/Y}=12; \text{C/Y}=2\right)\ 0\ \boxed{\text{PV}}\ 480\ \boxed{\pm}\ \boxed{\text{PMT}}\ 4.5\ \boxed{\text{I/Y}}\ 96\ \boxed{\text{N}}\ \boxed{\text{CPT}}\ \boxed{\text{FV}}\ 55\,246.47$

3. $\text{PV} = 6000.00;\ \text{PMT} = 450.00;\ i = 1.0\%;\ c = \dfrac{12}{4} = 3$

    $p = 1.01^3 - 1 = 1.030301 - 1 = 3.0301\%$

    $6000.00 = 450.00 \left[\dfrac{1 - 1.030301^{-n}}{0.030301} \right]$

    $13.\dot{3} = \dfrac{1 - 1.030301^{-n}}{0.030301}$

    $0.404013 = 1 - 1.030301^{-n}$

    $1.030301^{-n} = 0.595987$

    $-n \ln 1.030301 = \ln 0.595987$

    $-0.029851 n = -0.517537$

    $n = 17.337346\ \text{quarters} = \boxed{4\ \text{years, 6 months}}$

    $\left(\text{Set P/Y}=4; \text{C/Y}=12\right)\ 0\ \boxed{\text{FV}}\ 6000\ \boxed{\pm}\ \boxed{\text{PV}}\ 450\ \boxed{\text{PMT}}\ 12\ \boxed{\text{I/Y}}\ \boxed{\text{CPT}}\ \boxed{\text{N}}\ 17.337346$

5. $\text{PV} = 67\,250.00;\ i = 2.2\%;\ n = 28;\ c = \dfrac{2}{4} = 0.5$

    $p = 1.022^{0.5} - 1 = 1.010940 - 1 = 1.0940\%$

    $67\,250.00 = \text{PMT} \left[\dfrac{1 - 1.010940^{-28}}{0.010940} \right]$

    $735.715 = \text{PMT}\left(1 - 1.010940^{-28}\right) = \text{PMT}(1 - 0.737377) = 0.262623\ \text{PMT}$

    $\text{PMT} = \boxed{\$2801.41}$

    $\left(\text{Set P/Y}=4; \text{C/Y}=2\right)\ 67\,250\ \boxed{\text{PV}}\ 0\ \boxed{\text{FV}}\ 4.4\ \boxed{\text{I/Y}}\ 28\ \boxed{\text{N}}\ \boxed{\text{CPT}}\ \boxed{\text{PMT}}\ -2801.41$

7. $FV = 20\,000.00; PMT = 491.00; i = 0.5\%; c = \dfrac{12}{4} = 3$

$p = 1.005^3 - 1 = 1.015075 - 1 = 1.5075\%$

$$20\,000.00 = 491.00\left[\dfrac{1.015075^n - 1}{0.015075}\right]$$

$$40.733198 = \dfrac{1.015075^n - 1}{0.015075}$$

$1.015075^n = 1.614058$

$n \ln 1.015075 = \ln 1.614058$

$0.014963n = 0.478752$

$n = 31.996494$ quarters $= \boxed{8 \text{ years}}$

(Set P/Y = 4; C/Y = 12) 0 $\boxed{PV}$ 491 $\boxed{\pm}$ $\boxed{PMT}$ 20 000 $\boxed{FV}$ 6 $\boxed{I/Y}$ $\boxed{CPT}$ $\boxed{N}$ 31.996494

9. After nine years:

$PMT = 200.00; i = 4.3\%; n = 108; c = \dfrac{1}{12} = 0.08\overline{3}$

$p = 1.043^{0.08\overline{3}} - 1 = 1.003515 - 1 = 0.3515\%$

$FV = 200.00\left[\dfrac{1.003515^{108} - 1}{0.003515}\right] = 200(131.082899) = 26\,215.97$

Annuity payment:

$PV = 26\,215.97; i = 2.7\%; n = 144; c = \dfrac{2}{12} = 0.1\overline{6}$

$p = 1.027^{0.1\overline{6}} - 1 = 1.004450 - 1 = 0.4450\%$

$$26\,215.97 = PMT\left[\dfrac{1 - 1.004450^{-144}}{0.004450}\right] = PMT(106.152748)$$

$PMT = \boxed{\$246.97}$

(Set P/Y = 12; C/Y = 1) 0 $\boxed{PV}$ 200 $\boxed{\pm}$ PMT 4.3 $\boxed{I/Y}$ 108 $\boxed{N}$ $\boxed{CPT}$ $\boxed{FV}$ 26 215.97

(Set P/Y = 12; C/Y = 2) 26 215.97 $\boxed{PV}$ 0 $\boxed{FV}$ 5.4 $\boxed{I/Y}$ 144 $\boxed{N}$ $\boxed{CPT}$ $\boxed{PMT}$ −246.97

11. $PV = 250\,000.00;\ k = 1.75\% = 0.0175;\ n = 40;\ i = 8\%/2 = 4\% = 0.04;$

$$250\,000.00 = (PMT)\frac{\left[1-(1.0175)^{40}(1.04)^{-40}\right]}{0.04-0.0175}$$

$$250\,000.00 = (PMT)\frac{\left[1-(2.001597)(0.208289)\right]}{0.0225}$$

$$250\,000.00 = (PMT)\frac{(1-0.416911)}{0.0225}$$

$$250\,000.00 = (PMT)(25.915076)$$

$$PMT = 9646.89$$

Total amount withdrawn

$$= 9646.89\frac{\left[(1.0175)^{40}-1\right]}{0.0175}$$

$$= 9646.89\frac{(1.001597)}{0.0175}$$

$$= 9646.89(57.234134)$$

$$= \$552\,131.40$$

Interest $= 552\,131.40 - 250\,000.00 = \boxed{\$302\,131.40}$

Chapter 13 Annuities Due, Deferred Annuities, and Perpetuities

Exercise **13.1**

A. 1. $\text{FV(due)} = 3000.00(1.02)\left[\dfrac{1.02^{32}-1}{0.02}\right]$

$= 3000.00(1.02)(44.227030)$

$= \boxed{\$135\,334.71}$

$\text{PV(due)} = 3000.00(1.02)\left[\dfrac{1-1.02^{-32}}{0.02}\right]$

$= 3000.00(1.02)(23.468335)$

$= \boxed{\$71\,813.10}$

(Set P/Y = 4; C/Y = 4)("BGN" Mode) 0 PV 3000 ± PMT 8 I/Y 32 N CPT FV 135 334.71

(Set P/Y = 4; C/Y = 4)("BGN" Mode) 0 FV 3000 ± PMT 8 I/Y 32 N CPT PV 71 813.10

3. $\text{FV(due)} = 2000.00(1.028)\left[\dfrac{1.028^{24}-1}{0.028}\right]$

$= 2000.00(1.028)(33.576697)$

$= \boxed{\$69\,033.69}$

$\text{PV(due)} = 2000.00(1.028)\left[\dfrac{1-1.028^{-24}}{0.028}\right]$

$= 2000.00(1.028)(17.306260)$

$= \boxed{\$35\,581.67}$

(Set P/Y = 2; C/Y = 2)("BGN" Mode) 0 PV 2000 ± PMT 5.6 I/Y 24 N CPT FV 69 033.69

(Set P/Y = 2; C/Y = 2)("BGN" Mode) 0 FV 2000 ± PMT 5.6 I/Y 24 N CPT PV 35 581.67

5. $\text{FV(due)} = 65.00(1.0075)\left[\dfrac{1.0075^{240}-1}{0.0075}\right]$

$= 65.00(1.0075)(667.886870)$

$$= \boxed{\$43\,738.24}$$

$$PV(\text{due}) = 65.00(1.0075)\left[\frac{1-1.0075^{-240}}{0.0075}\right]$$

$$= 65.00(1.0075)(111.144954)$$

$$= \boxed{\$7278.61}$$

(Set P/Y = 12; C/Y = 12)("BGN" Mode) 0 PV 65 ± PMT 9 I/Y 240 N CPT FV
43 738.24

(Set P/Y = 12; C/Y = 12)("BGN" Mode) 0 FV 65 ± PMT 9 I/Y 240 N CPT PV
7278.61

B. 1. FV(due) = 20 000.00; $i = 1.5\%$; $n = 60$

$$20\,000.00 = PMT(1.015)\left[\frac{1.015^{60}-1}{0.015}\right]$$

$$20\,000.00 = PMT(1.015)(96.214652)$$

$$PMT = \boxed{\$204.80}$$

(Set P/Y = 4; C/Y = 4)("BGN" Mode) 0 PV 20 000 FV 6 I/Y 60 N CPT PMT –204.80

3. PV(due) = 18 500.00; $i = 1.5\%$; $n = 24$

$$18\,500.00 = PMT(1.015)\left[\frac{1-1.015^{-24}}{0.015}\right]$$

$$18\,500.00 = PMT(1.015)(20.030405)$$

$$PMT = \boxed{\$909.95}$$

(Set P/Y = 2; C/Y = 2)("BGN" Mode) 0 FV 18 500 PV 3 I/Y 24 N CPT PMT
–909.95

C. 1. FV(due) = 5300.00; PMT = 35.00; $i = 0.5\%$

$$5300.00 = 35.00(1.005)\left[\frac{1.005^n - 1}{0.005}\right]$$

$$150.67520 = \frac{1.005^n - 1}{0.005}$$

$$1.005^n = 1.753376$$

$$n\ln 1.005 = \ln 1.753376$$

$$0.004988n = 0.561543$$

$$n = 112.58915 \text{ months} = \boxed{9 \text{ years, 5 months.}}$$

(Set P/Y = 12; C/Y = 12)("BGN" Mode) 0 PV 5300 FV 35 ± PMT 6 I/Y CPT N
112.58915

3. PV(due) = 6450.00; PMT = 1120.00; $i = 10\%$

$$6450.00 = 1120.00(1.10)\left[\frac{1-1.10^{-n}}{0.10}\right]$$

$$5.235390 = \frac{1-1.10^{-n}}{0.10}$$

$$1.10^{-n} = 0.476461$$

$$-n\ln 1.10 = \ln 0.476461$$

$$-0.095310n = -0.741369$$

$$n = 7.778490 \text{ years} = \boxed{8 \text{ years.}}$$

(Set P/Y = 1; C/Y = 1)("BGN" Mode) 0 FV 6450 ± PV 1120 PMT 10 I/Y CPT N 7.778490

D. 1. FV(due) = 70 000.00; PMT = 1014.73; $i = 25$

(Set P/Y = 1; C/Y = 1)("BGN" Mode) 0 PV 70 000 FV 1014.73 ± PMT 25 N CPT I/Y 7.1250

The nominal annual rate is $\boxed{7.125\% \text{ compounded annually.}}$

3. PV(due) = 28 700.00; PMT = 2015.00; $n = 30$

(Set P/Y = 2; C/Y = 2)("BGN" Mode) 0 FV 28 700 ± PV 2015 PMT 30 N CPT I/Y 12.4984

The nominal annual rate is $\boxed{12.49844\% \text{ compounded semi–annually.}}$

E. 1. PMT = 300.00; $i = 0.5\%$; $n = 84$

$$FV(due) = 300.00(1.005)\left[\frac{1.005^{84}-1}{0.005}\right]$$

$$= 300.00(1.005)(104.073927) = \boxed{\$31\,378.29}$$

(Set P/Y = 12; C/Y = 12)("BGN" Mode) 0 PV 300 ± PMT 6 I/Y 84 N CPT FV 31 378.29

3. (a) PMT = 530.00; $i = 0.98\%$; $n = 16$

$$FV(due) = 530.00(1.0098)\left[\frac{1.0098^{16}-1}{0.0098}\right]$$

$$= 530.00(1.0098)(17.231536) = \boxed{\$9222.21}$$

(Set P/Y = 4; C/Y = 4)("BGN" Mode) 0 PV 530 ± PMT 3.92 I/Y 16 N CPT FV $9222.21

(b) Interest = 9222.21 − 530(16) = 9222.21 − 8480.00 = $\boxed{\$742.21}$

(c) PMT = 530.00; $i = 0.98\%$; $n = 20$

$$FV(due) = 530.00(1.0098)\left[\frac{1.0098^{20}-1}{0.0098}\right]$$

$$= 530.00(1.0098)(21.976192) = \$11\,761.53$$

She will have 11 761.53 − 9222.21 = $\$2539.32$ more.

(Set P/Y = 4; C/Y = 4)("BGN" Mode) 0 PV 530 ± PMT 3.92 I/Y 20 N CPT FV 11 761.53

5. PMT = 1600.00; $i = 1.65\%$; $n = 4$

$$PV(due) = 1600.00(1.0165)\left[\frac{1-1.0165^{-4}}{0.0165}\right]$$

$$= 1600(1.0165)(3.840292) = \$6245.85$$

(Set P/Y = 4; C/Y = 4)("BGN" Mode) 0 FV 1600 ± PMT 6.6 I/Y 4 N CPT PV 6245.85

7. (a) PMT = 62.25; $i = 2\%$; $n = 36$

$$PV(due) = 62.25(1.02)\left[\frac{1-1.02^{-36}}{0.02}\right] \; 62.25(1.02)(25.488843) = \$1618.41$$

(b) Total paid = 36(62.25) = $\$2241.00$

(c) Interest = 2241.00 − 1618.41 = $\$622.59$

(Set P/Y = 12; C/Y = 12)("BGN" Mode) 0 FV 62.25 ± PMT 24 I/Y 36 N CPT PV 1618.41

(d) PV(due) = 1618.41; $i = 1.6583\%$; $n = 36$

$$1618.41 = PMT(1.016583)\left[\frac{1-1.016583^{-36}}{0.016583}\right]$$

1618.41 = PMT(1.016583)(26.94499)

1618.41 = 27.391828 PMT

PMT = $\$59.08$

(Set P/Y = 12; C/Y = 12)("BGN" Mode) 0 FV 1618.41 PV 19.9 I/Y 36 N CPT PMT −59.08

9. FV(due) = 5700.0; $i = 0.36\%$; $n = 60$

$$5700.00 = PMT\,(1.0036)\left[\frac{1.0036^{60}-1}{0.0036}\right]$$

5700.00 = PMT (1.0036)(66.839191)

PMT = $\boxed{\$84.97}$

(Set P/Y = 12; C/Y = 12)("BGN" Mode) 0 $\boxed{PV}$ 5700 $\boxed{FV}$ 4.32 $\boxed{I/Y}$ 60 $\boxed{N}$ $\boxed{CPT}$ $\boxed{PMT}$
–84.97

11. PV(due) = 37 750.00; $i = 4.5\%$; $n = 10$

$$37\,750.00 = PMT(1.045)\left[\frac{1-1.045^{-10}}{0.045}\right]$$

$37\,750 = PMT(1.045)(7.912718)$

$37\,750 = 8.268\,790\,PMT$

PMT = $\boxed{\$4565.36}$

(Set P/Y = 2; C/Y = 2)("BGN" Mode) 0 $\boxed{FV}$ 37 750 $\boxed{PV}$ 9 $\boxed{I/Y}$ 10 $\boxed{N}$ $\boxed{CPT}$ $\boxed{PMT}$
–4565.36

13. FV(due) = 5000.00; PMT = 240.00; $i = 0.41\dot{6}\%$

$$5000.00 = 240.00(1.0041\dot{6})\left[\frac{1.0041\dot{6}^n - 1}{0.0041\dot{6}}\right]$$

$$20.747026 = \left[\frac{1.0041\dot{6}^n - 1}{0.0041\dot{6}}\right]$$

$0.086446 = 1.0041\dot{6}^n - 1$

$1.086446 = 1.0041\dot{6}^n$

$\ln 1.086446 = n \ln 1.0041\dot{6}$

$0.082912 = 0.004158n$

$n = 19.94$ months = $\boxed{1 \text{ year, 8 months.}}$

(Set P/Y = 12; C/Y = 12)("BGN" Mode) 0 $\boxed{PV}$ 5000 $\boxed{FV}$ 240 $\boxed{\pm}$ $\boxed{PMT}$ 5 $\boxed{I/Y}$ $\boxed{CPT}$ $\boxed{N}$
19.940123

15. Amount after 10 years:

PMT = 75.00; $i = 0.5\%$; $n = 120$

$$FV_n(\text{due}) = 75.00(1.005)\left[\frac{1.005^{120} - 1}{0.005}\right]$$

$\qquad = 75.00(1.005)(163.879347)$

$\qquad = \$12\,352.41$

Withdrawals:

$PV_n(\text{due}) = 12\,352.41$; PMT = 260.00; $i = 0.5\%$

$$12\,352.41 = 260.00(1.005)\left[\frac{1-1.005^{-n}}{0.005}\right]$$

$$47.272905 = \frac{1-1.005^{-n}}{0.005}$$

$$1.005^{-n} = 0.763636$$

$$-n \ln 1.005 = \ln 0.763636$$

$$-0.004988n = -0.269665$$

$$n = 54.067666 \text{ months} = \boxed{55 \text{ monthly withdrawals}}$$

$\boxed{\text{Last withdrawal is 54 months from the first withdrawal, or 4 years, 6 months.}}$

(Set P/Y = 12; C/Y = 12)("BGN" Mode) 0 PV 75 ± PMT 6 I/Y 120 N CPT FV
  12 352.41

(Set P/Y = 12; C/Y = 12)("BGN" Mode) 0 FV 12 352.41 ± PV 260 PMT 6 I/Y
  CPT N 54.067666

17. FV(due) = 14 559.00; PMT = 250.00; $n = 40$

(Set P/Y = 4; C/Y = 4)("BGN" Mode) 0 PV 14 559 FV 250 ± PMT 40 N
  CPT I/Y 7.0001

The nominal annual rate is $\boxed{7.0001\% \text{ compounded quarterly.}}$

19. PV(due) = 25 000.00; PMT = 2200.00; $n = 15$

(Set P/Y = 2; C/Y = 2)("BGN" Mode) 0 FV 25 000 ± PV 2200 PMT 15 N
  CPT I/Y 8.5803

The nominal annual rate is $\boxed{8.5803\% \text{ compounded semi–annually.}}$

Exercise 13.2

A. 1. PMT = 1500.00; $i = 1.25\%$; $n = 20$; $c = \dfrac{4}{2} = 2$

$p = 1.0125^2 - 1 = 1.025156 - 1 = 2.5156\%$

$$\text{FV(due)} = 1500.00(1.025156)\left[\frac{1.025156^{20}-1}{0.025156}\right]$$

$$= 1500.00(1.025156)(25.584873)$$

$$= \boxed{\$39\,342.74}$$

(Set P/Y = 2; C/Y = 4)("BGN" Mode) 0 PV 1500 ± PMT 5 I/Y 20 N CPT FV
  39 342.74

3. PMT = 650.00; $i = 1\%$; $n = 24$; $c = \dfrac{12}{4} = 3$

$p = 1.01^3 - 1 = 1.030301 - 1 = 3.0301\%$

$$PV(due) = 650.00(1.030301)\left[\dfrac{1 - 1.030301^{-24}}{0.030301}\right]$$

$ = 650.00(1.030301)(16.880760)$

$ = \boxed{\$11\,304.97}$

(Set P/Y = 4; C/Y = 12)("BGN" Mode) 0 [FV] 650 [±] [PMT] 12 [I/Y] 24 [N] [CPT] [PV]
11 304.97

B. 1. FV(due) = 16 500.00; $i = 1\%$; $n = 10$; $c = \dfrac{4}{1} = 4$

$p = 1.01^4 - 1 = 1.040604 - 1 = 4.0604\%$

$$16\,500.00 = PMT(1.040604)\left[\dfrac{1.040604^{10} - 1}{0.040604}\right]$$

$16\,500.00 = PMT(1.040604)(12.039789)$

$PMT = \boxed{\$1316.98}$

(Set P/Y = 1; C/Y = 4)("BGN" Mode) 0 [PV] 16 500 [FV] 4 [I/Y] 10 [N] [CPT] [PMT]
−1316.98

3. PV(due) = 10 000.00; $i = 0.5\%$; $n = 12$; $c = \dfrac{12}{4} = 3$

$p = 1.005^3 - 1 = 1.015075 - 1 = 1.5075\%$

$$10\,000.00 = PMT(1.015075)\left[\dfrac{1 - 1.015075^{-12}}{0.015075}\right]$$

$10\,000.00 = PMT(1.015075)(10.902404)$

$PMT = \boxed{\$903.61}$

(Set P/Y = 4; C/Y = 12)("BGN" Mode) 0 [FV] 10 000 [PV] 6 [I/Y] 12 [N] [CPT] [PMT]
−903.61

C. 1. FV(due) = 32 000.00; PMT = 450.00; $i = 0.625\%$; $c = \dfrac{12}{2} = 6$

$p = 1.00625^6 - 1 = 1.038091 - 1 = 3.8091\%$

$$32\,000.00 = 450.00(1.038091)\left[\dfrac{1.038091^n - 1}{0.038091}\right]$$

$$68.501822 = \left[\frac{1.038091^n - 1}{0.038091}\right]$$

$$1.038091^n = 3.609289$$

$n \ln 1.038091 = \ln 3.609289$

$0.037383n = 1.283511$

$n = 34.333825$ half-years = $\boxed{17 \text{ years, 6 months}}$

(Set P/Y = 2; C/Y = 12)("BGN" Mode) 0 PV 32 000 FV 450 ± PMT 7.5 I/Y CPT N
34.333825

3. PV(due) = 12 500.00; PMT = 860.00; $i = 0.75\%$; $c = \frac{12}{4} = 3$

$p = 1.0075^3 - 1 = 1.022669 - 1 = 2.2669\%$

$$12\,500.00 = 860.00(1.022669)\left[\frac{1 - 1.022669^{-n}}{0.022669}\right]$$

$$14.212693 = \left[\frac{1 - 1.022669^{-n}}{0.022669}\right]$$

$1.022669^{-n} = 0.677810$

$-n \ln 1.022669 = \ln 0.677810$

$-0.022416n = -0.388888$

$n = 17.348657$ quarters = $\boxed{4 \text{ years, 6 months}}$

(Set P/Y = 4; C/Y = 12)("BGN" Mode) 0 FV 12 500 ± PV 860 PMT 9 I/Y CPT N
17.348657

D. 1. FV(due) = 6400.00; PMT = 200.00; $n = 18$; $c = \frac{12}{2} = 6$

(Set P/Y = 2; C/Y = 12)("BGN" Mode) 0 PV 6400 FV 200 ± PMT 18 N CPT I/Y
11.2802

The nominal annual rate is $\boxed{11.2802\% \text{ compounded monthly.}}$

3. PV(due) = 7500.00; PMT = 420.00; $n = 20$; $c = \frac{12}{4} = 3$

(Set P/Y = 4; C/Y = 12)("BGN" Mode) 0 FV 7500 ± PV 420 PMT 20 N CPT I/Y
4.8856

The nominal annual rate is $\boxed{4.8856\% \text{ compounded monthly.}}$

E. 1. PMT = 5000.00; $i = 1.5\%$; $n = 10$; $c = \frac{4}{2} = 2$

$p = 1.015^2 - 1 = 1.030225 - 1 = 3.0225\%$

$$FV(due) = 5000.00(1.030225)\left[\frac{1.030225^{10}-1}{0.030225}\right]$$

$$= 5000.00(1.030225)(11.475765)$$

$$= \boxed{\$59\,113.10}$$

(Set P/Y = 2; C/Y = 4)("BGN" Mode) 0 PV 5000 ± PMT 6 I/Y 10 N CPT FV
59 113.10

3. PMT = 750.00; $i = 2\%$; $n = 36$; $c = \frac{4}{12} = \frac{1}{3}$

$$p = 1.02^{\frac{1}{3}} - 1 = 1.006623 - 1 = 0.6623\%$$

$$PV(due) = 750.00(1.006623)\left[\frac{1-1.006623^{-36}}{0.006623}\right]$$

$$= 750.00(1.006623)(31.936605)$$

$$= \boxed{\$24\,111.08}$$

(Set P/Y = 12; C/Y = 4)("BGN" Mode) 0 FV 750 ± PMT 8 I/Y 36 N CPT PV
24 111.08

5. PMT = 21 300.00; $i = 0.995\%$; $n = 8$, $c = \frac{4}{1} = 4$

$$p = (1.00995^4) - 1 = 1.040380 - 1 = 4.0380\%$$

$$PV(due) = 21\,300.00(1.040380)\left[\frac{1-1.040380^{-8}}{0.040380}\right]$$

$$= 21\,300(1.040380)(6.721811)$$

$$= \boxed{\$148\,955.96}$$

(Set P/Y = 1; C/Y = 4)("BGN" Mode) 0 FV 21 300 ± PMT 3.98 I/Y 8 N CPT PV 148 955.96

7. PV(due) = 5400.00; $i = 1.375\%$; $n = 36$; $c = \frac{4}{12} = \frac{1}{3}$

$$p = 1.01375^{\frac{1}{3}} - 1 = 1.004563 - 1 = 0.4563\%$$

$$5400.00 = PMT(1.004563)\left[\frac{1-1.004563^{-36}}{0.004563}\right]$$

$$5400.00 = PMT(1.004563)(33.129447)$$

$$PMT = \boxed{\$162.26}$$

(Set P/Y = 12; C/Y = 4)("BGN" Mode) 0 FV 5400 PV 5.5 I/Y 36 N CPT PMT
−162.26

9. PV(due) = 64 000.00; $i = 1.3925\%$; $n = 60$; $c = \dfrac{4}{12} = 0.\dot{3}$

   $p = 1.013925^{0.3} - 1 = 1.004620 - 1 = 0.4620\%$

   $64\,000.00 = \text{PMT}(1.004620)\left[\dfrac{1 - 1.004620^{-60}}{0.004620}\right]$

   $64\,000 = \text{PMT}(1.004620)(52.296644)$

   $64\,000 = 52.538254\text{PMT}$

   PMT = $\boxed{\$1218.16}$

   (Set P/Y = 12; C/Y = 4)("BGN" Mode) 0 FV 64 000 PV 5.57 I/Y 60 N CPT PMT −1218.16

11. FV(due) = 96 000.00; PMT = 1600.00; $i = 2.5\%$; $c = \dfrac{4}{1} = 4$

    $p = 1.025^4 - 1 = 1.103813 - 1 = 10.3813\%$

    $96\,000.00 = 1600.00(1.103813)\left[\dfrac{1.103813^n - 1}{0.103813}\right]$

    $54.357038 = \dfrac{1.103813^n - 1}{0.103813}$

    $1.103813^n = 6.642962$

    $n \ln 1.103813 = \ln 6.642962$

    $0.098770n = 1.893558$

    $n = 19.171299$ years = $\boxed{20 \text{ years}}$

    (Set P/Y = 1; C/Y = 4)("BGN" Mode) 0 PV 96 000 FV 1600 ± PMT 10 I/Y CPT N 19.171299

13. PV(due) = 21 600.00; PMT = 680.00; $n = 36$; $c = \dfrac{1}{12}$

    (Set P/Y = 12; C/Y = 1)("BGN" Mode) 0 FV 21 600 ± PV 680 PMT 36 N CPT I/Y 9.1776

    The nominal annual rate is $\boxed{9.1776\% \text{ compounded annually.}}$

Exercise 13.3

A. 1.   PMT = 45.00; $i = 1\%$; $n = 84$; $d = 60$

$$PV_n = 45.00 \left[\frac{1 - 1.01^{-84}}{0.01} \right] = 45.00(56.648453) = 2549.180374$$

$PV_n(\text{defer}) = 2549.180374(1.01)^{-60} = 2549.180374(0.550450) = \boxed{\$1403.20}$

(Set P/Y = 12; C/Y = 12) 0 FV 45 PMT 12 I/Y 84 N CPT PV –2549.180374

(Set P/Y = 12; C/Y = 12) 2549.180374 FV 0 PMT 12 I/Y 60 N CPT PV –1403.20

3.   PMT = 2125.00; $i = 0.875\%$; $n = 240$; $d = 144$

$$PV_n = 2125.00 \left[\frac{1 - 1.00875^{-240}}{0.00875} \right] = 2125.00(100.162274) = 212844.8327$$

$PV_n(\text{defer}) = 212844.8327(1.00875)^{-144} = 212844.8327(0.285213) = \boxed{\$60\,706.09}$

(Set P/Y = 12; C/Y = 12) 0 FV 2125 PMT 10.5 I/Y 240 N CPT PV –212844.8327

(Set P/Y = 12; C/Y = 12) 212 844.8327 FV 0 PMT 10.5 I/Y 144 N CPT PV – 60706.09

5.   PMT = 1500.00; $i = 2.5\%$; $n = 36$; $d = 24$; $c = \frac{2}{12} = \frac{1}{6}$

$p = 1.025^{\frac{1}{6}} - 1 = 1.004124 - 1 = 0.4124\%$

$$PV_{nc} = 1500.00 \left[\frac{1 - 1.004124^{-36}}{0.004124} \right] = 1500.00(33.391357) = 50087.03568$$

$PV_{nc}(\text{defer}) = 50\,087.03568(1.004124^{-24}) = 50\,087.03568(0.905951) = \boxed{\$45\,376.38}$

(Set P/Y = 12; C/Y = 2) 0 FV 1500 PMT 5 I/Y 36 N CPT PV – 50 087.03568

(Set P/Y = 12; C/Y = 2) 50 087.03568 FV 0 PMT 5 I/Y 24 N CPT PV –45 376.38

B. 1.   PMT = 5000.00; $i = 2\%$; $n = 40$; $d = 8$

$$PV_n = 5000.00 \left[\frac{1 - 1.02^{-40}}{0.02} \right] = 5000.00(27.355479) = 136\,777.3962$$

$PV_n(\text{defer}) = 136\,777.3962(1.02^{-8}) = 136\,777.3962(0.853490) = \$116\,738.19$

Purchase price = 10 000.00 + 116 738.19 = $\boxed{\$126\,738.19}$

(Set P/Y = 4; C/Y = 4) 0 FV 5000 PMT 8 I/Y 40 N CPT PV –136 777.3962

(Set P/Y = 4; C/Y = 4) 136 777.3962 FV 0 PMT 8 I/Y 8 N CPT PV –116 738.19

3. PMT = 220.00; $i = 0.675\%$; $n = 36$; $d = 15$

$$PV = 220.00 \left[\frac{1-1.00675^{-86}}{0.00675}\right] = 220(31.86487) = \$7010.272424$$

$$PV(\text{defer}) = 7010.272424(1.00675^{-15}) = 7010.27(0.904015) = \boxed{\$6337.39}$$

(Set P/Y = 12; C/Y = 12) 0 [FV] 220 [±] [PMT] 8.1 [I/Y] 36 [N] [CPT] [PV] 7010.272424

(Set P/Y = 12; C/Y = 12) 7010.272424 [FV] 0 [PMT] 8.1 [I/Y] 15 [N] [CPT] [PV] −6337.39

5. $PV_n(\text{defer}) = 8000.00$; $i = 0.35\%$; $n = 48$; $d = 66$

$FV = 8000.00(1.0035)^{66}$

$FV = 8000.00(1.259351)$

$PV_n = 10074.80983$

$$10\,074.80983 = PMT \left[\frac{1-1.0035^{-48}}{0.0035}\right]$$

$10\,074.80983 = 44.113764\, PMT$

$PMT = \boxed{\$228.38}$

(Set P/Y = 12; C/Y = 12) 0 [PMT] 8000 [±] [PV] 4.2 [I/Y] 66 [N] [CPT] [FV] 10 074.80983

(Set P/Y = 12; C/Y = 12) 0 [FV] 10074.80983 [±] [PV] 4.2 [I/Y] 48 [N] [CPT] [PMT] 228.38

7. $PV_n(\text{defer}) = 6500.00$; PMT = 300.00; $i = 0.5\dot{3}\%$; $d = 48$

$FV = 6500.00(1.005\dot{3})^{48}$

$FV = 6500.00(1.290874)$

$PV_n = 8390.683035$

$$8390.683035 = 300.00 \left[\frac{1-1.005\dot{3}^{-n}}{0.005\dot{3}}\right]$$

$0.149168 = 1 - 1.005\dot{3}^{-n}$

$1.005\dot{3}^{-n} = 0.850532$

$-n \ln 1.005\dot{3} = \ln 0.850532$

$-0.005319n = -0.161540$

$n = 30.369492$ months = $\boxed{2 \text{ years, 7 months}}$

(Set P/Y = 12; C/Y = 12) 0 [PMT] 6500 [±] [PV] 6.4 [I/Y] 48 [N] [CPT] [FV] 8390.683035

Set P/Y = 12; C/Y = 12) 0 [FV] 8390.683035 [±] [PV] 300 [PMT] 6.4 [I/Y] [CPT] [N] 30.369492

9. (a) $PV_n(\text{defer}) = 1500.00; PMT = 114.00; i = 1.0\dot{3}\%; d = 12$

$$FV = 1500.00(1.010\dot{3})^{12}$$
$$FV = 1500.00(1.131296)$$
$$PV_n = 1696.943719$$

(Set P/Y = 12; C/Y = 12) 0 PMT 1500 ± PV 12.4 I/Y 12 N CPT FV 1696.943719

(Set P/Y = 12; C/Y = 12) 0 FV 1696.943719 ± PV 114 PMT 18 N CPT I/Y 24.9751

(b) $18(114) - 1500.00 = 2052.00 - 1500.00 = \$552.00$

11. $PMT = 800.00; i = 3.75\%; n = 120; d = 84; c = \dfrac{2}{12} = \dfrac{1}{6}$

$$p = 1.0375^{\frac{1}{6}} - 1 = 1.006155 - 1 = 0.6155\%$$

$$PV_{nc} = 800.00 \left[\dfrac{1 - 1.006155^{-120}}{0.006155}\right] = 800.00(84.670669) = 67\,736.53524$$

$PV_{nc}(\text{defer}) = 67\,736.53524(1.006155^{-84}) = 67\,736.53524(0.597264) = \boxed{\$40\,456.61}$

(Set P/Y = 12; C/Y = 2) 0 FV 800 PMT 7.5 I/Y 120 N CPT PV −67 736.53524

(Set P/Y = 12; C/Y = 2) 67 736.53524 FV 0 PMT 7.5 I/Y 84 N CPT PV −40 456.61

13. $PMT = 600.00; i = 1.5\%; p = 0.4975\%; n = 48; d = 24$

$$PV_{nc} = 600.00 \dfrac{(1 - 1.004975^{-48})}{0.004975}$$
$$= 600.00(42.605060)$$
$$= \$25\,563.03587$$

$PV_{nc}(\text{defer}) = 25\,563.03597(1.004975^{-24})$
$\qquad\qquad = 25\,563.03587(0.887711)$
$\qquad\qquad = \boxed{\$22\,692.59}$

(Set P/Y = 12; C/Y = 4) 0 FV 600 ± PMT 6 I/Y 48 N CPT PV 25 563.03587

(Set P/Y = 12; C/Y = 4) 0 PMT 25 563.03587 ± FV 24 N 6 I/Y CPT PV 22 692.59

15. $PV_{nc}(\text{defer}) = 25\,000; PMT = 1500.00; d = 12; P/Y = 4; C/Y = 12; c = 12/4 = 3;$
$I/Y = 2.75; i = 0.2292\%$

$p = 1.002292^3 - 1 = 1.006891 - 1 = 0.006891 = 0.6891\%$

$FV = 25\,000.00(1.006891)^{12}$
$\quad = 25\,000.00(1.085896)$

$= \$27\ 147.40435$

$$27\ 147.40435 = 1500.00\ \frac{(1-1.006891^{-n})}{0.006891}$$

$27\ 147.40435 = 21\ 7682.5812(1 - 1.006891^{-n})$

$0.124711 = 1 - 1.006891^{-n}$

$1.006891^{-n} = 0.875289$

$-n \ln 1.006891 = \ln 0.875289$

$-n\ 0.006867 = -0.133201$

$n = 19.396900$ quarters = $\boxed{5\ \text{years}}$

(Set P/Y = 4; C/Y = 12) 0 PMT 25000 ± PV 2.75 I/Y 12 N CPT FV 27 147.40435

(Set P/Y = 4; C/Y = 12) 0 FV 27 147.40435 ± PV 1500 PMT 2.75 I/Y CPT N 19.396900

17. $PV_{nc}(\text{defer}) = 9000.00;\ i = 1.25\%;\ n = 84;\ d = 36;\ c = \frac{4}{12} = \frac{1}{3}$

$p = 1.0125^{\frac{1}{3}} - 1 = 1.004149 - 1 = 0.4149\%$

$FV = 9000.00(1.004149)^{36}$

$FV = 9000.00(1.160755)$

$FV = 10\ 446.79066$

$$10\ 446.79066 = \text{PMT}\left[\frac{1-1.004149^{-84}}{0.004149}\right]$$

$10\ 446.79066 = 70.800595\ \text{PMT}$

$\text{PMT} = \boxed{\$147.55}$

(Set P/Y = 12; C/Y = 4) 0 PMT 9000 ± PV 5 I/Y 36 N CPT FV 10 446.79066

(Set P/Y = 12; C/Y = 4) 0 FV 10 446.79066 ± PV 5 I/Y 84 N CPT PMT 147.55

19. $PV = 28\ 000.00;\ i = 8.32\%;\ n = 2$

$FV = 28\ 000.00(1.0832)^2 = 28\ 000(1.1733224) = \$32\ 853.02272$

$PV(\text{defer}) = 32\ 853.02272;\ \text{PMT} = 679.00;\ n = 60$

The interest rate is $\boxed{8.8132\%\ \text{compounded monthly.}}$

(Set P/Y = 12; C/Y = 12) 0 FV 32 853.02272 PV 679 ± PMT 60 N CPT I/Y 8.81319

Exercise 13.4

A. 1. PMT(due) = 850.00; $i = 7.5\%$; $n = 10$; $d = 3$

$$PV_n = 850.00(1.075)\left[\frac{1-1.075^{-10}}{0.075}\right] = 850.00(1.075)(6.864081) = 6272.053974$$

$PV_n(\text{defer}) = 6272.053974(1.075^{-3}) = 6272.053974(0.804961) = \boxed{\$5048.76}$

(Set P/Y = 1; C/Y = 1)("BGN" Mode) 0 FV 850 PMT 7.5 I/Y 10 N CPT PV −6272.053974

(Set P/Y = 1; C/Y = 1) 6272.053974 FV 0 PMT 7.5 I/Y 3 N CPT PV −5048.76

3. PMT(due) = 85.00; $i = 0.5\%$; $n = 180$; $d = 240$

$$PV_n = 85.00(1.005)\left[\frac{1-1.005^{-180}}{0.005}\right] = 85.00(1.005)(118.503515) = 10\,123.16274$$

$PV_n(\text{defer}) = 10\,123.16274(1.005^{-240}) = 10\,123.16274(0.302096) = \boxed{\$3058.17}$

(Set P/Y = 12; C/Y = 12)("BGN" Mode) 0 FV 85 PMT 6 I/Y 180 N CPT PV −10 123.16274

(Set P/Y = 12; C/Y = 12) 10 123.16274 FV 0 PMT 6 I/Y 240 N CPT PV −3058.17

5. PMT(due) = 225.00; $i = 9\%$; $n = 32$; $d = 24$; $c = \frac{1}{4}$

$$p = 1.09^{\frac{1}{4}} - 1 = 1.021778 - 1 = 0.021778 = 2.1778\%$$

$$PV_{nc}(\text{due}) = 225.00(1.021778)\left[\frac{1-1.021778^{-32}}{0.021778}\right] = 225.00(1.021778)(22.873058)$$

$$= 5258.519442$$

$PV_{nc}(\text{defer}) = 5258.519442(1.021778^{-24}) = 5258.519442(0.596267) = \boxed{\$3135.48}$

(Set P/Y = 4; C/Y = 1)("BGN" Mode) 0 FV 225 PMT 9 I/Y 32 N CPT PV −5258.519442

(Set P/Y = 4; C/Y = 1) 5258.519442 FV 0 PMT 9 I/Y 24 N CPT PV −3135.48

B. 1. (a) PMT(due) = 400.00; $i = 0.5\%$; $n = 48$; $d = 90$

$$PV_n = 400.00(1.005)\left[\frac{1-1.005^{-48}}{0.005}\right] = 400.00(1.005)(42.580318) = 17\,117.28775$$

$PV_n(\text{defer}) = 17\,117.28775(1.005^{-90}) = 17\,117.28775(0.638344) = \boxed{\$10\,926.71}$

(b) Total withdrawals = 48(400.00) = $\boxed{\$19\,200.00}$

(c) Interest = 19 200.00 − 10 926.71 = $\boxed{\$8273.29}$

(Set P/Y = 12; C/Y = 12)("BGN" Mode) 0 FV 400 PMT 6 I/Y 48 N CPT PV
   −17 117.28775

(Set P/Y = 12; C/Y = 12) 17 117.28775 FV 0 PMT 6 I/Y 90 N CPT PV −10 926.71

3. PMT(due) = 2500.00; $i = 1\%$; $n = 60$; $d = 24$

$$PV_n = 2500.00(1.01)\left[\frac{1-1.01^{-60}}{0.01}\right] = 2500.00(1.01)(44.955038) = \$113\ 511.472$$

$PV_n(\text{defer}) = 113\ 511.472(1.01^{-24}) = 113\ 511.472(0.787566) = \boxed{\$89\ 397.79}$

(Set P/Y = 12; C/Y = 12)("BGN" Mode) 0 FV 2500 PMT 12 I/Y 60 N CPT PV
   −113 511.472

(Set P/Y = 12; C/Y = 12) 113 511.472 FV 0 PMT 12 I/Y 24 N CPT PV −89 397.79

5. $PV_n(\text{defer}) = 14\ 000.00$; $i = 3.25\%$; $n = 6$; $d = 8$

   $FV = 14\ 000.00(1.0325)^8$

   $FV = 14\ 000.00(1.291578)$

   $FV = 18\ 082.08549$

$$18\ 082.08549 = \text{PMT(due)}(1.0325)\left[\frac{1-1.0325^{-6}}{0.0325}\right]$$

   $18\ 082.08549 = \text{PMT(due)}(1.0325)(5.372590)$

   PMT(due) = $\boxed{\$3259.68}$

(Set P/Y = 2; C/Y = 2)("BGN" Mode) 0 PMT 14 000 ± PV 6.5 I/Y 8 N CPT FV
   18 082.08549

(Set P/Y = 2; C/Y = 2)("BGN" Mode) 0 FV 18 082.08549 ± PV 6.5 I/Y 6 N
   CPT PMT 3259.68

7. $PV_n(\text{defer}) = 21\ 000.00$; PMT(due) = 3485.00; $i = 2.5\%$; $d = 32$

(Set P/Y = 4; C/Y = 4)("BGN" Mode) 21 000 ± PV 10 I/Y 32 N CPT FV 46 278.89569

(Set P/Y = 4; C/Y = 4)("BGN" Mode) 0 FV 46 278.89569 ± PV 3485 PMT 10 I/Y CPT
   N 15.850821 = 16 Quarterly payment

It will last $\boxed{3 \text{ years, } 9 \text{ months}}$ since the first payment is at the beginning.

9. $PV_n(\text{defer}) = 23\ 000.00$; PMT(due) = 1800.00; $i = 0.9167\%$; $d = 9$

   $FV = 23\ 000.00(1.00916\dot{6})^9$

   $FV = 23\ 000.00(1.085591)$

   $FV = 24\ 968.58378$

$$24\ 968.58378 = 1800.00(1.00916\dot{6})\left[\frac{1-1.00916\dot{6}^{-n}}{0.00916\dot{6}}\right]$$

$$0.126000 = 1 - 1.00916^{-n}$$

$$1.009167^{-n} = 0.874000$$

$$-n \ln 1.009167 = \ln 0.874000$$

$$-0.009125n = -0.134675$$

$$n = 14.759 \text{ months} = \boxed{1 \text{ year, } 3 \text{ months}}$$

(Set P/Y = 12; C/Y = 12)("BGN" Mode) 0 [PMT] 23 000 [±] [PV] 11 [I/Y] 9 [N] [CPT] [FV]. 24 968.58378

(Set P/Y = 12; C/Y = 12)("BGN" Mode) 0 [FV] 24 968.58378 [±] [PV] 1800 [PMT] 11 [I/Y] [CPT] [N] 14.759021

11. PV = 1384.00; $i = 2.4\%$; $n = 12$

FV = $1384.00(1.024)^{12} = 1384(1.329228) = 1839.651546$

PV(due) = 1839.651546; PMT = 95.00; $n = 24$

The annual interest rate is 23.565142% compounded monthly or

$$\frac{23.565142\%}{12} = \boxed{1.9638\% \text{ per month.}}$$

(P/Y = 12; C/Y = 12)("BGN" Mode) 1839.651546 [PV] 0 [FV] 95 [±] [PMT] 24 [N] [CPT] [I/Y] 23.565142

13. PMT(due) = 2000.00; $i = 0.75\%$; $n = 20$; $d = 8$; $c = \frac{12}{4} = 3$

$p = 1.0075^3 - 1 = 1.022669 - 1 = 2.2669\%$

$$PV_{nc}(\text{due}) = 2000.00(1.022669)\left[\frac{1 - 1.022669^{-20}}{0.022669}\right]$$

$$= 2000.00(1.022669)(15.937953) = 32\,598.51591$$

PV $32\,598.51591(1.022669)^{-8} = 32\,598.51591(0.835831)$
$= \boxed{\$27\,246.86}$

(Set P/Y = 4; C/Y = 12)("BGN" Mode) 0 [FV] 2000 [±] [PMT] 9 [I/Y] 20 [N] [CPT] [PV] 32 598.51591

(Set P/Y = 4; C/Y = 12) 32 598.51591 [FV] 0 [PMT] 9 [I/Y] 8 [N] [CPT] [PV] −27 246.86

15. PMT(due) = 6000.00; $i = 0.365\%$; $n = 12$; $d = 7$; $c = \frac{12}{1} = 12$

$p = 1.00365^{12} - 1 = 1.044690 - 1 = 4.469\%$

$$PV_{nc}(\text{due}) = 6000.00(1.044690)\left[\frac{1-1.04469^{-12}}{0.04469}\right]$$

$$= 6000.00(1.04469)(9.134769) = 57\,258.01461$$

$$PV_{nc}(\text{defer}) = 57\,258.01461(1.04469)^{-7} = 57\,258.01461(0.736356) = \boxed{\$42\,162.27}$$

(Set P/Y = 1; C/Y = 12)("BGN" Mode) 0 $\boxed{\text{FV}}$ 6000 $\boxed{\pm}$ $\boxed{\text{PMT}}$ 4.38 $\boxed{\text{I/Y}}$ 12 $\boxed{\text{N}}$ $\boxed{\text{CPT}}$ $\boxed{\text{PV}}$ 57 258.01461

(Set P/Y = 1; C/Y = 12) 57 258.01461 $\boxed{\text{FV}}$ 0 $\boxed{\text{PMT}}$ 4.38 $\boxed{\text{I/Y}}$ 7 $\boxed{\text{N}}$ $\boxed{\text{CPT}}$ $\boxed{\text{PV}}$ –42 162.27

17. $PV_{nc}(\text{defer}) = 250\,000.00; i = 0.696\%; n = 36; d = 8; c = \frac{12}{4} = 3$

$$p = 1.00693^{3} - 1 = 1.020894 - 1 = 2.0894\%$$

$$FV = 250\,000.00(1.020894)^{8}$$

$$FV = 250\,000.00(1.179899)$$

$$FV = 294\,974.664$$

$$294\,974.664 = \boxed{\text{PMT}}(\text{due})(1.020894)\left[\frac{1-1.020894^{-36}}{0.020894}\right]$$

$$294\,974.664 = PMT(\text{due})(1.020894)(25.126736)$$

$$PMT(\text{due}) = \boxed{\$11\,499.21}$$

(Set P/Y = 4; C/Y = 12)("BGN" Mode) 0 $\boxed{\text{PMT}}$ 250 000 $\boxed{\pm}$ $\boxed{\text{PV}}$ 8.3 $\boxed{\text{I/Y}}$ 8 $\boxed{\text{N}}$ $\boxed{\text{CPT}}$ $\boxed{\text{FV}}$ 294 974.664

(Set P/Y = 4; C/Y = 12)("BGN" Mode) 0 $\boxed{\text{FV}}$ 294 974.664 $\boxed{\pm}$ $\boxed{\text{PV}}$ 8.3 $\boxed{\text{I/Y}}$ 36 $\boxed{\text{N}}$ $\boxed{\text{CPT}}$ $\boxed{\text{PMT}}$ 11 499.21

19. $PV_{nc}(\text{defer}) = 22\,750.00; PMT(\text{due}) = 385.00; i = 2.5\%; d = 12; c = \frac{2}{12} = \frac{1}{6}$

$$p = 1.025^{\frac{1}{6}} - 1 = 1.004124 - 1 = 0.4124\%$$

$$FV = 22\,750.00(1.004124)^{12}$$

$$FV = 22\,750.00(1.050626)$$

$$FV = 23\,901.71875$$

$$23\,901.71875 = 385.00(1.004124)\left[\frac{1-1.004124^{-n}}{0.004124}\right]$$

$$0.254971 = 1 - 1.004124^{-n}$$

$$1.004124^{-n} = 0.745029$$

$$-n \ln 1.004124 = \ln 0.743977$$

$$-0.004115n = -0.294332$$

$$n = 71.519086 \text{ months} = \boxed{6 \text{ years}}$$

(Set P/Y = 12; C/Y = 2)("BGN" Mode) 0 PMT 22 750 ± PV 5 I/Y 12 N CPT FV 23 901.71875

(Set P/Y = 12; C/Y = 2)("BGN" Mode) 0 FV 23 901.71875 ± PV 385 PMT 5 I/Y CPT N 71.519086

21. $PV_{nc}(\text{defer}) = 45\,000.00$; PMT = 15 000.00; $i = 5.5\%$; $d = 5$; $c = 2$

$p = 1.055^2 - 1 = 1.113025 - 1 = 11.3025\%$

$FV = 45\,000.00(1.113025)^5$

$FV = 45\,000.00(1.708144)$

$FV = 76\,866.50063$

$$76\,866.50063 = 15\,000(1.113025)\left[\frac{1-1.113025^{-n}}{0.113025}\right]$$

$0.520374 = 1 - 1.113025^{-n}$

$1.113025^{-n} = 0.479626$

$-n \ln 1.113025 = \ln 0.479626$

$-0.1070815n = -0.734748$

$n = 6.861578 \text{ years} = \boxed{7 \text{ yearly payments}}$

(Set P/Y = 1; C/Y = 2) 0 PMT 45 000 ± PV 11 I/Y 5 N CPT FV 76 866.50063

(Set P/Y = 1; C/Y = 2)("BGN" Mode) 0 FV 76 866.50063 ± PV 15 000 PMT 11 I/Y CPT N 6.861578

23. PV = 28 000.00; $i = 0.5\%$; $n = 24$

$FV = 28\,000.00(1.005)^{24} = 28\,000(1.12716) = 31\,560.47373$

PV(due) = 31 560.47373; PMT = 625.00; $n = 60$

The interest rate is $\boxed{7.3684\% \text{ compounded semi-annually}}$

(P/Y = 12; C/Y = 2)("BGN" Mode) 31 560.47373 PV 0 FV 625 ± PMT 60 N CPT I/Y 7.3684

Exercise 13.5

A. 1. PMT = 1250.00; $i = 1.7\%$

    $$PV = \frac{1250.00}{0.017} = \boxed{\$73\ 529.41}$$

    3. PMT = 5600.00; $i = 1\%$; $c = \frac{12}{2} = 6$

    $p = 1.01^6 - 1 = 1.061520 - 1 = 6.1520\%$

    $$PV = \frac{5600.00}{0.061520} = \boxed{\$91\,027.09}$$

    5. PMT = 985.00(due); $i = 2.25\%$

    $$PV = 985.00 + \frac{985.00}{0.0225} = 985.00 + 43\ 777.78 = \boxed{\$44\ 762.78}$$

    7. PMT = 2150.00(due); $i = 0.75\%$; $c = \frac{12}{4} = 3$

    $p = 1.0075^3 - 1 = 1.022669 - 1 = 2.2669\%$

    $$PV(due) = 2150.00 + \frac{2150.00}{0.022669} = 2150.00 + 94\ 842.46 = \boxed{\$96\ 992.46}$$

B. 1. PMT = 32.00; $i = 0.\dot{3}\%$

    $$PV = \frac{32}{0.00\dot{3}} = \boxed{\$9600.00}$$

    3. PMT = 4.25; $i = 4\%$; $c = \frac{2}{4} = 0.5$

    $p = 1.04^{0.5} - 1 = 1.019804 - 1 = 1.9804\%$

    $$PV = \frac{4.25}{0.019804} = \boxed{\$214.60}$$

    5. PMT = 13 000.00; $i = 1.1875\%$; $c = \frac{4}{2} = 2$

    $p = 1.01875^2 - 1 = 1.037852 - 1 = 3.7852\%$

    $$PV = \frac{13\ 000.00}{0.0037852} = \boxed{\$343\ 446.85}$$

    7. PV = 55.65; $i = 3.1\%$; $c = \frac{2}{4} = 0.5$

    $p = 1.031^{0.5} - 1 = 1.015382 - 1 = 1.015382\%$

$$55.65 = \frac{PMT}{0.015382}$$

$PMT = \boxed{\$0.57}$

9. PV(due) = 836 000.00

$$836\,000 = 3600.00 + \frac{3600.00}{i}$$

$$832\,400 = \frac{3600.00}{i}$$

$i = 0.004325$ (monthly)

The annual yield earned is $\boxed{5.1898\% \text{ compounded monthly}}$

11. PV(due) = 35 000.00; $i = 4.25\%$; $c = \dfrac{2}{12} = \dfrac{1}{6} = 0.16$

$p = 1.0425^{0.16} - 1 = 1.006961 - 1 = 0.6961\%$

$$35\,000.00 = \boxed{PMT} + \frac{PMT}{0.006961}$$

$35\,000 = \boxed{PMT} + 143.65546\,PMT$

$144.65546\,PMT = 35\,000$

$PMT = \boxed{\$241.95}$

13. PMT = 1200.00; $i = 0.75\%$

$FV_{36} = 1200/0.0075 = 160\,000.00$

$PV(defer) = 160\,000(1.0075^{-36}) = \boxed{\$122\,263.83}$

15. PV 28 000.00; $i = 0.5\%$; $d = 36$

Amount after 3 years:

$FV = 28\,000.00(1.005)^{36} = 28\,000(1.196681) = \$33\,507.05$

$$33\,507.05 = PMT + \frac{PMT}{0.005}$$

$33\,507.05 = PMT + 200\,PMT$

$33\,507.05 = 201\,PMT$

$PMT = \boxed{\$166.70}$

Review Exercise

1. PMT = 50.00; $i = 0.385\%$; $n = 50$

   $$FV(due) = 50.00(1.00385)\left[\frac{1.00385^{50}-1}{0.00385}\right] = 50(1.00385)(55.020393) = \boxed{\$27\,616.11}$$

   (Set P/Y = 12; C/Y = 12)("BGN" Mode) 0 $\boxed{PV}$ 50 $\boxed{\pm}$ $\boxed{PMT}$ 4.62 $\boxed{I/Y}$ 50 $\boxed{N}$ $\boxed{CPT}$ $\boxed{FV}$ 27 616.11

3. PMT = 25.00; $i = 1\%$; $n = 360$; $c = \dfrac{4}{12} = 0.3$

   $p = 1.01^{0.3} - 1 = 1.003322 - 1 = 0.3322\%$

   $$FV(due) = 1.003322(25.00)\left[\frac{1.003322^{360}-1}{0.003322}\right]$$

   $$= 1.003322(25)(692.411564) = \boxed{\$17\,367.79}$$

   (Set P/Y = 12; C/Y = 4)("BGN" Mode) 0 $\boxed{PV}$ 25 $\boxed{\pm}$ $\boxed{PMT}$ 4 $\boxed{I/Y}$ 360 $\boxed{N}$ $\boxed{CPT}$ $\boxed{FV}$ 17 367.79

5. (a) PMT = 82.00; $i = 1.375\%$; $n = 42$

   $$PV(due) = 82.00(1.01375)\left[\frac{1-1.01375^{-42}}{0.01375}\right] = 82(1.01375)(31.74454) = \boxed{\$2638.84}$$

   (Set P/Y = 12; C/Y = 12)("BGN" Mode) 0 $\boxed{FV}$ 82 $\boxed{\pm}$ $\boxed{PMT}$ 16.5 $\boxed{I/Y}$ 42 $\boxed{N}$ $\boxed{CPT}$ $\boxed{PV}$ 2638.84

   (b) $82.00(42) = \boxed{\$3444.00}$

   (c) $3444.00 - 2638.84 = \boxed{\$805.16}$

7. (a) PMT = 375.00; $i = 0.3125\%$; $n = 32$; $c = \dfrac{12}{4} = 3$

   $p = 1.003125^3 - 1 = 1.009404 - 1 = 0.9404\%$

   $$FV = 375.00\left[\frac{1.009404^{32}-1}{0.009404}\right] = 375(37.134781) = \boxed{\$13\,925.54}$$

   (Set P/Y = 4; C/Y = 12) ("END" Mode) 0 $\boxed{PV}$ 375 $\boxed{\pm}$ $\boxed{PMT}$ 3.75 $\boxed{I/Y}$ 32 $\boxed{N}$ $\boxed{CPT}$ $\boxed{FV}$ 13 925.54

   (b) PMT = 375.00; $i = 0.3125\%$; $n = 32$; $c = \dfrac{12}{4} = 3$

   $p = 1.003125^3 - 1 = 1.009404 - 1 = 0.9404\%$

   $$FV(due) = 375.00(1.009404)\left[\frac{1.009404^{32}-1}{0.009404}\right] = 375.00(1.009404)(37.134781)$$

   $$= \boxed{\$14\,056.50}$$

(Set P/Y = 4; C/Y = 12)("BGN" Mode) 0 PV 375 ± PMT 3.75 I/Y 32 N CPT FV
14 056.50

9. (a)   PMT = 850.00; $i = 0.42\%$; $n = 240$

$$PV(due) = 850.00(1.0042)\left[\frac{1-1.0042^{-240}}{0.0042}\right]$$

$$= 850(1.0042)(151.019208) = \boxed{\$128\,905.47}$$

(Set P/Y = 12; C/Y = 12)("BGN" Mode) 0 FV 850 ± PMT 5.04 I/Y 240 N CPT PV
128 905.47

(b) $128\,905.47 - 850.00(240) = 204\,000.00 - 128\,905.47 = \boxed{\$75\,094.53}$

11. PV(due) = 49 350.00; $i = 0.75\%$; $n = 12$; $c = \frac{12}{2} = 6$

$p = 1.0075^6 - 1 = 1.045852 - 1 = 4.5852\%$

$$49\,350.00 = PMT(1.045852)\left[\frac{1-1.045852^{-12}}{0.045852}\right]$$

$49\,350 = PMT(1.045852)\,9.074334$

$49\,350 = 9.490410\,PMT$

PMT = $\boxed{\$5199.99}$

(P/Y = 2; C/Y = 12)("BGN" Mode) 0 FV 49 350 PV 9 I/Y 12 N CPT PMT −5199.99

13. PMT = 50.00; $i = 0.5\%$; $n = 192$

$$FV(due) = 50.00(1.005)\left[\frac{1.005^{192}-1}{0.005}\right]$$

$= 50(1.005)(321.091337) = \$16\,134.83967$

PV = 16 134.83967; PMT = 375.00; $i = 0.5\%$;

$$16\,134.83967 = 375.00\left[\frac{1-1.005^{-n}}{0.005}\right]$$

$$43.026239 = \left[\frac{1-1.005^{-n}}{0.005}\right]$$

$0.215131 = 1 - 1.005^{-n}$

$1.005^{-n} = 0.784869$

$-n\ln 1.005 = \ln 0.784869$

$-0.004988n = -0.242238$

$n = 48.568709$ months = $\boxed{4 \text{ years, } 1 \text{ month.}}$

(Set P/Y = 12; C/Y = 12)("BGN" Mode) 0 [PV] 50 [±][PMT] 6 [I/Y] 192 [N] [CPT] [FV]
    16 134.83967

(Set P/Y = 12; C/Y = 12) 0 [FV] 16 134.83967 [PV] 375 [±][PMT] 6 [I/Y] [CPT] [N] 48.568709

15. PV = 12 500.00; $i = 2.975\%$; $n = 20$

    FV = $12\,500.00(1.02975)^{20} = 12\,500(1.797364) = \$22\,467.04864$

    PV(due) = 22 467.04864; PMT = 500.00; $i = 0.43\%$

    $$22\,467.04864 = 500.00(1.0043)\left[\frac{1-1.0043^{-n}}{0.0043}\right]$$

    $$44.741708 = \left[\frac{1-1.0043^{-n}}{0.0043}\right]$$

    $0.192389 = 1 - 1.0043^{-n}$

    $1.0043^{-n} = 0.807611$

    $-n \ln 1.0043 = \ln 0.807611$

    $-0.004291n = -0.213675$

    $n = 49.79$ months = 4 years, 2 months

    (Set P/Y = 12; C/Y = 12)("BGN" Mode) 0 [FV] 22 467.04864 [PV] 500 [±][PMT] 5.16 [I/Y] [CPT] [N]
    49.79

17. (a) PMT = 1630.00; $i = 2.025\%$; $n = 24$

    $$PV = 1630.00\left[\frac{1-1.02025^{-24}}{0.02025}\right]$$

    $= 1630(18.86047) = \$30\,742.57$

    (b) PMT = 1630, $n = 4$; $i = 2.025\%$

    $$FV = 1630.00\left[\frac{1.02025^4 - 1}{0.02025}\right] = 1630(4.1231486) = \$6720.73$$

    (Set P/Y = 4; C/Y = 4) 0 [PV] 1630 [±][PMT] 8.1 [I/Y] 4 [N] [CPT] [FV] 6720.73

    (c) PMT = 1630; $i = 2.025\%$; $n = 20$

    $$PV = 1630.00\left[\frac{1-1.02025^{-20}}{0.02025}\right] = 1630(16.312053) = \$26\,588.65$$

    Amount needed = 6720.73 + 26 588.65 = $33 309.38

    (Set P/Y = 4; C/Y = 4) 0 [FV] 1630 [±][PMT] 8.1 [I/Y] 20 [N] [CPT] [PV] 26 588.65

    (d) 6720.73 − 1630.00(4) = 6720.73 − 6520.00 = $200.73

19. PMT = 725.00; $i = 0.60416\dot{6}$; $n = 36$

$$PV(due) = 725.00(1.006041\dot{6})\left[\frac{1-1.006041\dot{6}^{-36}}{0.006041\dot{6}}\right]$$

$= 725(1.006041\dot{6})(32.266885) = \$23\,534.82734$

FV = 23 534.82734; $i = 0.60416\dot{6}$; $n = 18$

$PV = 23\,534.82734(1.0060416)^{-18} = \boxed{\$21\,116.58}$

(Set P/Y = 12; C/Y = 12)("BGN" Mode) 0 FV 725 ± PMT 7.5 I/Y 36 N CPT PV
    23 534.82734

21. PV = 40 000.00; $i = 1.75\%$ $n = 84$; $c = \dfrac{4}{12} = 0.\dot{3}$; $d = 12$

$FV = 40\,000.00(1.0175)^{12} = 40\,000(1.231439) = \$49\,257.5726$

$p = 1.0175^{0.\dot{3}} - 1 = 1.0058$

$$49\,257.5726 = PMT\left[\frac{1-1.0058^{-84}}{0.0058}\right]$$

49 257.5726 = 66.345785PMT

PMT = $\boxed{\$742.45}$

(Set P/Y = 12; C/Y = 4) 0 FV 49 257.5726 PV 7 I/Y 84 N CPT PMT −742.45

23. PV = 33 500.00; $i = 0.411\dot{6}\%$; $n = 144$

$FV = 33\,500.00(1.00411\dot{6})^{144} = 33\,500(1.004117) = 33\,637.90833$

PV = 33 637.33; PMT = 4500.00; $i = 0.4116\%$; $c = \dfrac{12}{4} = 3$

$p = (1.00411\dot{6})^3 - 1 = 1.012401 - 1 = 1.2401\%$

$$33\,637.33 = 4500.00\left[\frac{1-1.012401^{-n}}{0.012401}\right]$$

$$7.474962 = \left[\frac{1-1.012401^{-n}}{0.012401}\right]$$

$0.092697 = 1 - 1.012401^{-n}$

$1.012401^{-n} = 0.907303$

$-n \ln 1.012401 = \ln 0.907303$

$-0.012325n = -0.097279$

$n = 7.89$ quarters = $\boxed{2 \text{ years}}$

(Set P/Y = 4; C/Y = 12) 0 FV 33 637.33 PV 4.94 I/Y 4500 ± PMT CPT N 7.89

25. PV = 200 00.00; $i = 5.29\%$; $n = 2$

    FV = 200 000.00$(1.0529)^2$ = 200 000(1.108598) = $221 719.682

    PV = 221 719.682; PMT = 35 000.00; $n = 10$

    The rate is 9.296% compounded annually

    (Set P/Y = 1; C/Y = 1) 221 719.682 PV 0 FV 35 000 ± PMT 10 N CPT I/Y 9.296

27. (a) PMT(due) = 450.00; $i = 1.5$; $n = 28$

    $$FV(due) = 450.00(1.015)\left[\frac{1-015^{28}-1}{0.015}\right]$$

    $= 450(1.015)(34.481489) =$ $15 749.42

    (Set P/Y = 4; C/Y = 4)("BGN" Mode) 0 PV 6 I/Y 28 N 450 ± PMT CPT FV 15 749.42

    (b) Interest = 15 749.42 − 450(28) = 15 749.42 − 12 600 = $3149.42

    (c) PV = 15 749.42; $i = 1.25\%$; $n = 48$

    $$15\ 749.42 = PMT\left[\frac{1-1.0125^{-48}}{0.0125}\right]$$

    15 749.42 = PMT(35.931481)

    PMT = $438.32

    (Set P/Y = 4; C/Y = 4) 15 749.42 PV 0 FV 5 I/Y 48 N CPT PMT −438.32

    (d) Total interest earned = 438.32(48) − 450.00(28) = 21 039.36 − 12 600.00

    = $8439.36

29. (a) PV = 16 750.00; $i = 3.25\%$; $n = 48$; $c = \frac{2}{4} = 0.5$

    $p = (1.0325)^{0.5} - 1 = 1.016120 - 1 = 1.6120\%$

    $$16\ 750.00 = PMT\left[\frac{1-1.016120^{-48}}{0.016120}\right]$$

    16 750 = 33.242480 PMT

    PMT = $503.87

    (Set P/4 = 1; C/Y = 2) 16 750 PV 0 FV 6.5 I/Y 48 N CPT PMT −503.87

(b) PV(due) = 16 750.00; $i = 3.25\%$; $n = 20$; $c = \frac{2}{1} = 2$

$p = (1.0325)^2 - 1 = 1.066056 - 1 = 6.6056\%$

$16750.00 = \text{PMT}(1.066056)\left[\dfrac{1-1.066056^{-20}}{0.066056}\right]$

$16\ 750 = \text{PMT}(1.066056)(10.926658)$

$16\ 750 = 11.648433\text{PMT}$

PMT = $\boxed{\$1437.96}$

(Set P/Y = 1; C/Y = 2) ("BGN" Mode) 16 750 PV 0 FV 6.5 I/Y 20 N CPT PMT −1437.96

(c) PV = 16 750.00; $i = 3.25\%$; $n = 180$; $c = \dfrac{2}{12} = 0.1\dot{6}$, $d = 20$

$\text{FV} = 16\ 750.00(1.0325)^{20} = 17\ 750(1.895838) = \$31\ 755.28523$

$p = (1.0325)^{0.1\dot{6}} - 1 = 1.005345 - 1 = 0.5345\%$

$31\ 755.28523 = \text{PMT}\left[\dfrac{1-1.005345^{-180}}{0.005345}\right]1$

$31\ 755.28523 = 115.4242\ \text{PMT}$

PMT = $\boxed{\$275.12}$

(Set P/Y = 12; C/Y = 2) 31 755.28523 PV 0 FV 6.5 I/Y 180 N CPT PMT −275.12

(d) PV = 16 750.00; $i = 3.25\%$; $n = 48$; $c = \dfrac{2}{4} = 0.5$; $d = 40$

$\text{FV} = 16\ 750.00(1.0325)^{40} = 16\ 750(3.594201) = \$60\ 202.87402$

$p = (1.0325)^{0.5} - 1 = 1.016120 - 1 = 1.6120\%$

$60\ 202.87402 = \text{PMT}(1.016120)\left[\dfrac{1-1.016120^{-45}}{0.016120}\right]$

$60\ 202.87402 = \text{PMT}(1.016120)(33.24248) = 33.77835\ \text{PMT}$

PMT = $\boxed{\$1782.29}$

(Set P/Y = 4; C/Y = 2) 60 202.87402 PV 0 FV 6.5 I/Y 48 N CPT PMT −1782.29

(e) $PV = 16\,750.00;\ i = 3.25\%;\ = \dfrac{2}{12} = 0.1\dot{6}$

$p = (1.0325)^{0.1\dot{6}} - 1 = 1.005345 - 1 = 0.5345\%$

$PMT = 16\,750.00(0.005345) = \boxed{\$89.52}$

(f) $PV(due) = 16\,750.00;\ i = 3.25\%;\ c = \dfrac{2}{1} = 2$

$p = (1.0325)^2 - 1 = 1.066056 - 1 = 6.6056\%$

$PMT = (16\,750.00 - PMT)0.066056$

$PMT = 1106.442188 - 0.066056\,PMT$

$1.066056\,PMT = 1106.442188$

$PMT = \boxed{\$1037.88}$

31. $PV = 20\,000.00;\ PMT = 1223.00;\ i = 1.95\%;\ d = 10$

$20\,000.00(1.0195)^{10} = 1223.00\left[\dfrac{1 - 1.0195^{-n}}{0.0195}\right]$

$20\,0000(1.213032) = 62\,717.94872(1 - 1.0195^{-n})$

$24\,260.64242 = 62\,717.94872(1 - 1.0195^{-n})$

$0.386821 = 1 - 1.0195^{-n}$

$1.0195^{-n} = 1 - 0.386821 = 0.613179$

$-n \ln 1.0195 = \ln 0.613179$

$-0.019312n = -0.489099$

$n = 25.33$ quarters $= \boxed{6\text{ years, 6 months}}$

(Set P/Y = 4; C/Y = 4) 20 000 [PV] 0 [FV] 1223 ± [PMT] 7.8 [I/Y] [CPT] [N] 25.33

33. $PMT = 11\,000.00;\ i = 6.5\%$

$PV = 11\,000.00 + \dfrac{11\,000.00}{0.065} = 11\,000 + 169\,230.77 = \boxed{\$180{,}230.77}$

Self–Test

1. PMT = 1800.00; $i = 1.31\%$; $n = 72$

   $$FV(due) = 1800.00(1.0131)\left[\frac{1.0131^{72}-1}{0.0131}\right]$$

   $ = 1800(1.0131)(118.511878)$

   $ = \boxed{\$216\,115.89}$

   (Set P/Y = 4; C/Y = 4)("BGN" Mode) 0 $\boxed{PV}$ 1800 $\boxed{\pm}$ $\boxed{PMT}$ 5.24 $\boxed{I/Y}$ 72 $\boxed{N}$ $\boxed{CPT}$ $\boxed{FV}$
   216 115.89

3. PV(due) = 10 104.00; $i = 4.4\%$; $n = 10$

   $$10\,104.00 = PMT(1.044)\left[\frac{1-1.044^{-10}}{0.044}\right]$$

   $10\,104 = PMT(1.044)(7.951768)$

   $10\,104 = 8.301645\,PMT$

   $PMT = \boxed{\$1217.11}$

   (Set P/Y = 2; C/Y = 2)("BGN" Mode) 10 104 $\boxed{PV}$ 0 $\boxed{FV}$ 8.8 $\boxed{I/Y}$ 10 $\boxed{N}$ $\boxed{CPT}$ $\boxed{PMT}$
   –1217.11

5. PMT = 145.00; $i = 1.06\%$; $n = 144$; $c = \dfrac{2}{12} = 0.1\dot{6}$

   $p = (1.0106)^{0.1\dot{6}} - 1 = 1.001759 - 1 = 0.1759\%$

   $FV(due) = 145.00(1.001759)\,C$

   $ = 145(1.001759)(163.71579)$

   $ = \boxed{\$23\,780.54}$

   (Set P/Y = 12; C/Y = 2)("BGN" Mode) 0 $\boxed{PV}$ 145 $\boxed{\pm}$ $\boxed{PMT}$ 2.12 $\boxed{I/Y}$ 144 $\boxed{N}$ $\boxed{CPT}$ $\boxed{FV}$
   23 780.54

7. PMT = 1680.00; $i = 2.75\%$; $n = 16$

   $$FV(due) = 1680.00(1.0275)\left[\frac{1.0275^{16}-1}{0.0275}\right]$$

   $ = 1680(1.0275)(19.763979) = 34\,116.5814$

   PV = 34 116.5814; $n = 240$; $i = 0.05\%$

   $$34\,116.5814 = PMT\left[\frac{1-1.005^{-240}}{0.005}\right]$$

34 116.5814 = 139.580772PMT

PMT = $244.42

(Set P/Y = 2; C/Y = 2) ("BGN" Mode) 0 PV 1680 ± PMT 5.5 I/Y 16 N CPT FV 34 116.5814

(Set P/Y=12; C/Y=4) 0 FV 6 I/Y 240 N 34 116.5814 PV CPT PMT −244.42

9. FV = 39 600.00(1.00875)^{16} = 39 600(1.149574) = $45 523.112
   PV = 45 523.11268; PMT = 6000.00; n = 14
   (Set P/Y = 2; C/Y = 2) 0 FV 45 523.11268 PV 6000 ± PMT 14 N CPT I/Y 18.927
   The rate is 18.927% compounded semi–annually.

11. FV = 27 350.00(1.005)^{72} = 27 350(1.432044278) = $39 166.41102
    PV(due) = 39 166.41102; PMT = 1600.00; i = 2.48%

    $$39\,166.41102 = 1600(1.0248)\left[\frac{1-1.0248^{-n}}{0.0248}\right]$$

    $$23.88661874 = \left[\frac{1-1.0248^{-n}}{0.0248}\right]$$

    $0.592388144 = 1 - 1.0248^{-n}$

    $1.0248^{-n} = 1 - 0.592388144 = 0.407611855$

    $-n \ln 1.0248 = \ln 0.407611855$

    $-0.0244970 = 0.897439893$

    n = 36.63 (semi–annual periods) = 18.5 years.

    (Set P/Y = 2; C/Y = 2)("BGN" Mode) 39 166.41102 PV 0 FV 1600 ± PMT 4.96 I/Y CPT N 36.63

13. FV = 50 000.00(1.04)^4 = 50 000(1.169859) = $58 492.928
    PMT = 58 492.928(0.04) = $2339.72

Chapter 14   Amortization of Loans, Including Residential Mortgages

Exercise **14.1**

A. 1. (a) $PV_n = 12\,000.00$; $i = 2.5\%$; $n = 32$

$$12\,000.00 = PMT\left[\frac{1-1.025^{-32}}{0.025}\right]$$

$12\,000.00 = 21.849178\,PMT$

$PMT = \boxed{\$549.22}$

(Set P/Y = 4; C/Y = 4) 12 000 $\boxed{\pm}$ $\boxed{PV}$ 10 $\boxed{I/Y}$ 32 $\boxed{N}$ $\boxed{CPT}$ $\boxed{PMT}$ 549.22

(b) $PMT = 549.22$; $i = .025$

$FV = 12\,000(1.025)^{20} = 19\,663.40$

$$FV_{20} = 549.22\left[\frac{1.025^{20}-1}{0.025}\right] = 14\,029.64$$

Balance = $19\,663.40 - 14\,029.64 = \boxed{\$5633.76}$

Alternatively, using the Amortization worksheet,

("END" mode) P/Y = 4; C/Y = 4; $\boxed{2nd}$ (CLR TVM) 32 $\boxed{N}$ 10 $\boxed{I/Y}$ 12 000 $\boxed{PV}$ 549.22 $\boxed{\pm}$ $\boxed{PMT}$ 0 $\boxed{FV}$

$\boxed{2nd}$ $\boxed{AMORT}$ P1 = 20, P2 = 20 $\Downarrow$ BAL = 5633.76

(c) Interest for payment period 21 is $5633.76(0.025) = \boxed{\$140.84}$

(d) Principal repaid = $549.22 - 140.84 = \boxed{\$408.38}$

3. (a) $PV_n = 15\,000.00$; $i = 4\%$; $n = 20$

$$15\,000.00 = PMT\left[\frac{1-1.04^{-20}}{0.04}\right]$$

$15\,000.00 = 13.590326\,PMT$

$PMT = \boxed{\$1103.73}$

(Set P/Y = 2; C/Y = 2) 15 000 $\boxed{\pm}$ $\boxed{PV}$ 8 $\boxed{I/Y}$ 20 $\boxed{N}$ $\boxed{CPT}$ $\boxed{PMT}$ 1103.73

(b) $PMT = 1103.73$; $i = 0.04$

$FV = 15\,000(1.04)^{15} = 27\,014.15$

$$FV_{15} = 1103.73\left[\frac{1.04^{15}-1}{0.04}\right] = 22\,100.63$$

Balance = $27\,014.15 - 22\,100.63 = \boxed{\$4913.52}$

Alternatively, using the Amortization worksheet,

("END" mode) P/Y = 2; C/Y = 2; 2nd (CLR TVM) 20 N 8 I/Y 15 000 PV
1103.73 ± PMT 0 FV

2nd AMORT P1 = 15, P2 = 15 ↓ BAL = 4513.52

(c) Interest for payment period 16 is $4513.52(0.04) = $196.54

(d) Principal repaid = 1103.73 – 196.54 = $907.19

B. 1. (a) $PV_n = 12\,000.00$; PMT = 750.00; $i = 2.0\%$

$$12000.00 = 750.00 \left[\frac{1 - 1.02^{-n}}{0.02} \right]$$

$$16 = \frac{1 - 1.02^{-n}}{0.02}$$

$$0.32 = 1 - 1.02^{-n}$$

$$1.02^{-n} = 0.68$$

$$-n \ln 1.02 = \ln 0.68$$

$$-0.019803n = -0.385663$$

$$n = \boxed{19.48 \text{ quarters}}$$

Set P/Y = 4; C/Y = 4) 12 000 ± PV 8 I/Y 750 PMT CPT N 19.48

(b) Using the retrospective method:

PV = 12 000.00; $i = 2.0\%$; $n = 16$; PMT = 750.00

$FV = 12\,000.00(1.02)^{16} = 12\,000.00(1.372786) = \$16\,473.43$

$$FV_{16} = 750.00 \left[\frac{1.02^{16} - 1}{0.02} \right] = 750.00(18.639285) = \$13\,979.46$$

Outstanding balance = 16 473.43 – 13 979.46 = $\boxed{\$2493.97}$

(Set P/Y = 4; C/Y = 4) 12 000 ± PV 0 PMT 8 I/Y 16 N CPT FV 16 473.43

0 PV 750 ± PMT 8 I/Y 16 N CPT FV 13 979.46

3. (a) $PV_n = 21\,000.00$; PMT = 2000.00; $i = 4.5\%$

$$21\,000.00 = 2000.00 \left[\frac{1 - 1.045^{-n}}{0.045} \right]$$

$$10.5 = \frac{1 - 1.045^{-n}}{0.045}$$

$$0.4725 = 1 - 1.045^{-n}$$

$$1.045^{-n} = 0.5275$$

$$-n \ln 1.045 = \ln 0.5275$$

$$-0.044017n = -0.639606$$

$$n = \boxed{14.53 \text{ half-years}}$$

(Set P/Y = 2; C/Y = 2) 21 000 $\pm$ PV 9 I/Y 2000 PMT CPT N 14.53

(b) Using the retrospective method:

$FV = 21\,000.00(1.045)^{10} = 21\,000.00(1.552969) = \$32\,612.36$

$FV_{10} = 2000.00 \left[\dfrac{1.045^{10} - 1}{0.045} \right] = 2000.00(12.288209) = \$24\,576.42$

Balance = 32 612.36 − 24 576.42 = $\boxed{\$8035.94}$

(Set P/Y = 2; C/Y = 2) 21 000 $\pm$ PV 0 PMT 9 I/Y 10 N CPT FV 32 612.36
0 PV 2000 $\pm$ PMT 9 I/Y 10 N CPT FV 24 576.42

C. 1. (a) $PV_n = 36\,000.00 − 4000.00 = 32\,000.00$; $i = 2\%$; $n = 60$

$32\,000.00 = PMT \left[\dfrac{1 - 1.02^{-60}}{0.02} \right]$

$32\,000.00 = 34.760887\,PMT$

PMT = $\boxed{\$920.57}$

(Set P/Y = 4; C/Y = 4) 32 000 $\pm$ PV 8 I/Y 60 N CPT PMT 920.57

(b) PMT = 920.57; $i = 0.02$

$FV = 32\,000(1.02)^{40} = 70\,657.27$

$FV_{40} = 920.57 \left[\dfrac{1.02^{40} - 1}{0.02} \right] = 55\,604.25$

Balance = 70 657.27 − 55 604.25 = $\boxed{\$15\,053.02}$

Alternatively, using the Amortization worksheet,

("END" mode) P/Y = 4; C/Y = 4; 2nd (CLR TVM) 60 N 8 I/Y 32 000 PV
920.57 $\pm$ PMT 0 FV

2nd AMORT P1 = 40, P2 = 40 ↓ BAL = 15 053.02

(c) Total paid = 4000.00 + 60(920.57) = $\boxed{\$59\,234.20}$

(d) Total interest paid = 55 234.20 − 32 000.00 = $\boxed{\$23\,234.20}$

3. (a) $PV_n = 5500.00$; $i = 0.75\%$; $n = 48$

$5500.00 = PMT \left[\dfrac{1 - 1.0075^{-48}}{0.0075} \right]$

$5500.00 = 40.184782\,PMT$

PMT = $\boxed{\$136.87}$

(Set P/Y = 12; C/Y = 12) 5500 $\pm$ PV 9 I/Y 48 N CPT PMT 136.87

(b) PMT = 136.87; $i = 0.0075$

$FV = 5500(1.0075)^{13} = 6061.06$

$$FV_{13} = 136.87 \left[\frac{1.0075^{13} - 1}{0.0075} \right] = 1861.63$$

Balance = 6061.06 − 1861.63 = 4199.43

Alternatively, using the Amortization worksheet,

("END" mode) P/Y = 12; C/Y = 12; $\boxed{2^{nd}}$ (CLR TVM) 48 $\boxed{N}$ 9 $\boxed{I/Y}$ 5500 $\boxed{PV}$ 136.87 $\boxed{\pm}$ $\boxed{PMT}$ 0 $\boxed{FV}$

$\boxed{2^{nd}}$ $\boxed{AMORT}$ P1 = 13, P2 = 13 $\boxed{\downarrow}$ BAL = 4199.43

(c) Interest for payment period 14 is $4199.43(0.0075) = 31.50

(d) Principal repaid = 136.87 − 31.50 = 105.37

5. (a) PMT = 2300.00; $i = 0.67\%$; $n = 36$

$$PV = 2300.00 \left[\frac{1 - 1.0067^{-36}}{0.0067} \right]$$

$$= 2300(31.893022) = \$73\,353.95$$

(Set P/Y = 12; C/Y = 12) 0 $\boxed{FV}$ 2300 $\boxed{\pm}$ $\boxed{PMT}$ 8.04 $\boxed{I/Y}$ 36 $\boxed{N}$ $\boxed{CPT}$ $\boxed{PV}$ 73 353.95

(b) PV = 73 353.95; PMT = 2300.00; $i = 0.67\%$

FV = 73 353.95(1.0067)^{12} = 73 353.95(1.0834299) = 79 473.86

$$FV_{12} = 2300.00 \left[\frac{1.0067^{12} - 1}{0.0067} \right] = 28\,640.12$$

Balance = 79 473.86 − 28 640.12 = $\$50\,833.74$

("END" mode) P/Y = 12; C/Y = 12 $\boxed{2^{nd}}$ (CLR TVM) 36 $\boxed{N}$ 8.04 $\boxed{I/Y}$ 73 353.95 $\boxed{PV}$ 2300 $\boxed{\pm}$ $\boxed{PMT}$ 0 $\boxed{FV}$

$\boxed{2^{nd}}$ $\boxed{AMORT}$ P1 = 12, P2 = 12 $\boxed{\downarrow}$ BAL = 50 833.74

(c) Interest paid = 2300.00(12) − (73 353.95 − 50 833.74) = 27 600 − 22 520.21 = $\$5079.79$

(d) Principal repaid = 73 353.95 − 50 833.74 = $\$22\,520.21$

7. $PV_n = 10\,000.00$; $i = 7.75\%$; $n = 7$

$$10\,000.00 = PMT \left[\frac{1 - 1.0775^{-7}}{0.0775} \right]$$

10 000.00 = 5.251184 PMT

PMT = $\$1904.33$

(Set P/Y = 1; C/Y = 1) 10 000 $\boxed{\pm}$ $\boxed{PV}$ 7.75 $\boxed{I/Y}$ 7 $\boxed{N}$ $\boxed{CPT}$ $\boxed{PMT}$ 1904.33

Amortization Schedule

Payment	Amount paid	Interest paid	Principal repaid	Outstanding principal
0				10000.00
1	1904.33	775.00	1129.33	8870.67
2	1904.33	687.48	1216.85	7653.82
3	1904.33	593.17	1311.16	6342.66
4	1904.33	491.56	1412.77	4929.88
5	1904.33	382.07	1522.26	3407.62
6	1904.33	264.09	1640.24	1767.38
7	1904.33	136.97	1767.38	
Total	13330.31	3330.33	10000.00	

9. $PV_n = 9200.00$; PMT = 2000.00; $i = 11\%$

Payment number	Amount paid	Interest paid	Principal repaid	Outstanding principal
0				9,200.00
1	2,000.00	1,012.00	988.00	8,212.00
2	2,000.00	903.32	1,096.68	7,115.32
3	2,000.00	782.69	1,217.31	5,898.01
4	2,000.00	648.78	1,351.22	4,546.79
5	2,000.00	500.15	1,499.85	3,046.93
6	2,000.00	335.16	1,664.84	1,382.09
7	1,534.12	152.03	1,382.09	—
Total	13,534.12	4,334.13	9,200.00	

11. PMT = 1904.33; $i = 7.75\%$

$FV = 10\,000(1.0775)^3 = 12\,509.84$

$FV_3 = 1904.33 \left[\dfrac{1.0775^3 - 1}{0.0775} \right] = 6167.18$

Balance = 12509.84 − 6167.18 = $6342.66

Alternatively, using the Amortization worksheet,

("END" mode) P/Y = 1; C/Y = 1; 2nd (CLR TVM) 7 N 7.75 I/Y 10 000 PV
1904.33 ± PMT 0 FV

2nd AMORT P1 = 3, P2 = 3 ↓ BAL = 6342.66

Interest for payment period 4 is 6342.66(0.775) = $491.56

13. Use the retrospective method:

$PV_n = 9200.00$; PMT = 2000.00; $i = 11\%$

Accumulated value of principal after three payments

$= 9200.00(1.11)^3 = 9200.00(1.367631) = \$12\,582.21$

Accumulated value of first three payments

$$= 2000.00 \left[\frac{1.11^3 - 1}{0.11}\right] = 2000.00(3.3421) = \$6684.20$$

$FV_3 = 12\,582.21 - 6684.20 = 5898.01$

Interest paid in $PMT_4 = 5898.01(0.11) = 648.78$

Principal repaid $= 2000.00 - 648.78 = \boxed{1315.22}$

(Set P/Y = 1; C/Y = 1) 9200 $\pm$ PV 0 PMT 11 I/Y 3 N CPT FV 12 582.20
0 PV 2000 $\pm$ PMT 11 I/Y 3 N CPT FV 6684.20

15. (a) $PV_n = 85\,000.00$; $i = 2\%$; $n = 32$

$$85\,000.00 = PMT \left[\frac{1 - 1.02^{-32}}{0.02}\right]$$

$85\,000.00 = 23.468335\, PMT$

$PMT = \boxed{\$3621.90}$

(Set P/Y = 4; C/Y = 4) 85 000 $\pm$ PV 8 I/Y 32 N CPT PMT 3621.90

(b) $PMT = 3621.90$; $i = 0.02$

$FV = 85\,000(1.02)^{15} = 114\,398.81$

$$FV_{15} = 3621.90 \left[\frac{1.02^{15} - 1}{0.02}\right] = 62\,635.03$$

Balance $= 114\,398.81 - 62\,635.03 = 51\,763.78$

Alternatively, using the Amortization worksheet,

("END" mode) P/Y = 4; C/Y = 4 2nd (CLR TVM) 32 N 8 I/Y 85 000 PV
3621.90 $\pm$ PMT 0 FV

2nd AMORT P1 = 15, P2 = 15 ↓ BAL = 51 763.78

Interest for payment period 16 is $51\,763.78(0.02) = \boxed{\$1035.28}$

(c) $FV = 85\,000(1.02)^{19} = 1\,23\,828.95$

$$FV_{19} = 3621.90 \left[\frac{1.02^{19} - 1}{0.02}\right] = 82\,726.22$$

Balance $= 1\,23\,828.95 - 82\,726.22 = \$41\,102.73$

Alternatively, using the Amortization worksheet,

2nd AMORT P1 = 19, P2 = 19 ↓ BAL = 41 102.73

Interest for payment period 20 is $41102.73(0.02) = \$822.05$

Principal repaid $= \$3621.90 - \$822.05 = \boxed{\$2799.85}$

(d) $FV = 85\,000(1.02)^{29} = 150\,946.80$

$$FV_{29} = 3621.90 \left[\frac{1.02^{29} - 1}{0.02}\right] = 140\,501.60$$

Balance = $150\,946.80 - 140\,501 = \boxed{\$10\,445.20}$

Alternatively, using the Amortization worksheet,

("END" mode) P/Y = 4; C/Y = 4 $\boxed{\text{2nd}}$ (CLR TVM) 32 $\boxed{\text{N}}$ 8 $\boxed{\text{I/Y}}$ 85 000 $\boxed{\text{PV}}$
3621.90 $\boxed{\pm}$ $\boxed{\text{PMT}}$ 0 $\boxed{\text{FV}}$

$\boxed{\text{2}^{\text{nd}}}$ $\boxed{\text{AMORT}}$ P1 = 29, P2 = 29 $\boxed{\downarrow}$ BAL = 10 445.20

Partial Amortization Schedule

Payment number	P1	P2	Amount paid	Interest Paid $i = 0.02$	Principal repaid	Outstanding Principal balance
0						85 000.00
1	1	1	3621.90	1700.00	1921.90	83 078.10
2	2	2	3621.90	1661.56	1960.34	81 117.76
3	3	3	3621.90	1622.36	1999.54	79 118.22
⋮	⋮	⋮	⋮	⋮	⋮	⋮
⋮	⋮	⋮	⋮	⋮	⋮	⋮
29	⋮	⋮	⋮	⋮	⋮	10 445.20
30	30	30	3621.90	208.90	3413.00	7032.14
31	31	31	3621.90	140.64	3481.26	3550.88

Note that for payment 32, BAL = 0.07, indicating an underpayment, so the actual payment is $3621.90 + 0.07 = 3621.97$

32	32	32	3621.97	71.02	3550.88	0
Total			115 900.87	30 900.87	85 000.00	

17. (a) $PV_n = 24\,000.00$; PMT = 2500.00; $i = 5.5\%$

$$24\,000.00 = 2500.00 \left[\frac{1 - 1.055^{-n}}{0.055}\right]$$

$$9.60 = \frac{1 - 1.055^{-n}}{0.055}$$

$$0.528 = 1 - 1.055^{-n}$$

$$1.055^{-n} = 0.472$$

$$-n \ln 1.055 = \ln 0.472$$

$$-0.05354\,1n = -0.750776$$

$$n = \boxed{14.02 \text{ half-years}}$$

(Set P/Y = 2; C/Y = 2) 24 000 $\boxed{\pm}$ $\boxed{\text{PV}}$ 11 $\boxed{\text{I/Y}}$ 2500 $\boxed{\text{PMT}}$ $\boxed{\text{CPT}}$ $\boxed{\text{N}}$ 14.02

(b) Use the retrospective method:

$PV_n = 24\,000.00$; PMT = 2500.00; $i = 5.5\%$; $n = 5$

$FV = 24\,000.00(1.055)^5 = 24\,000.00(1.306960) = \$31\,367.04$

$FV_5 = 2500.00 \left[\dfrac{1.055^5 - 1}{0.055} \right] = 2500.00(5.581091) = \$13\,952.73$

Balance = 31 367.04 − 13 952.73 = $17 414.31

Interest paid in $PMT_6 = 17\,414.31(0.055) = \boxed{\$957.79}$

(Set P/Y = 2; C/Y = 2) 24 000 $\pm$ PV 0 PMT 11 I/Y 5 N CPT FV
31 367.04

0 PV 2500 $\pm$ PMT 11 I/Y 5 N CPT FV 13 952.73

(c) Use the retrospective method:

$PV_n = 24\,000.00$; PMT = 2500.00; $i = 5.5\%$; $n = 9$

$FV = 24\,000.00(1.055)^9 = 24\,000.00(1.619094) = \$38\,858.26$

$FV_9 = 2500.00 \left[\dfrac{1.055^9 - 1}{0.055} \right] = 2500.00(11.256260) = \$28\,140.65$

Balance = 38 858.26 − 28 140.65 = $10 717.61

Interest paid in $PMT_{10} = 10\,717.61(0.055) = \$589.47$

Principal repaid = 2500.00 − 589.47 = $\boxed{\$1910.53}$

(Set P/Y = 2; C/Y = 2) 24 000 $\pm$ PV 0 PMT 11 I/Y 9 N CPT FV 38 858.26

0 PV 2500 $\pm$ PMT 11 I/Y 9 N CPT FV 28 140.65

(d) Last three payments are PMT_{13}, PMT_{14}, PMT_{15}.

To find the balance outstanding after 12 payments, use the retrospective method:

$PV_n = 24\,000.00$; PMT = 2500.00; $i = 5.5\%$; $n = 12$

$FV = 24\,000.00(1.055)^{12} = 24\,000.00(1.901207) = \$45\,628.98$

$FV_{12} = 2500.00 \left[\dfrac{1.055^{12} - 1}{0.055} \right] = 2500.00(16.385591) = \$40\,963.98$

Balance = 45 628.98 − 40 963.98 = $\boxed{\$4665.00}$

(Set P/Y = 2; C/Y = 2) 24 000 $\pm$ PV 0 PMT 11 I/Y 12 N CPT FV
45 628.98 0 PV 2500 $\pm$ PMT 11 I/Y 12 N CPT FV 40 963.98

Partial Amortization Schedule

Payment number	Amount paid	Interest Paid $i = 0.055$	Principal repaid	Outstanding Principal balance
0				24 000.00
1	2 500.00	1 320.00	1 180.00	22 820.00
2	2 500.00	1 255.10	1 244.90	21 575.10
3	2 500.00	1 186.63	1 313.37	20 261.73
⋮	⋮	⋮	⋮	⋮
⋮	⋮	⋮	⋮	⋮
12	⋮	⋮	⋮	4 665.00
13	2 500.00	256.58	2 243.42	2 421.58
14	2 500.00	133.19	2 366.81	54.77
15	57.78	3.01	54.77	—
Total	35 057.78	11 057.78	24 000.00	

Exercise 14.2

A. 1. (a) $PV_n = 36\,000.00$; $i = 2\%$; $n = 40$; $c = \dfrac{4}{2} = 2$

$p = 1.02^2 - 1 = 1.0404 - 1 = 4.04\%$

$$36\,000.00 = PMT\left[\dfrac{1 - 1.0404^{-40}}{0.0404}\right]$$

$36\,000.00 = 19.675502\ PMT$

$PMT = \$1829.69$

(Set P/Y = 2; C/Y = 4) 36 000 ± PV 8 I/Y 40 N CPT PMT 1829.69

(b) PMT = 1829.69; $p = 0.0404$

$FV = 36\,000(1.0404)^{25} = 96\,897.17$

$$FV_{25} = 1829.69\left[\dfrac{1.0404^{25} - 1}{0.0404}\right] = 76\,610.93$$

Balance = 96 897.17 − 76 610.93 = $\boxed{\$20\,286.24}$

Alternatively, using the Amortization worksheet,

("END" mode) P/Y = 25; C/Y = 25 2nd (CLR TVM) 40 N 8 I/Y 36 000 PV 1829.69 ± PMT 0 FV

2nd AMORT P1 = 25, P2 = 25 ↓ BAL = 20 286.24

(c) Interest for payment period 26 is $20286.24(0.0404) = $\boxed{\$819.56}$

(d) Principal repaid = $1829.69 − $819.56 = $\boxed{\$1010.13}$

3. (a) $PV_{nc} = 8500.00$; $i = 3\%$; $n = 60$; $c = \dfrac{2}{12} = \dfrac{1}{6}$

$$p = 1.03^{\frac{1}{6}} - 1 = 1.004939 - 1 = 0.4939\%$$

$$8500.00 = PMT\left[\dfrac{1 - 1.004939^{-60}}{0.004939}\right]$$

$$8500.00 = 51.817308\ PMT$$

$$PMT = \boxed{\$164.04}$$

(Set P/Y = 12; C/Y = 2) 8500 $\pm$ PV 6 I/Y 60 N CPT PMT 164.04

(b) PMT = 164.04; $p = 0.004939$

$$FV = 8500(1.004939)^{30} = 9853.83$$

$$FV_{30} = 164.04\left[\dfrac{1.004939^{30} - 1}{0.004939}\right] = 5290.41$$

Balance = 9853.83 − 5 29 041 = $\boxed{\$4563.42}$

Alternatively, using the Amortization worksheet,

("END" mode) P/Y = 12; C/Y = 12 2nd (CLR TVM) 60 N 6 I/Y 8500 PV 164.04
$\pm$ PMT 0 FV

2nd AMORT P1 = 30, P2 = 30 ↓ BAL = 4563.42

(c) Interest for payment period 31 is $4563.42(0.004939) = \boxed{\$22.54}$

(d) Principal repaid = $164.04 − $22.54 = $\boxed{\$141.50}$

B. 1. (a) $PV_{nc} = 6000.00$; PMT = 400.00; $i = 0.5\%$; $c = \dfrac{12}{4} = 3$

$$p = 1.005^3 - 1 = 1.015075 - 1 = 1.5075\%$$

$$6000.00 = 400.00\left[\dfrac{1 - 1.015075^{-n}}{0.015075}\right]$$

$$15.00 = \dfrac{1 - 1.015075^{-n}}{0.015075}$$

$$0.226127 = 1 - 1.015075^{-n}$$

$$1.015075^{-n} = 0.773874$$

$$-n \ln 1.015075 = \ln 0.773874$$

$$-0.014963n = -0.256347$$

$$n = \boxed{17.13 \text{ quarters}}$$

(Set P/Y = 4; C/Y = 12) 6000 $\pm$ PV 400 PMT 6 I/Y CPT N 17.13

(b) Use the retrospective method:

Accumulated value of principal:

$PV = 6000.00$; $i = 0.5\%$; $n = 10(3) = 30$

$$FV = 6000.00(1.005)^{30} = 6000.00(1.161400) = \$6968.40$$

Accumulated value of payments:

PMT = 400.00; $p = 1.5075\%$; $n = 10$

$$FV_{10} = 400.00\left[\frac{1.015075^{10} - 1}{0.015075}\right] = 400.00(10.706383) = \$4282.55$$

Balance = 6968.40 − 4282.55 = $\boxed{\$2685.85}$

(Set P/Y = 4; C/Y = 12) 6000 $\pm$ PV 0 PMT 6 I/Y 10 N CPT FV 6968.40
0 PV 400 $\pm$ PMT 6 I/Y 10 N CPT FV 4282.55

3. (a) $PV_{nc} = 23\,500.00$; PMT = 1800.00; $i = 7\%$; $c = \frac{1}{4}$

$$p = 1.07^{\frac{1}{4}} - 1 = 1.017059 - 1 = 1.7059\%$$

$$23\,500.00 = 1800.00\left[\frac{1 - 1.017059^{-n}}{0.017059}\right]$$

$$13.055556 = \frac{1 - 1.017059^{-n}}{0.017059}$$

$$0.222709 = 1 - 1.017059^{-n}$$

$$1.017059^{-n} = 0.777292$$

$$-n\ln 1.017059 = \ln 0.777292$$

$$-0.016915n = -0.251940$$

$$n = \boxed{14.894762 \text{ quarters}}$$

(Set P/Y = 4; C/Y = 1) 23 500 $\pm$ PV 1800 PMT 7 I/Y CPT N 14.894762

(b) Using the retrospective method:

Accumulated value of principal:

PV = 23 500.00; $i = 7\%$; $n = 14\left(\frac{1}{4}\right) = 3.50$

$$FV = 23\,500.00(1.07)^{3.5} = 23\,500.00(1.267194) = \$29\,779.07$$

Accumulated value of payments:

PMT = 1800.00; $p = 1.7059\%$; $n = 14$

$$FV_{14} = 1800.00\left[\frac{1.017059^{14} - 1}{0.017059}\right] = 1800.00(15.663388) = \$28\,194.10$$

Balance = 29 779.07 − 28 194.10 = $\boxed{\$1584.97}$

(Set P/Y = 4; C/Y = 1) 23 500 $\pm$ PV 0 PMT 7 I/Y 14 N CPT FV 29 779.07
0 PV 1800 $\pm$ PMT 7 I/Y 14 N CPT FV 28 194.10

CHAPTER 14 277

C. 1. (a) $PV_{nc} = 45\,000.00$; $i = 0.75\%$; $n = 30$; $c = \dfrac{12}{2} = 6$

$p = 1.0075^6 - 1 = 1.045852 - 1 = 4.5852\%$

$$45\,000.00 = PMT\left[\dfrac{1 - 1.045852^{-30}}{0.045852}\right]$$

$45\,000.00 = 16.126823\,PMT$

$PMT = \boxed{\$2790.38}$

(Set P/Y = 2; C/Y = 12) 45 000 $\boxed{\pm}$ $\boxed{PV}$ 9 $\boxed{I/Y}$ 30 $\boxed{N}$ $\boxed{CPT}$ $\boxed{PMT}$ 2790.38

(b) PMT = 2790.38; $p = 0.045852$

$FV = 45\,000(1.045852)^{11} = 73\,686.20$

$$FV_{11} = 2790.38\left[\dfrac{1.045852^{11} - 1}{0.045852}\right] = 38\,793.89$$

Balance = 73 686.20 − 38793.89 = $\boxed{\$34\,892.31}$

Alternatively, using the Amortization worksheet,

("END" mode) P/Y = 2; C/Y = 2 $\boxed{2^{nd}}$ (CLR TVM) 30 $\boxed{N}$ 9 $\boxed{I/Y}$ 45 000 $\boxed{PV}$ 2790.38 $\boxed{\pm}$ $\boxed{PMT}$ 0 $\boxed{FV}$

$\boxed{2^{nd}}$ $\boxed{AMORT}$ P1 = 11, P2 = 11 $\boxed{\downarrow}$ BAL = 34 892.31

(c) Interest for payment period 12 is $34 892.31(0.045852) = $\boxed{\$1599.89}$

(d) Principal repaid = $2790.38 − $1599.89 = $\boxed{\$1190.49}$

3. (a) $PV_{nc} = 36\,000.00$; $i = 3.5\%$; $n = 300$; $c = \dfrac{2}{12} = \dfrac{1}{6}$

$p = 1.035^{\frac{1}{6}} - 1 = 1.00575 - 1 = 0.575\%$

$$36\,000.00 = PMT\left[\dfrac{1 - 1.00575^{-300}}{0.00575}\right]$$

$36\,000.00 = 142.77296\,PMT$

$PMT = \boxed{\$252.15}$

(Set P/Y = 12; C/Y = 2) 36 000 $\boxed{\pm}$ $\boxed{PV}$ 7 $\boxed{I/Y}$ 300 $\boxed{N}$ $\boxed{CPT}$ $\boxed{PMT}$ 252.15

(b) PMT = 252.15; $p = 0.00575$

$FV = 36\,000(1.00575)^{36} = 44\,253.19$

$$FV_{36} = 252.15\left[\dfrac{1.00575^{36} - 1}{0.00575}\right] = 10\,053.27$$

Balance = 44 253.19 − 10 053.27 = $\boxed{\$34\,199.92}$

Alternatively, using the Amortization worksheet,

("END" mode) P/Y = 12; C/Y = 12 [2nd] (CLR TVM) 300 [N] 7 [I/Y] 36 000 [PV]
252.15 [±] [PMT] 0 [FV]

[2nd] [AMORT] P1 = 36, P2 = 36 [↓] BAL = 34 199.92

(c) Total paid = 252.15(36) = $9077.40

Reduction in principal = 36 000.00 − 34 199.92 = $1800.08

Interest paid = 9077.40 − 1800.08 = $7277.32

(d) ("END" mode) P/Y = 12; C/Y = 2 [2nd] (CLR TVM) 264 [N] 9 [I/Y] 34 199.92 [PV]
0 [FV] [CPT] [PMT] −294.2395 or $294.24

5. (a) $PV_{nc} = 10\,000.00$; PMT = 950.00; $i = 1.68\%$; $c = \frac{4}{2} = 2$

$p = 1.0168^2 − 1 = 1.033882 − 1 = 3.3882\%$

$$10\,000.00 = 950.00\left[\frac{1−1.033882^{−n}}{0.033882}\right]$$

$$10.526316 = \frac{1−1.033882^{−n}}{0.033882}$$

$0.356655 = 1 − 1.033882^{−n}$

$1.033882^{−n} = 0.643345$

$−n\ln 1.033882 = \ln 0.643345$

$−0.033321n = −0.441074$

$n = \boxed{13.24 \text{ half-years}}$

(Set P/Y = 2; C/Y = 4) 10 000 [±] [PV] 6.72 [I/Y] 950 [PMT] [CPT] [N] 15.41

(b) PMT = 950.00; PV = 10 000.00; $p = 3.3882\%$; $n = 12$

$FV_{12} = 10\,000.00(1.050625)^{12} = 14\,915.98$

$FV_{12} = 950.00\left[\frac{1.033882^{12}−1}{0.033882}\right] = 13\,808.92$

Balance = 14 915.98 − 13 808.92 = $1107.06

(Set P/Y = 2; C/Y = 4) 10 000 [±] [PV] 0 [PMT] 6.72 [I/Y] 12 [N] [CPT] [FV] 14 915.98
0 [PV] 950 [±] [PMT] 6.72 [I/Y] 12 [N] [CPT] [FV] 13 808.92

(c) Total paid = 950.00(12) = $11 400.00

Principal repaid = 10 000 − 1107.06 = $8892.94

Cost of loan = 11 400.00 − 8892.94 = $2507.06

7. $PV_{nc} = 16\,000.00$; $i = 2.25\%$; $n = 7$; $c = 4$

$p = 1.0225^4 − 1 = 1.093083 − 1 = 9.3083\%$

$$16\,000.00 = PMT\left[\frac{1-1.093083^{-7}}{0.093083}\right]$$

$$16\,000.00 = 4.9813023\,PMT$$

$$PMT = \boxed{\$3212.01}$$

(Set P/Y = 1; C/Y = 4) 16 000 $\pm$ PV 9 I/Y 7 N CPT PMT 3212.01

Amortization Schedule

Payment number	Amount paid	Interest Paid $p = 0.093083$	Principal repaid	Outstanding Principal balance
0				16 000.00
1	3 212.01	1 489.33	1 722.68	14 277.32
2	3 212.01	1 328.98	1 883.03	12 394.29
3	3 212.01	1 153.70	2 058.31	10 335.98
4	3 212.01	962.11	2 249.90	8 086.08
5	3 212.01	752.68	2 459.33	5 626.75
6	3 212.01	523.76	2 688.25	2 938.50
7	3 212.03	273.53	2 938.50	—
Total	22 484.09	6 484.09	16 000.00	

9. PMT = 3212.01; $p = 0.093083$

   $FV = 16\,000(1.093083)^4 = 22\,841.94$

   $FV_4 = 3212.01\left[\dfrac{1.093083^4 - 1}{0.093083}\right] = 14\,755.86$

   Balance = 22 841.94 − 14 755.86 = $8086.08

   Interest paid in $PMT_5 = 8086.08(0.093083) = \boxed{\$752.68}$

11. (a) PMT = 2160.00; $i = 0.62\%$; $n = 14$; $c = \dfrac{12}{4} = 3$

    $P = (1.0062)^3 - 1 = 1.018716 - 1 = 1.8716\%$

    $PV = 2160.00\left[\dfrac{1-1.018716^{-14}}{0.018716}\right] = \boxed{\$26\,387.44}$

    (Set P/Y = 4; C/Y = 12) 0 FV 7.44 I/Y 14 N 2160 $\pm$ PMT CPT PV 26 387.44

   (b) PMT = 2160.00; $i = 0.62\%$; $n = 14$; $c = \dfrac{12}{4} = 3$

    $P = (1.0062)^3 - 1 = 1.018716 - 1 = 1.8716\%$

    $FV = 26\,387.44(1.018716)^8 = 30\,607.00$

    $FV_8 = 2160.00\left[\dfrac{1.018716^8 - 1}{0.018716}\right] = 18\,455.29$

    Balance = 30 607.00 − 18 455.29 = $\boxed{\$12\,151.71}$

("END" mode) P/Y = 4 C/Y = 12 [2nd] (CLR TVM) 14 [N] 7.44 [I/Y] 26 387.44 [PV] 2160 [±] [PMT] 0 [FV]

[2nd] [AMORT] P1 = 8, P2 = 8 [↓] BAL = 12 151.71.

(c) Principal repaid = 26 387.44 – 12 151.71 = $14 235.73

(d) Interest = 2160(8) – 14 235.73 = 17 280 – 14 235.73 = $3 044.27

13. (a) $PV_{nc} = 140\,000.00$; $i = 2.925\%$; $n = 300$; $c = \frac{2}{12} = \frac{1}{6}$

$p = 1.02925^{\frac{1}{6}} - 1 = 1.004817 - 1 = 0.4817\%$

$140\,000.00 = PMT\left[\dfrac{1-1.004817^{-300}}{0.004817}\right]$

$140\,000.00 = 158.499292\, PMT$

PMT = $883.28

(Set P/Y = 12; C/Y = 2) 140 000 [±] [PV] 5.85 [I/Y] 300 [N] [CPT] [PMT] 883.28

(b) PMT = 883.28; $p = 0.4817\%$

$FV = 40\,000(1.004817)^{12} = 148\,309.95$

$FV_{12} = 883.28\left[\dfrac{1.004817^{12}-1}{0.004817}\right] = 10\,884.72$

Balance = 148 309.95 – 10 884.72 = 137 425.23

Total paid = 883.28(12) = 10 599.36

Principal repaid = 140 000.00 – 137 425.23 = 2574.77

Interest paid = 10599.36 – 2574.77 = $8024.59

Alternatively, using the Amortization worksheet,

("END" mode) P/Y = 12; C/Y = 2 [2nd] (CLR TVM) 300 [N] 5.85 [I/Y] 140 000 [PV] 883.28 [±] [PMT] 0 [FV]

[2nd] [AMORT] P1 = 1, P2 = 12 [↓] BAL = 137 425.23 [↓] PRN = 2574.77 [↓] INT = 8024.59

(c) PMT = 883.28; $p = 0.004817$

$FV = 140\,000(1.004817)^{47} = 175\,472.24$

$FV_{47} = 883.28\left[\dfrac{1.004817^{47}-1}{0.004817}\right] = 46\,463.85$

Balance = 175 472.24 – 46 463.85 = 129 008.39

Alternatively, using the Amortization worksheet,

("END" mode) P/Y = 12; C/Y = 2 [2nd] (CLR TVM) 300 [N] 5.85 [I/Y] 140 000 [PV] 883.28 [±] [PMT] 0 [FV]

[2nd] [AMORT] P1 = 47, P2 = 47 [↓] BAL = 129 008.39

Interest for payment period 48 is $129 008.39(0.004817) = $621.39

(d) PMT = 883.28; $p = 0.004817$

$FV = 140\,000(1.004817)^{60} = 186\,782.87$

$$FV_{60} = 883.28\left[\frac{1.004817^{60}-1}{0.004817}\right] = 61\,279.24$$

Balance = 186 782.87 − 61 279.24 = $125 503.63

Alternatively, using the Amortization worksheet,

("END" mode) P/Y = 12; C/Y = 2 2nd (CLR TVM) 300 N 5.85 I/Y 140 000 PV 883.28 ± PMT 0 FV

2nd AMORT P1 = 60, P2 = 60 ↓ BAL = 125 503.63

("END" mode) P/Y = 12; C/Y = 2 2nd (CLR TVM) 240 N 6.55 I/Y 125 503.63 PV 0 FV CPT PMT −932.94 or $932.94

Payment	Amount paid	Interest paid	Principal repaid	Outstanding Principal
0				140000.00
1	883.28	674.33	208.95	139791.05
2	883.28	673.32	209.96	139581.09
3	883.28	672.31	210.97	139370.12
60	883.28	605.84	277.44	125503.63
61	932.94	675.88	257.06	125246.56
62	932.94	674.49	258.45	124988.11
63	932.94	673.10	259.84	124728.27

Exercise 14.3

A. 1.   ("END" mode) P/Y = 4; C/Y = 4 2nd (CLR TVM) 9 I/Y 17 500 PV 1100 ± PMT 0 FV CPT N yields 19.914, or 20 payments. Set N = 20

Balance after 20 payments,

("END" mode) P/Y = 4; C/Y = 4 2nd (CLR TVM) 20 N 9 I/Y 17 500 PV 1100 ± PMT 0 FV

2nd AMORT P1 = 20, P2 = 20 ↓ BAL = −93.76, indicating an overpayment,

Final payment is $1100.00 − $93.76 = $1006.24

3.   ("BGN" mode) P/Y = 4; C/Y = 4 2nd (CLR TVM) 7 I/Y 9300 PV 580 ± PMT 0 FV CPT N yields 18.598, or 19 payments. Set N = 19

Balance after 19 payments,

("BGN" mode) P/Y = 4; C/Y = 4 2nd (CLR TVM) 19 N 7 I/Y 9600 PV 580 ± PMT 0 FV

2nd AMORT P1 = 19, P2 = 19 ↓ BAL = −231.74, indicating an overpayment,

Final payment is $580.00 − $231.74 = $348.26

5. ("END" mode) P/Y = 4; C/Y = 12 [2nd] (CLR TVM) 9 [I/Y] 29 500 [PV] 1650 [±] [PMT] 0 [FV] [CPT] [N] yields 23.184, or 24 payments. Set N = 24

Balance after 24 payments,

("END" mode) P/Y = 4; C/Y = 12 [2nd] (CLR TVM) 24 [N] 9 [I/Y] 29 500 [PV] 1650 [±] [PMT] 0 [FV]

[2nd] [AMORT] P1 = 24, P2 = 24 [↓] BAL = −1343.61, indicating an overpayment,

Final payment is $1650.00 − $1343.61 = $306.39

B. 1. (a) ("END" mode) P/Y = 4; C/Y = 4 [2nd] (CLR TVM) 11 [I/Y] 7200 [PV] 360 [±] [PMT] 0 [FV]

[CPT] [N] yields 29.434, or 30 payments. Set N = 30 payments

(b) Balance after 30 payments,

("END" mode) P/Y = 4; C/Y = 4 [2nd] (CLR TVM) 30 [N] 11 [I/Y] 7200 [PV] 360 [±] [PMT] 0 [FV]

[2nd] [AMORT] P1 = 30, P2 = 30 [↓] BAL = −202.53, indicating an overpayment,

Final payment is $360.00 − $202.53 = $157.47

3. (a) ("END" mode) P/Y = 12; C/Y = 12 [2nd] (CLR TVM) 12 [I/Y] 35 000 [PV] 925 [±] [PMT] 0 [FV]

[CPT] [N] yields 47.780, or 48 payments. Set N = 48 payments

(b) Balance after 48 payments,

("END" mode) P/Y = 12; C/Y = 12 [2nd] (CLR TVM) 49 [N] 12 [I/Y] 35 000 [PV] 925 [±] [PMT] 0 [FV]

[2nd] [AMORT] P1 = 48, P2 = 48 [↓] BAL = −203.00, indicating an overpayment,

Final payment is $925.00 − $203.00 = $722.00

5. ("END" mode) P/Y = 4; C/Y = 12 [2nd] (CLR TVM) 6 [I/Y] 25 000 [±] [PV] 1200 [PMT] 0 [FV]

[CPT] [N] yields 25.194, or 26 payments. Set N = 26

Balance after 26 payments,

("END" mode) P/Y = 4; C/Y = 12 [2nd] (CLR TVM) 26 [N] 6 [I/Y] 25 000 [±] [PV] 1200 [PMT] 0 [FV]

[2nd] [AMORT] P1 = 26, P2 = 26 [↓] BAL = 965.46, indicating an overpayment,

Final payment is $1200.00 − $965.46 = $234.54

7. ("BGN" mode) P/Y = 4; C/Y = 4 [2nd] (CLR TVM) 7 [I/Y] 20 000 [PV] 1000 [±] [PMT] 0 [FV]

[CPT] [N] yields 24.300, or 25 payments. Set N = 25

Balance after 25 payments,

("BGN" mode) P/Y = 4; C/Y = 4 [2nd] (CLR TVM) 25 [N] 7 [I/Y] 20 000 [PV] 1000 [±] [PMT] 0 [FV]

[2nd] [AMORT] P1 = 25, P2 = 25 [↓] BAL = –698.60, indicating an overpayment,

Final payment is $1000.00 – $698.60 = $301.40

9. ("BGN" mode) P/Y = 2; C/Y = 4 [2nd] (CLR TVM) 9 [I/Y] 42 000 [PV] 5000 [±] [PMT] 0 [FV]

[CPT] [N] yields 10.227, or 11 payments. Set N = 11

Balance after 11 payments,

("BGN" mode) P/Y = 2; C/Y = 4 [2nd] (CLR TVM) 11 [N] 9 [I/Y] 42 000 [PV] 5000 [±] [PMT] 0 [FV]

[2nd] [AMORT] P1 = 11, P2 = 11 [↓] BAL = –3847.12, indicating an overpayment,

Final payment is $5000.00 – $3847.12 = $1152.88

11. (a) Determining the growth of the $16 000 during the deferment,

("END" mode) P/Y = 4; C/Y = 4 [2nd] (CLR TVM) 40 [N] 10 [I/Y] 16 000 [±] [PV]

0 [PMT] [CPT] [FV] gives 42 961.02

("END" mode) P/Y = 4; C/Y = 4 [2nd] (CLRTVM) 10 [I/Y] 42 961.02 [±] [PV]
1375 [PMT] 0 [FV] [CPT] [N] yields 61.524, or 62 payments. Set N = 62 payments

(b) Balance after 62 payments,

("END" mode) P/Y = 4; C/Y = 4 [2nd] (CLR TVM) 62 [N] 10 [I/Y] 42 961.02 [±] [PV] 1375 [PMT] 0 [FV]

[2nd] [AMORT] P1 = 62, P2 = 62 [↓] BAL = –650.54, indicating an overpayment,

Final payment is $1375.00 – $650.54 = $724.46

(c) Total Paid = $1375.00(61) + $724.47 = $84 599.46

(d) Interest = $84 599.46 – $16 000.00 = $68 599.46

Exercise 14.4

1. (a) PV = 170 000.00; $n = 12(25) = 300$; $i = 2.445\%$; $c = 0.1\dot{6}$

    $P = 1.02445^{0.16} - 1 = 1.004034 - 1 = 0.4034\%$

    $$170\ 000.00 = PMT\left[\frac{1-1.004034^{-300}}{0.004034}\right] = 173.804552 PMT$$

    PMT = $978.11

    (b) PMT = 978.11; $p = 0.4034\%$

    $FV = 170\ 000.00(1.004034)^{36} = 196\ 514.01$

    $$FV_{36} = 978.11\left[\frac{1.004034^{36}-1}{0.004034}\right] = 37\ 815.34$$

Balance is 196 514.01 − 37 815.34 = $\boxed{\$158\,698.67}$

("END" mode) P/Y = 12; C/Y = 2 [2nd] (CLR TVM) 300 [N] 4.89 [I/Y] 170 000 [PV]
978.11 [±] [PMT] 0 [FV]

[2nd] [AMORT] P1 = 36, P2 = 36 [↓] BAL = 158 698.67

(c) ("END" mode) P/Y = 12; C/Y = 2 [2nd] (CLR TVM) 264 [N] 5.24 [I/Y] 158 698.67 [PV]
0 [FV] [CPT] [PMT] −1008.85 or $\boxed{\$1008.85}$

3. (a) $PV_{nc} = 40\,000.00;\ n = 12(10) = 120;\ i = \dfrac{7.15\%}{2} = 3.575\%;\ c = \dfrac{1}{6}$

$p = 1.03575^{\frac{1}{6}} - 1 = 1.005871 - 1 = 0.5871\%$

$40\,000.00 = PMT\left[\dfrac{1 - 1.005871^{-120}}{0.005871}\right]$

$40\,000.00 = PMT\,(85.951596)$

PMT = 465.38

The rounded monthly payment is $500.00

$PV_{nc} = 40\,000.00;$ PMT = 500; $p = 0.5871\%$

(Set P/Y = 12; C/Y = 2) 40 000 [±] [PV] 7.15 [I/Y] 20 [N] [CPT] [PMT] 465.38

$40\,000.00 = 500\left[\dfrac{1 - 1.005871^{-n}}{0.005871}\right]$

$0.469719 = 1 - 1.005871^{-n}$

$1.005871^{-n} = 0.530281$

$-n\ln 1.005871 = \ln 0.530281$

$-0.005855n = -0.634347$

$n = \boxed{108.36 \text{ months or 109 payments}}$

(Set P/Y = 12; C/Y = 2) 40 000 [±] [PV] 550 [PMT] 7.15 [I/Y] [CPT] [N] 108.36

(b) PMT = 500.00; $p = 0.005871$

Balance after 108 payments:

$FV = 40\,000(1.005871)^{108} = 75\,274.78$

$FV_{108} = 500\left[\dfrac{1.005871^{108} - 1}{0.005871}\right] = 75\,097.69$

Balance = 75 274.78 − 75 097.69 = 177.09

The last payment is $177.09(0.005871) = \boxed{\$178.13}$

Alternatively, using the Amortization worksheet,

("END" mode) P/Y = 12; C/Y = 2 [2nd] (CLR TVM) 109 [N] 7.15 [I/Y] 40 000 [PV] 500
[±] [PMT] 0 [FV]

[2nd] [AMORT] P1 = 109, P2 = 109 [↓] BAL = −321.87, indicating an overpayment,

The final payment is 500.00 − 321.87 = $178.13

(c) Total amount paid with unrounded payments

= 120(465.38) = 55 845.60

Total amount paid with rounded payments

= 108(500) + 178.13 = 54 178.13

Amount of interest saved = 55 845.60 − 54 178.13 = $1667.47

5. PV = 1 80 000.00; PMT = 1224.00; n = 240

(Set P/Y = 12; C/Y = 2) 180 000 ± PV 1224 PMT 240 N CPT I/Y 5.42

The nominal annual rate is 5.42% compounded semi-annually.

7. (a) PV_{nc} = 105 000.00; $n = 12(20) = 240$; $i = \dfrac{4.39\%}{2} = 2.195\%$; $c = \dfrac{1}{6}$

$p = 1.02195^{\frac{1}{6}} - 1 = 1.003625 - 1 = 0.003625 = 0.3625\%$

$$105\,000.00 = PMT\left[\dfrac{1 - 1.003625^{-240}}{0.003625}\right]$$

105 000.00 = PMT(160.116050)

PMT = 655.77

(Set P/Y − 12; C/Y = 2) 1 05 000 ± PV 240 N 4.39 I/Y CPT PMT 655.77

Balance at end of three years.

PMT = 655.77; $p = 0.003625$

Balance after 36 payments:

FV = 105 000(1.003625)^{36} = 119 609.92

$$FV_{36} = 655.77\left[\dfrac{1.003625^{36} - 1}{0.003625}\right] = 25\,168.89$$

Balance = 119 609.92 − 25 168.89 = 94 441.03

New balance is 94 441.03 − 7 000.00 = 87 441.03

Alternatively, using the Amortization worksheet,

("END" mode) P/Y = 12; C/Y = 2 2nd (CLR TVM) 240 N 4.39 I/Y 105 000
   PV 823.09 ± PMT 0 FV

2nd AMORT P1 = 36, P2 = 36 ↓ BAL = 94 441.03

Balance after four years, or 12 more payments,

FV = 87 441.03(1.003625)^{12} = 91 321.82

$$FV_{12} = 655.77\left[\dfrac{1.003625^{12} - 1}{0.003625}\right] = 8028.06$$

Balance = 91 321.82 − 8028.06 = $83 293.76

(b) $PV_{nc} = 83\ 293.76$; $PMT = 655.77$; $p = 0.003625$

$$83\ 293.76 = 655.77\left[\frac{1-1.003625^{-n}}{0.003625}\right]$$

$$0.460476 = 1 - 1.003625^{-n}$$

$$1.003625^{-n} = 0.539524$$

$$-n\ln 1.003625 = \ln 0.539524$$

$$-0.003618n = -0.617068$$

$$n = 170.53 \text{ months} = \boxed{171 \text{ payments}}$$

(Set P/Y = 12; C/Y = 2) 86 514.99 $\pm$ PV 823.09 PMT 4.39 I/Y CPT N 170.53

(c) Balance after another 170 payments,

$FV = 83\ 293.76(1.003625)^{170} = 154\ 094.04$

$$FV_{170} = 655.77\left[\frac{1.003625^{170}-1}{0.003625}\right] = 153\ 754.58$$

Balance = 154 094.04 − 153 754.58 = 339.46

Final payment is 339.46(1.003625) = 340.69

Total contractual amount = 240(655.77) = 157 384.80

Total actually paid = (165 + 48)(655.77) + 340.69 + 7000 = $147 019.70

Difference in cost = 157 384.80 − 147 019.70 = $\boxed{\$10\ 365.10}$

9. $PV_{nc} = 40\ 000.00$; $n = 12(12) = 144$; $i = \dfrac{5.5\%}{2} = 2.75\%$; $c = \dfrac{1}{6}$

$$p = (1.0275)^{\frac{1}{6}} - 1 = 1.004532 - 1 = 0.004532 = 0.4532\%$$

$$40\ 000.00 = PMT\left[\frac{1-1.004532^{-144}}{0.004532}\right]$$

$$40\ 000.00 = PMT(105.59465)$$

$$PMT = 378.81$$

The rounded monthly payment is $380.00.

(Set P/Y = 12; C/Y = 2) 40 000 $\pm$ PV 0 FV 144 N 5.5 I/Y CPT PMT 378.81

Amortization Schedule for the First 6 Months

Payment date	Amount paid	Interest Paid $P = 0.004532$	Principal repaid	Balance
June 1				40 000.00
July 1	380.00	181.27	198.73	39 801.27
Aug 1	380.00	180.37	199.63	39 601.64
Sept 1	380.00	179.46	200.54	39 401.10
Oct 1	380.00	178.55	201.45	39 199.65
Nov 1	380.00	177.64	202.36	38 997.29
Dec 1	380.00	176.72	203.28	38 794.01

11. Mortgage statement:

    PMT = 190.00; annual rate of interest = 12(0.45317%) = 5.4380%

Payment date	Number of days	Amount paid	Interest paid	Principal	Balance repaid
June 1					40 000.00
16	15	190.00	89.39	100.61	39 899.39
July 1	15	190.00	89.17	100.83	39 798.56
16	15	190.00	88.94	101.06	39 697.50
Aug 1	16	190.00	94.63	95.37	39 602.13
16	15	190.00	88.50	101.50	39 500.63
Sept 1	16	190.00	94.16	95.84	39 404.79
16	15	190.00	88.06	101.94	39 302.85
Oct 1	15	190.00	87.83	102.17	39 200.68
15	15	190.00	87.61	102.39	39 098.29
Nov 1	16	190.00	93.20	96.80	39 001.49
15	15	190.00	87.16	102.84	38 898.65
Dec 1	15	190.00	86.93	103.07	38 795.58

    The mortgage statement balance on December 1 of $38 795.58 differs from the amortization schedule balance of $38 794.01 by $1.57. The difference is reduced from $3.01 in the answer to Question 10 by $1.44 due to making semi-monthly payments.

Review Exercise

1. (a) $PV_n = 45\,000.00 - 10\,000.00 = 35\,000.00$; $i = 2\%$; $n = 32$

    $$35\,000.00 = PMT\left[\frac{1-1.02^{-32}}{0.02}\right]$$

    $35\,000.00 = 23.468335\,PMT$

    PMT = $\boxed{\$1491.37}$

    (Set P/Y = 4; C/Y = 4) 35 000 ± PV 32 N 8 I/Y 0 FV CPT PMT 1491.37

    (b) Total paid = 1491.37(32) = $47 723.84

    Amount borrowed = 35 000.00

    Cost of financing = $\boxed{\$12\,723.84}$

    (c) $FV = 35\,000(1.02)^{20} = 52\,008.16$

    $$FV_{20} = 1491.37\left[\frac{1.02^{20}-1}{0.02}\right] = 36\,236.37$$

    Balance = 52 008.16 − 36 236.37 = $\boxed{15\,771.79}$

    Alternatively, using the Amortization worksheet,

    ("END" mode) P/Y = 4; C/Y = 4 2nd (CLR TVM) 32 N 8 I/Y 35 000 PV 1491.37 ± PMT 0 FV

2nd AMORT P1 = 20, P2 = 20 ⇓ BAL = 15 771.79

(d) 2nd AMORT P1 = 20, P2 = 20 ⇓ BAL = 15 771.79 ⇓ PRN = −1152.88 ⇓ INT = − $338.49

(e) 2nd AMORT P1 = 24, P2 = 24 ⇓ BAL = 10 925.05 ⇓ PRN = − $1247.91

(f) 2nd AMORT P1 = 9, P2 = 9 ⇓ BAL = 27 280.48

2nd AMORT P1 = 29, P2 = 29 ⇓ BAL = 4300.99

Partial Amortization Schedule

Payment number	Periodic payment	Interest paid	Principal repaid	Outstanding balance
0				35 000.00
1	1491.37	700.00	791.37	34 208.63
2	1491.37	684.17	807.20	33 401.43
3	1491.37	668.03	823.34	32 578.09
⋮	⋮	⋮	⋮	⋮
9	1491.37	⋮	⋮	27 280.48
10	1491.37	545.61	945.76	26 334.72
11	1491.37	526.69	964.68	25 370.04
12	1491.37	507.40	983.97	24 386.07
⋮	⋮	⋮	⋮	⋮
29	1491.37	⋮	⋮	4 300.99
30	1491.37	86.02	1 405.35	2 895.64
31	1491.37	57.91	1 433.46	1 462.18
32	1491.42	29.24	1 462.18	—
Total	47 723.89	12 723.89	35 000.00	

3. (a) $PV_n = 40\,000.00$; PMT = 2000.00; $i = 1.75\%$

$$40\,000.00 = 2000.00\left[\frac{1-1.0175^{-n}}{0.0175}\right]$$

$$20.00 = \frac{1-1.0175^{-n}}{0.0175}$$

$$1.0175^{-n} = 0.65$$

$-n\ln 1.0175 = \ln 0.65$

$-0.017349n = -0.430783$

$n = 24.830935$ quarters

(Set P/Y = 4; C/Y = 4) 40 000 ± PV 2 000 PMT 60 N 7 I/Y 0 FV CPT N 24.830935

A total of 25 payments are needed.

(b) Use the retrospective method:

$FV = 40\,000.00(1.0175)^8 = 45\,955.27$

$FV_8 = 2000.00\left[\dfrac{1.0175^8 - 1}{0.0175}\right] = 17\,015.06$

Balance = $45\,955.27 - 17\,015.06 = \boxed{\$28\,940.21}$

(Set P/Y = 4; C/Y = 4) 40 000 $\pm$ PV 0 PMT 8 N 7 I/Y CPT FV 45 955.27

0 PV 2000 $\pm$ PMT 8 N 7 I/Y CPT FV 17 015.06

(c) Use the retrospective method:

$FV = 40\,000.00(1.0175)^{11} = 48\,410.39$

$FV_{11} = 2000.00\left[\dfrac{1.0175^{11} - 1}{0.0175}\right] = 24\,029.69$

Balance = $48\,410.39 - 24\,029.69 = \$24\,380.70$

Interest in 12th payment = $24\,380.70(0.0175) = \boxed{\$426.66}$

(Set P/Y = 4; C/Y = 4) 40 000 $\pm$ PV 0 PMT 11 N 7 I/Y CPT FV 48 410.39

0 PV 2000 $\pm$ PMT 11 N 7 I/Y CPT FV 24 029.69

(d) Use the retrospective method:

$FV = 40\,000.00(1.0175)^{19} = 55\,617.82$

$FV_{19} = 2\,000.00\left[\dfrac{1.0175^{19} - 1}{0.0175}\right] = 44\,622.33$

Balance = $55\,617.82 - 44\,622.33 = \$10\,995.49$

Interest in 20th payment = $10\,995.49(0.0175) = \$192.42$

Principal repaid = $2000.00 - 192.42 = \boxed{\$1807.58}$

(Set P/Y = 4; C/Y = 4) 40 000 $\pm$ PV 0 PMT 9 N 7 I/Y CPT FV 55 617.82

0 PV 2 000 $\pm$ PMT 19 N 7 I/Y CPT FV 44 622.33

(e) The last three payments are PMT_{23}, PMT_{24}, PMT_{25}.

Balance after 22nd payment: $n = 22$

$FV = 40\,000.00(1.0175)^{22} = 58\,589.15$

$FV_{22} = 2\,000.00\left[\dfrac{1.0175^{22} - 1}{0.0175}\right] = 53\,111.85$

Balance = $58\,589.15 - 53\,111.85 = \boxed{\$5477.30}$

(Set P/Y = 4; C/Y = 4) 40 000 $\pm$ PV 0 PMT 22 N 7 I/Y CPT FV 58 589.15

0 PV 2000 $\pm$ PMT 22 N 7 I/Y CPT FV 53 111.85

Partial Amortization Schedule

Payment number	Periodic payment	Interest paid	Principal repaid	Outstanding balance
0				40 000.00
1	2 000.00	700.00	1 300.00	38 700.00
2	2 000.00	677.25	1 322.75	37 377.25
3	2 000.00	654.10	1 345.90	36 031.35
⋮	⋮	⋮	⋮	⋮
22				5 477.30
23	2 000.00	95.85	1 904.15	3 573.15
24	2 000.00	62.53	1 937.47	1 635.68
25	1 664.30	28.62	1 635.68	—
Total	49 664.30	9664.30	40 000.00	

5. (a) $PV_{nc} = 27\,500.00$; $i = 7\%$; $n = 60$; $c = \dfrac{1}{4}$

$$p = 1.07^{\frac{1}{4}} - 1 = 1.017059 - 1 = 1.7059\%$$

$$27\,500.00 = PMT \left[\dfrac{1 - 1.017059^{-60}}{0.017059}\right]$$

$27\,500.00 = 37.374532\,PMT$

$PMT = \boxed{\$735.80}$

(Set P/Y = 4; C/Y = 1) 27 500 $\pm$ PV 60 N 7 I/Y 0 FV CPT PMT 735.80

(b) Balance after three payments

$PMT = 735.80$, $p = 0.017059$

$FV = 27\,500(1.0170585)^3 = 28\,931.47$

$$FV_3 = 735.8 \left[\dfrac{1.0170585^3 - 1}{0.0170585}\right] = 2245.27$$

Balance = $28\,931.47 - 2245.27 = 26\,686.20$

Interest in fourth payment = $26\,686.20(0.017059) = \$455.23$

Principal repaid = $735.80 - 455.23 = \boxed{\$280.57}$

Alternatively, using the Amortization worksheet,

("END" mode) P/Y = 4; C/Y = 2 2nd (CLR TVM) 60 N 7 I/Y 27 500 PV 735.80 $\pm$ PMT 0 FV

2nd AMORT P1 = 4, P2 = 4 ↓ ↓ PRN = –280.57

(c) 2nd AMORT P1 = 12, P2 = 12 ↓ BAL = $\boxed{\$23\,981.71}$

(d) $PV_{nc} = 23\,981.71$; $i = 3.75\%$; $n = 32$; $c = \dfrac{2}{4} = \dfrac{1}{2}$

$$p = 1.0375^{\frac{1}{2}} - 1 = 1.018578 - 1 = 1.8578\%$$

$$23\,981.71 = PMT\left[\frac{1-1.018578^{-32}}{0.018578}\right]$$

$$23\,981.71 = 23.960847\,PMT$$

$$PMT = \boxed{\$1000.87}$$

(Set P/Y = 4; C/Y = 2) 23 981.71 $\boxed{\pm}$ $\boxed{PV}$ 32 $\boxed{N}$ 7.5 $\boxed{I/Y}$ 0 $\boxed{FV}$ $\boxed{CPT}$ $\boxed{PMT}$ 1000.87

(e) Alternatively, using the Amortization worksheet,

("END" mode) P/Y = 4; C/Y = 2 $\boxed{2nd}$ (CLR TVM) 32 $\boxed{N}$ 7.5 $\boxed{I/Y}$ 23 981.71 $\boxed{PV}$ 1000.87 $\boxed{\pm}$ $\boxed{PMT}$ 0 $\boxed{FV}$

$\boxed{2^{nd}}$ $\boxed{AMORT}$ P1 = 13, P2 = 13 $\boxed{\downarrow}$ BAL = $\boxed{15\,899.97}$

Partial Amortization Schedule

Payment interval	Periodic payment	Interest paid	Principal repaid	Outstanding Balance
0				27 500.00
1	735.80	469.11	266.69	27 233.31
2	735.80	464.56	271.24	26 962.07
3	735.80	459.93	275.87	26 686.20
⋮	⋮	⋮	⋮	⋮
12				23 981.71
13	1000.87	445.52	555.35	23 426.36
14	1000.87	435.20	565.67	22 860.69
15	1000.87	424.69	576.18	22 284.51
⋮	⋮	⋮	⋮	⋮
25				15 899.97
26	1000.87	295.38	705.49	15 194.48
27	1000.87	282.27	718.60	14 475.88
28	1000.87	268.92	731.95	13 743.94
Total	$\boxed{24\,843.52}$	$\boxed{11\,087.46}$	$\boxed{13\,756.06}$	

7. (a) $PV_n = 25\,000.00$; PMT = 3500.00; $i = 5.5\%$

$$25\,000.00 = 3500.00\left[\frac{1-1.055^{-n}}{0.055}\right]$$

$$7.142857 = \frac{1-1.055^{-n}}{0.055}$$

$$1.055^{-n} = 0.607143$$

$$-n\ln 1.055 = \ln 0.607142$$

$$-0.053541n = -0.498991$$

$$n = 9.319836 \text{ half-years } \boxed{10 \text{ payments.}}$$

(Set P/Y = 2; C/Y = 2) 25 000 [±] [PV] 3500 [PMT] 11 [I/Y] 0 [FV] [CPT] [N] 9.319836

(b) Balance after nine payments

PMT = 3500; $i = 0.055$

FV = $2500(1.055)^9 = 40\,477.36$

$FV_9 = 3500\left[\dfrac{1.055^9 - 1}{0.055}\right] = 39\,396.91$

Balance = $40\,477.36 - 39\,396.91 = 1080.45$

Final payment = $1080.45(1.055) = \$1139.87$

("END" mode) P/Y = 2; C/Y = 2 [2nd] (CLR TVM) 10 [N] 11 [I/Y] 25 000 [PV] 3500 [±] [PMT] 0 [FV]

[2nd] [AMORT] P1 = 10, P2 = 10 [↓] BAL = –2360.13, indicating an overpayment

Final payment is $3500.00 - \$2360.13 = \boxed{\$1139.87}$

9. (a) PV_n(defer) = 33 000.00; PMT = 4300.00(due); $i = 2.5\%$; $d = 12 - 1 = 11$

$33\,000.00 = 4300.00(1.025^{-11})\left[\dfrac{1-1.025^{-n}}{0.025}\right]$

$33\,000.00 = 4300.00(0.762145)\left[\dfrac{1-1.025^{-n}}{0.025}\right]$

$10.06502 = \dfrac{1-1.025^{-n}}{0.025}$

$1.025^{-n} = 0.748262$

$-n\ln 1.025 = \ln 0.748262$

$-0.024693n = -0.290002$

$n = 11.744464$ quarters $\boxed{12 \text{ quarters}}$

(Set P/Y = 4; C/Y = 4)("BGN" mode) 44 381.33 [±] [PV] 4300 [PMT] 10 [I/Y] 0 [FV] [CPT] [N] 11.744464

(b) Deferred for three years,

FV = $33\,000(1.025^{12}) = 44\,381.33$

PMT = 4 300, $i = 0.025$

FV = $44\,381.33(1.025)^{12} = 58\,232.15$

$FV_{12} = 4\,300(1.025)\left[\dfrac{1.025^{12}-1}{0.025}\right] = 55\,020.88$

Balance = $58\,232.15 - 55\,020.88 = 3211.27$

("BGN" mode) P/Y = 4; C/Y = 4 [2nd] (CLR TVM) 12 [N] 10 [I/Y] 44 381.33 [PV] 4300 [±] [PMT] 0 [FV]

2nd [AMORT] P1 = 12, P2 = 12 [↓] BAL = –1088.73, indicating an overpayment,

Final payment is $4300.00 – $1088.73 = $\boxed{\$3211.27}$

11. (a) $PV_{nc} = 235\,000.00$; $n = 12(25) = 300$; $i = \dfrac{4.6\%}{2} = 2.3\%$; $c = \dfrac{1}{6}$

$p = 1.023^{\frac{1}{6}} - 1 = 1.003797 - 1 = 0.3797\%$

$235\,000.00 = PMT\left[\dfrac{1 - 1.003797^{-300}}{0.003797}\right]$

$235\,000.00 = PMT(178.876\,237)$

$PMT = \boxed{\$1313.76}$

(Set P/Y = 12; C/Y = 2) 235 000 [±] [PV] 300 [N] 4.6 [I/Y] 0 [FV] [CPT] [PMT] 1313.76

(b) PMT = 1313.76; $p = 0.003797$

$FV = 235\,000(1.003797)^{60} = 295\,001.48$

$FV_{60} = 1313.76\left[\dfrac{1.003797^{60} - 1}{0.003797}\right] = 88\,340.02$

Balance = 295 001.48 – 88 340.02 = $\boxed{\$206\,661.46}$

Alternatively, using the Amortization worksheet,

("END" mode) P/Y = 12; C/Y = 2 [2nd] (CLR TVM) 60 [N] 4.6 [I/Y] 235 000 [PV] 1313.76 [±] [PMT] 0 [FV]

2nd [AMORT] P1 = 60, P2 = 60 [↓] BAL = 206 661.46

(c) $PV_{nc} = 125\,324.72$; $n = 240$; $i = \dfrac{5\%}{2} = 2.5\%$; $c = \dfrac{1}{6}$

$p = 1.025^{\frac{1}{6}} - 1 = 1.004124 - 1 = 0.4124\%$

$206\,661.46 = PMT\left[\dfrac{1 - 1.004124^{-240}}{0.004124}\right]$

$206\,661.46 = PMT(152.178023)$

$PMT = \boxed{\$1358.02}$

(Set P/Y = 12; C/Y = 2) 206 661.46 [±] [PV] 240 [N] 4.6 [I/Y] 0 [FV] [CPT] [PMT] 1358.02

13. (a) $PV_{nc} = 80\,000.00$; $n = 12(10) = 120$; $i = \dfrac{4.78\%}{2} = 2.39\%$; $c = \dfrac{1}{6}$

$p = 1.0239^{\frac{1}{6}} - 1 = 1.003944 - 1 = 0.3944\%$

$80\,000.00 = \text{PMT}$

$80\,000.00 = \text{PMT}(95.451132)$

$\text{PMT} = \$838.13$

The rounded monthly payment is $850.00.

$PV_{nc} = 80\,000.00$; PMT = 850.00; $p = 0.3944$

$$80\,000.00 = 850.00 \left[\frac{1 - 1.003\,944^{-n}}{0.003\,944}\right]$$

$0.371\,222 = 1 - 1.003\,944^{-n}$

$1.003\,944^{-n} = 0.628\,778$

$-n \ln 1.003944 = \ln 0.628\,778$

$-0.003936n = -0.463977$

$n = 117.87$ or 118 payments

(Set P/Y = 12; C/Y = 2) 80 000 $\pm$ PV 120 N 4.78 I/Y 0 FV CPT PMT 838.13

(Set P/Y = 12; C/Y = 2) 80 000 $\pm$ PV 120 N 4.78 I/Y 850.00 PMT 0 FV CPT N 117.87

(b) PMT = 850.00; $p = 0.3944\%$

$FV = 80\,000(1.003944)^{117} = 126\,797.91$

$$FV_{117} = 850 \left[\frac{1.00394^{117} - 1}{0.00394}\right] = 126\,064.41$$

Balance = 126 797.91 − 126 064.41 = 733.50

Final payment = 733.50(1.003 944) = $736.39

Alternatively, using the Amortization worksheet,

("END" mode) P/Y = 12; C/Y = 2 2nd (CLR TVM) 117 N 4.78 I/Y 80 000 PV 850 $\pm$ PMT 0 FV

2nd AMORT P1 = 117, P2 = 117 ↓ BAL = 733.50

(c) The total amount paid with unrounded payments

= 120 (838.13) = 100 575.60

The total amount paid with rounded payments

= 117(850) + 736.39 = 100 186.39

Amount of interest saved = 100 575.60 − 100 186.39 = $389.21

15. (a) $PV_n = 6500.00$; $i = 0.75\%$; $n = 48$

$$6500.00 = PMT\left[\frac{1-1.0075^{-48}}{0.0075}\right]$$

$6500.00 = 40.184782\ PMT$

$PMT = \boxed{\$161.75}$

(Set P/Y = 12; C/Y = 12) 6500 $\pm$ PV 48 N 9 I/Y 0 FV CPT PMT 161.75

(b) Total paid = 161.75(48) = \$7764.00

Original principal = 6500.00

Total interest = $\boxed{\$1264.00}$

(c) $PMT = 161.75$; $i = 0.0075$

$FV = 6500(1.0075)^{12} = 7109.74$

$$FV_{12} = 161.75\left[\frac{1.0075^{12}-1}{0.0075}\right] = 2023.10$$

Balance = 7109.74 − 2023.10 = $\boxed{\$5086.64}$

Alternatively, using the Amortization worksheet,

("END" mode) P/Y = 12; C/Y = 12 2nd (CLR TVM) 12 N 9 I/Y 6500 PV 161.75 $\pm$ PMT 0 FV

2nd AMORT P1 = 12, P2 = 12 ↓ BAL = 5086.64

(d) $FV = 6500(1.0075)^{29} = 8072.72$

$$FV_{29} = 161.75\left[\frac{1.0075^{29}-1}{0.0075}\right] = 5218.21$$

Balance = 8072.72 − 5218.21 = 2854.51

Alternatively, using the Amortization worksheet,

("END" mode) P/Y = 12; C/Y = 12 2nd (CLR TVM) 29 N 9 I/Y 6500 PV 161.75 $\pm$ PMT 0 FV

2nd AMORT P1 = 29, P2 = 29 ↓ BAL = 2854.51

Interest for payment period 30 = 2854.51(0.0075) = $\boxed{\$21.41}$

(e) Last three payments are PMT_{46}, PMT_{47} and PMT_{48}.

$FV = 6500(1.0075)^{45} = 9097.89$

$$FV_{45} = 161.75\left[\frac{1.0075^{45}-1}{0.0075}\right] = 8619.68$$

Balance = 9097.89 − 8619.68 = 478.21

Alternatively, using the Amortization worksheet,

("END" mode) P/Y = 12; C/Y = 12 [2nd] (CLR TVM) 45 [N] 9 [I/Y] 6500 [PV] 161.75 [±] [PMT] 0 [FV]

[2nd] [AMORT] P1 = 45, P2 = 45 [↓] BAL = 478.22(one cent error due to rounding)

Partial Amortization Schedule

Payment interval	Periodic payment	Interest paid	Principal repaid	Outstanding balance
0				6500.00
1	161.75	48.75	113.00	6387.00
2	161.75	47.90	113.85	6273.15
3	161.75	47.05	114.70	6158.45
⋮	⋮	⋮	⋮	⋮
45	⋮	⋮	⋮	478.21
46	161.75	3.59	158.16	320.05
47	161.75	2.40	159.35	160.70
48	161.91	1.21	160.70	—
Total	7764.16	1264.16	6500.00	

Note that for payment 48, BAL = 0.16, indicating an underpayment, so the actual payment is 161.75 + 0.16 = 161.91

17. $PV_{nc} = 95\,000.00$; PMT = 573.25; $n = 12(25) = 300$; $c = \dfrac{1}{6}$

(Set P/Y = 12; C/Y = 2) 0 [FV] 95 000 [±] [PV] 573.25 [PMT] 300 [N] [CPT] [I/Y] 5.3799

The nominal annual rate is 5.38% compounded semi-annually.

19. (a) $PV_{nc} = 28\,000.00$; $i = 3\%$; $n = 80$; $c = \dfrac{2}{4} = \dfrac{1}{2}$

$$p = 1.03^{\frac{1}{2}} - 1 = 1.014889 - 1 = 1.4889\%$$

$$28\,000.00 = PMT\left[\dfrac{1 - 1.014889^{-80}}{0.014889}\right]$$

$$28\,000.00 = 46.573703\,PMT$$

$$PMT = \$601.20.$$

(Set P/Y = 4; C/Y = 2) 0 [FV] 28 000 [±] [PV] 80 [N] 6 [I/Y] [CPT] [PMT] 601.20

(b) PMT = 601.20; $p = 0.014889$

$$FV = 28\,000(1.014889)^4 = 29\,705.20$$

$$FV_4 = 601.20\left[\dfrac{1.014889^4 - 1}{0.014889}\right] = 2459.04$$

Balance = 29 705.20 − 24 59.04 = 7246.16

Alternatively, using the Amortization worksheet,

("END" mode) P/Y = 4; C/Y = 4 [2nd] (CLR TVM) 4 [N] 6 [I/Y] 28 000 [PV]
601.20 [±] [PMT] 0 [FV]

[2nd] [AMORT] P1 = 4, P2 = 4 [↓] BAL = 27 246.16

Total paid = 601.20(4) = $2404.80

Principal repaid = 28 000.00 − 27 246.24 = 753.84

Interest paid = $\boxed{\$1650.96}$

(c) FV = 28 000(1.014889)^{12} = 33 433.46

$$FV_{12} = 601.20\left[\frac{1.014889^{12}-1}{0.014889}\right] = 7835.52$$

Balance = 33 433.46 − 7835.52 = $\boxed{\$25\,597.94}$

Alternatively, using the Amortization worksheet,

("END" mode) P/Y = 4; C/Y = 2 [2nd] (CLR TVM) 12 [N] 6 [I/Y] 28 000 [PV]
601.20 [±] [PMT] 0 [FV]

[2nd] [AMORT] P1 = 12, P2 = 12 [↓] BAL = 25 597.95 (one cent error due to rounding)

(d) PV_{nc} = 25 597.94; i = 7%; n = 68; $c = \frac{1}{4}$

$p = 1.07^{\frac{1}{4}} - 1 = 1.017059 - 1 = 1.7059\%$

$$25\,597.94 = PMT\left[\frac{1-1.017059^{-68}}{0.017059}\right]$$

25 597.94 = 40.063609 PMT

PMT = $\boxed{\$638.93}$

(Set P/Y = 4; C/Y = 1) 25 597.94 [±] [PV] 68 [N] 7 [I/Y] 0 [FV] [CPT] [PMT] 638.93

Self-Test

1. PV = 9000.00; n = 42; $i = \frac{7.26\%}{12} = 0.605\%$

$$9000.00 = PMT\left[\frac{1-1.00605^{-42}}{0.00605}\right]$$

9000 = 36.990372 PMT

PMT = $243.31

FV = 9000.00(1.00605)^{22} = 10 277.16

$$FV_{22} = 243.31\left[\frac{1.00605^{22}-1}{0.00605}\right] = 5706.98$$

Balance outstanding = 10 277.16 − 5706.98 = $4570.18

("END" mode)(Set P/Y = 12; C/Y = 12) 2nd (CLR TVM) 42 N 7.26 I/Y 0 FV 9000
PV CPT PMT − 243.31

2nd AMORT P1 = 22, P2 = 22 ↓ BAL = 4570.18

3. $PV_{nc} = 50\ 000.00$; $i = 2.145\%$; $n = 240$; $c = \dfrac{2}{12} = \dfrac{1}{6}$

$p = 1.02145^{\frac{1}{6}} - 1 = 1.003543 - 1 = 0.3543\%$

$50\ 000.00 = PMT \left[\dfrac{1 - 1.003543^{-240}}{0.003543} \right]$

50 000.00 = 161.459771 PMT

PMT = 309.67

(Set P/Y = 12; C/Y = 2) 0 FV 50 000 ± PV 240 N 4.29 I/Y CPT PMT 309.67

$FV = 50\ 000(1.003543)^{36} = 56\ 790.11$

$FV_{36} = 309.67 \left[\dfrac{1.003543^{36} - 1}{0.003543} \right] = 11\ 868.01$

Balance = 56 790.11 − 11 868.01 = 44 922.10

Alternatively, using the Amortization worksheet,

("END" mode) P/Y = 12; C/Y = 2 2nd (CLR TVM) 36 N 4.29 I/Y 50 000
PV 309.67 ± PMT 0 FV

2nd AMORT P1 = 36, P2 = 36 ↓ BAL = 44 922.10

Total paid in three years = 309.67 × 36   = $11 148.12

Principal repaid after three years = 50 000.00 − 44 922.10 = 5077.90

Interest paid = 11 148.12 − 5077.90   = $6070.22

5. (a) $PV_{nc} = 140\ 000.00$; $n = 12(15) = 180$; $i = \dfrac{4.35\%}{2} = 2.175\%$; $c = \dfrac{1}{6}$

$p = 1.02175^{\frac{1}{6}} - 1 = 1.003593 - 1 = 0.3593\%$

$140\ 000.00 = PMT \left[\dfrac{1 - 1.003593^{-180}}{0.003593} \right]$

140 000.00 = PMT 132.384728

PMT = 1057.52

The rounded monthly payment is $1100.00

$PV_{nc} = 140\ 000.00$; PMT = 1100.00; $p = 0.3593$

$$140\,000.00 = 1100\left[\frac{1-1.003593^{-n}}{0.003593}\right]$$

$$0.457237 = 1 - 1.003593^{-n}$$

$$1.003593^{-n} = 0.542763$$

$$-n\ln 1.003593 = \ln 0.542763$$

$$-0.003586n = -0.611083$$

$$n = 170.40 \text{ or } \boxed{171} \text{ payments}$$

(Set P/Y = 12; C/Y = 2) 140 000 $\pm$ PV 180 N 4.35 I/Y 0 FV CPT PMT 1057.52

(Set P/Y = 12; C/Y = 2) 140 000 $\pm$ PV 1100 PMT 4.35 I/Y 0 FV CPT N 170.40

(b) PMT = 1100.00; $p = 0.003593$

FV = 1 40 000(1.003593)^{170} = 257 568.64

$$FV_{170} = 1100\left[\frac{1.003593^{170}-1}{0.003593}\right] = 257\,128.33$$

Balance = 257 568.64 − 257 128.33 = 440.31

Final payment = 440.31(1.003593) = $\boxed{\$441.89}$

Alternatively, using the Amortization worksheet,

("END" mode) P/Y = 12; C/Y = 2 2nd (CLR TVM) 179 N 4.35 I/Y 140 000 PV 1100 $\pm$ PMT 0 FV

2nd AMORT P1 = 170, P2 = 170 ↓ BAL = 440.31

(c) Total amount paid with unrounded payments
= 180 (1057.52) = 190 353.60

Total amount paid with rounded payments
= 170 (1100) + 441.89 = 187 000.00 + 441.89 = 187 441.89

Amount of interest saved = 190 353.60 − 187 441.89 = $\boxed{\$2911.71}$

7. $PV_{nc} = 145\,000.00$; PMT = 1297.00; $n = 12(25) = 300$; $c = \frac{1}{6}$

(Set P/Y = 12; C/Y = 2) 145 000 $\pm$ PV 1297 PMT 300 N 0 FV CPT I/Y 10.0

The nominal annual rate is $\boxed{10.0\% \text{ compounded semi-annually.}}$

Chapter 15 Bond Valuation and Sinking Funds

Exercise **15.1**

A. 1. FV = 100 000.00; PMT = 100 000.00(0.015) = 1500.00; $n = 11$; $i = 1.75\%$

Purchase price = $100\,000.00(1.0175^{-11}) + 1500.00 \left[\dfrac{1-1.0175^{-11}}{0.0175}\right]$

= 100 000.00(0.826269) + 1500.00(9.927492)

= 82 626.89 + 14 891.24

= $97 518.13

(Set P/Y = 2; C/Y = 2) 100 000 FV 1500 PMT 3.5 I/Y 11 N CPT PV −97 518.13

3. FV = 25 000.00; PMT = 25 000.00(0.03) = 750.00; $n = 14$; $i = 3.5\%$

Purchase price = $25\,000.00(1.035^{-14}) + 750.00 \left[\dfrac{1-1.035^{-14}}{0.035}\right]$

= 25 000.00(0.617782) + 750.00(10.920520)

= 15 444.54 + 8190.39

= $23 634.93

(Set P/Y = 2; C/Y = 2) 25 000 FV 750 PMT 7 I/Y 14 N CPT PV −23 634.93

5. FV = 50 000.00; PMT = 50 000.00(0.325) = 1625.00; $n = 20$; $i = 6\%$; $c = \dfrac{1}{2}$

$p = 1.06^{\frac{1}{2}} - 1 = 1.029563 - 1 = 2.9563\%$

Purchase price = $50\,000.00(1.029563^{-20}) + 1625.00 \left[\dfrac{1-1.029563^{-20}}{0.029563}\right]$

= 50 000.00(0.558395) + 1625.00(14.937760)

= 27 919.74 + 24 273.86

= $52 193.60

(Set P/Y = 2; C/Y = 1) 50 000 FV 1625 PMT 6 I/Y 20 N CPT PV −52 193.60

7. FV = 8000.00; PMT = 8000.00(0.04) = 320.00;

$n = 37$; $i = 0.75\%$; $c = \dfrac{12}{2} = 6$

$p = 1.0075^6 - 1 = 1.045852 - 1 = 4.5852\%$

Purchase price = $8000.00(1.045852^{-37}) + 320.00 \left[\dfrac{1-1.045852^{-37}}{0.045852}\right]$

= 8000.00(0.190370) + 320.00(17.657379)

$= 1522.96 + 5650.36$

$= \boxed{\$7173.32}$

(Set P/Y = 2; C/Y = 12) 8000 [FV] 320 [PMT] 9 [I/Y] 37 [N] [CPT] [PV] −7173.32

B. 1. FV = 500.00; PMT = 500.00(0.03) = \$15.00; $i = 3.75\%$

The purchase date is 5.5 years before maturity: $n = 11$

Purchase price $= 500.00(1.0375^{-11}) + 15.00 \left[\dfrac{1-1.0375^{-11}}{0.0375}\right]$

$= 500.00(0.667008) + 15.00(8.879795)$

$= 333.50 + 133.20$

$= \boxed{\$466.70}$

(Set P/Y = 2; C/Y = 2) 500 [FV] 15 [PMT] 7.5 [I/Y] 11 [N] [CPT] [PV] −466.70

3. FV = 15 000.00; PMT = 15 000.00(0.0125) = 187.50; $i = 1.5\%$; $n = 13$

Purchase price $= 15\,000.00(1.015^{-13}) + 187.50 \left[\dfrac{1-1.015^{-13}}{0.015}\right]$

$= 15\,000.00(0.824027) + 187.50(11.731532)$

$= 12\,360.41 + 2199.66$

$= \boxed{\$14\,560.07}$

(Set P/Y = 2; C/Y = 2) 15 000 [FV] 187.50 [PMT] 3 [I/Y] 13 [N] [CPT] [PV] −14 560.07

5. FV = 10 000.00; PMT = 10 000.00(0.035) = 350.00; $n = 19$; $i = 3.25\%$

Purchase price $= 10\,000.00(1.0325^{-19}) + 350.00 \left[\dfrac{1-1.0325^{-19}}{0.0325}\right]$

$= 10\,000.00(0.544614) + 350.00(14.011875)$

$= 5446.14 + 4904.16$

$= \boxed{\$10\,350.30}$

(Set P/Y = 2; C/Y = 2) 10 000 [FV] 350 [PMT] 6.5 [I/Y] 19 [N] [CPT] [PV] −10 350.30

7. FV = 5 000 000.00; PMT = 5 000 000.00(0.0425) = 212 500.00

$i = 2.25\%$; $n = 25$; $c = 2$; $p = 1.0225^2 - 1 = 1.045506 - 1 = 4.5506\%$

Purchase price $= 5\,000\,000.00(1.045506^{-25}) + 212\,500.00 \left[\dfrac{1-1.045506^{-25}}{0.045506}\right]$

$= 5\,000\,000.00(0.328726) + 212\,500(14.751284)$

$= 1\,643\,630.42 + 3\,134\,639.90$

$= \boxed{\$4\,778\,270.32}$

(Set P/Y = 1; C/Y = 2) 5 000 000 [FV] 212 500 [PMT] 4.5 [I/Y] 25 [N] [CPT] [PV]
−4 778 270.32

9. FV = 40 000.00; PMT = 40 000.00(0.02) = 800.00; n = 30;

   $i = 3.4\%$; $c = \dfrac{2}{4} = \dfrac{1}{2}$

   $p = 1.034^{\frac{1}{2}} - 1 = 1.016858 - 1 = 1.6858\%$

   Purchase price = $40\,000.00(1.016858^{-30}) + 800.00 \left[\dfrac{1 - 1.016858^{-30}}{0.016858}\right]$

   = 40 000.00(0.605608) + 800.00(23.395053)

   = 24 224.34 + 18 716.04

   = $\boxed{\$42\,940.38}$

   (Set P/Y = 4; C/Y = 2) 40 000 [FV] 800 [PMT] 6.8 [I/Y] 30 [N] [CPT] [PV] –42 940.38

11. FV = 1000.00; PMT = 1000.00(0.045) = 45.00; $i = 3.25\%$; $n = 17$

   Purchase price = $1000.00(1.0325^{-17}) + 45.00 \left[\dfrac{1 - 1.0325^{-17}}{0.0325}\right]$

   = 1000.00(0.580589) + 45.00(12.904947)

   = 580.59 + 580.72

   = $\boxed{\$1161.31}$

   (Set P/Y = 2; C/Y = 2) 1000 [FV] 45 [PMT] 6.5 [I/Y] 17 [N] [CPT] [PV] –1161.31

13. (a) FV = 25 000.00; PMT = 25 000.00(0.05) = 1250.00; $i = 3.8\%$

   The interest date preceding the purchase date is June 1, 2010. Time period June 1, 2010, to December 1, 2021, is 11.5 years: $n = 23$.

   Quoted price is

   = $25\,000.00(1.038^{-23}) + 1250.00 \left[\dfrac{1 - 1.038^{-23}}{0.038}\right]$

   = 25 000.00(0.424093) + 1250.00(15.155453)

   = 10 602.32 + 18 944.32

   = $\boxed{\$29\,546.64}$

   (b) Number of days in the interest payment interval June 1, 2010, to December 1, 2010, is 183; number of days from June 1, 2010, to September 25, 2010, is 116.

   Accrued interest = $25\,000.00(0.05)\left(\dfrac{116}{183}\right) = \boxed{\$792.35}$

   (c) Cash price on September 25, 2010:

   $29 546.64 + 792.35 = $\boxed{\$30\,338.99}$

   (Set P/Y = 2; C/Y = 2) 25 000 [FV] 1250 [PMT] 7.6 [I/Y] 23 [N] [CPT] [PV] –29 546.64

Exercise 15.2

A. 1. (a) Face value = 25 000.00; $b = 3\%$

   Principal = 25 000.00; $i = 4.5\%$; $n = 20$

   Since $b < i$, the bond will sell at a discount.

   $$\boxed{\text{Discount}} = [25\,000.00(0.03) - 25\,000.00(0.045)]\left[\frac{1-1.045^{-20}}{0.045}\right]$$

   $= (25\,000.00)(-0.015)(13.007936)$

   $= \boxed{-\$4877.98}$

   (b) Purchase price = 25 000.00 − 4877.98 = $\boxed{\$20\,122.02}$

   (Set P/Y = 2; C/Y = 2) 25 000 [FV] 750 [PMT] 9 [I/Y] 20 [N] [CPT] [PV] −20 122.02

3. (a) Face value = 10 000.00; $b = 1.5\%$

   Principal = 10 000.00; $i = 2\%$; $n = 30$

   Since $b < i$, the bond is expected to sell at a discount.

   $$\text{Discount} = [10\,000.00(0.015) - 10\,000.00(0.02)]\left[\frac{1-1.02^{-30}}{0.02}\right]$$

   $= (150.00 - 200.00)(22.396456)$

   $= -50(22.396456)$

   $= \boxed{-\$1119.82}$

   (b) Purchase price = 10 000.00 − 1119.82 = $\boxed{\$8880.18}$

   (Set P/Y = 2; C/Y = 2) 10 000 [FV] 150 [PMT] 4 [I/Y] 30 [N] [CPT] [PV] −8880.18

B. 1. Face value = 100 000.00; $b = 2\%$

   Principal = 100 000.00; $i = 1.625\%$

   Since $b > i$, the bond is expected to sell at a premium.

   (a) $n = 60$

   $$\boxed{\text{Premium}} = [100\,000.00(0.02) - 100\,000.00(0.01625)]\left[\frac{1-1.01625^{-60}}{0.01625}\right]$$

   $= 100\,000.00(0.00375)(38.143997)$

   $= \boxed{\$14\,304.00}$

   $\boxed{\text{Purchase price}}$ = 100 000.00 + 14 304.00 = $\boxed{\$114\,304.00}$

   (Set P/Y = 4; C/Y = 4) 100 000 [FV] 2000 [PMT] 6.5 [I/Y] 60 [N] [CPT] [PV] −114 304.00

   (b) $n = 20$

   $$\boxed{\text{Premium}} = [100\,000.00(0.02) - 100\,000.00(0.01625)]\left[\frac{1-1.01625^{-20}}{0.01625}\right]$$

$= 100\,000.00(0.00375)(16.958934)$

$= \boxed{\$6359.60}$

$\boxed{\text{Purchase price}} = 100\,000.00 + 6359.60 = \boxed{\$106\,359.60}$

(Set P/Y = 4; C/Y = 4) 100 000 $\boxed{\text{FV}}$ 2000 $\boxed{\text{PMT}}$ 6.5 $\boxed{\text{I/Y}}$ 20 $\boxed{\text{N}}$ $\boxed{\text{CPT}}$ $\boxed{\text{PV}}$ –106 359.60

3. Face value = 25 000.00; $b = 4\%$

   Principal = 25 000.00; $n = 6$

   (a) $i = 12\%$

   Since $b > i$, the bond will sell at a premium.

   $\boxed{\text{Premium}} = [25\,000.00(0.04) - 25\,000.00(0.02)] \left[\dfrac{1-1.02^{-6}}{0.02}\right]$

   $= 25\,000.00(0.02)(5.601431)$

   $= \boxed{\$2800.72}$

   $\boxed{\text{Purchase price}} = 25\,000.00 + 2800.72 = \boxed{\$27\,800.72}$

   (Set P/Y = 1; C/Y = 1) 25 000 $\boxed{\text{FV}}$ 1000 $\boxed{\text{PMT}}$ 2 $\boxed{\text{I/Y}}$ 6 $\boxed{\text{N}}$ $\boxed{\text{CPT}}$ $\boxed{\text{PV}}$ 27 800.72

   (b) $i = 6\%$

   Since $b < i$, the bond will sell at a discount.

   $\boxed{\text{Premium}} = [25\,000.00(0.04) - 25\,000.00(0.06)] \left[\dfrac{1-1.06^{-6}}{0.06}\right]$

   $= 25\,000.00(-0.02)(4.917324)$

   $= \boxed{\$2458.66}$

   $\boxed{\text{Purchase price}} = 25\,000.00 - 2458.66 = \boxed{\$22\,541.34}$

   (Set P/Y = 1; C/Y = 1) 25 000 $\boxed{\text{FV}}$ 1000 $\boxed{\text{PMT}}$ 6 $\boxed{\text{I/Y}}$ 6 $\boxed{\text{N}}$ $\boxed{\text{CPT}}$ $\boxed{\text{PV}}$ –22 541.34

5. Face value = 5 000 000.00; $b = 3.625\%$

   Principal = 5 000 000.00; $i = 0.7\%$; $c = \dfrac{12}{2} = 6$; $n = 20$

   $p = 1.007^6 - 1 = 1.042742 - 1 = 4.2742\%$

   Since $b < p$, discount is expected.

   Discount = $[5\,000\,000.00(0.03625) - 5\,000\,000.00(0.042742)] \left[\dfrac{1-1.042742^{-20}}{0.042742}\right]$

   $= 5\,000\,000.00(-0.006492)(13.266241)$

   $= -\$430\,615.29$

   Purchase price = $\$5\,000\,000.00 - 430\,615.29 = \boxed{\$4\,569\,384.71}$

   (Set P/Y = 2; C/Y = 12) 5 000 000 $\boxed{\text{FV}}$ 181 250 $\boxed{\text{PMT}}$ 8.4 $\boxed{\text{I/Y}}$ 20 $\boxed{\text{N}}$ $\boxed{\text{CPT}}$ $\boxed{\text{PV}}$ – 4 569 384.71

7. Face value = 5000.00(20) = 100 000.00; $b = 2.1\%$

   Principal = 100 000.00; $i = 8.0\%$; $c = \dfrac{1}{4}$; $n = 32$

   $p = 1.08^{\frac{1}{4}} - 1 = 1.019427 - 1 = 1.9427\%$

   Since $b > p$, premium is expected.

   Premium = $[100\,000.00(0.021) - 100\,000.00(0.019427)]\left[\dfrac{1 - 1.019427^{-32}}{0.019427}\right]$

   = (2100.00 − 1942.65)(23.665097)

   = (157.35)(23.665097)

   = −$3723.59

   Purchase price = 100 000.00 + 3723.59 = $103 723.59

   (Set P/Y = 4; C/Y = 1) 100 000 FV 2100 PMT 8 I/Y 32 N CPT PV −103 723.59

Exercise 15.3

A. 1. Face value = 5000.00; $b = 3\%$

   Principal = 5000.00; $i = 3.25\%$; $n = 7$

   Since $b < i$, discount is expected.

   Discount = $[5000.00(0.03) - 5000.00(0.0325)]\left[\dfrac{1 - 1.0325^{-7}}{0.0325}\right]$

   = 5000.00(−0.0025)(6.1720)

   = −$77.15

   Purchase price = 5000.00 − 77.15 = $4922.85

   (Set P/Y = 2; C/Y = 2) 5000 FV 150 PMT 6.5 I/Y 7 N CPT PV − 4922.85

Schedule of Accumulation of Discount

Payment interval	Coupon $b = 3\%$	Interest on book $i = 3.25\%$	Discount accumulated	Book value	Discount balance
0				4922.85	77.15
1	150.00	159.99	9.99	4932.84	67.16
2	150.00	160.32	10.32	4943.16	56.84
3	150.00	160.65	10.65	4953.81	46.19
4	150.00	161.00	11.00	4964.81	35.19
5	150.00	161.36	11.36	4976.17	23.83
6	150.00	161.73	11.73	4987.90	12.10
7	150.00	162.10	12.10	5000.00	—
Total	1050.00	1127.15	77.15		

3. Face value = 1000.00; $b = 2.5\%$

Principal = 1000.00; $i = 2\%$

March 1, 2012, to September 1, 2015, is 3.5 years: $n = 7$.

Since $b > i$, premium is expected.

$\boxed{\text{Premium}} = [1000.00(0.025) - 1000.00(0.02)] \left[\dfrac{1 - 1.02^{-7}}{0.02}\right]$

$= (25 - 20)(6.471991)$

$= \boxed{\$32.36}$

$\boxed{\text{Purchase price}} = 1000.00 + 32.36 = \boxed{\$1032.36}$

(Set P/Y = 2; C/Y = 2) 1000 $\boxed{\text{FV}}$ 25 $\boxed{\text{PMT}}$ 4 $\boxed{\text{I/Y}}$ 7 $\boxed{\text{N}}$ $\boxed{\text{CPT}}$ $\boxed{\text{PV}}$ 1032.36

Schedule for Amortization of Premium

Payment interval	Coupon $b = 2.5\%$	Interest on book $i = 2\%$	Premium amortized	Book value	Premium balance
0				1032.36	32.36
1	25.00	20.65	4.35	1028.01	28.01
2	25.00	20.56	4.44	1023.57	23.57
3	25.00	20.47	4.53	1019.04	19.04
4	25.00	20.38	4.62	1014.42	14.42
5	25.00	20.29	4.71	1009.71	9.71
6	25.00	20.19	4.81	1004.90	4.90
7	25.00	20.10	4.90	1000.00	—
Total	175.00	142.64	32.36		

B. 1. Proceeds = 25 000.00(0.9925) = $24 812.50

Face value = 25 000.00; $b = 3.25\%$

Principal = 25 000.00; $i = 3.5\%$; $n = 8$

$b < i \rightarrow$ discount

Discount = $[25\ 000.00(0.0325) - 25\ 000.00(0.035)] \left[\dfrac{1 - 1.035^{-8}}{0.035}\right]$

$= 25\ 000.00(-0.0025)(6.873956)$

$= -429.62$

Book value = 25 000.00 − 429.62 = $24 570.38

$\boxed{\text{Gain}}$ on sale = 24 812.50 − 24 570.38 = $\boxed{\$242.12}$

(Set P/Y = 2; C/Y = 2) 25 000 $\boxed{\text{FV}}$ 812.50 $\boxed{\text{PMT}}$ 7 $\boxed{\text{I/Y}}$ 8 $\boxed{\text{N}}$ $\boxed{\text{CPT}}$ $\boxed{\text{PV}}$ −24 570.3

3. Face value = 5000.00; $b = 4\%$

Principal = 5000.00; $i = 4.5\%$

The interest date preceding the selling date is June 1, 2009.

The time from June 1, 2017, to June 1, 2027, is 10 years: $n = 20$.

$b < i \to$ discount

Discount on June 1, 2017

$= [5000.00(0.04) - 5000.00(0.045)] \left[\dfrac{1 - 1.045^{-20}}{0.045} \right]$

$= -\$325.20$

Book value on June 1, 2009 = 5000.00 − 325.20 = \$4674.80

Accumulated value on September 22, 2017:

The period June 1, 2017, to September 22, 2017, is 113 days.

The period June 1, 2017, to December 1, 2017, is 183 days.

Accumulated book value on September 22, 2017

$= 4674.80 \left[1 + 0.045 \times \dfrac{113}{183} \right]$

$= 4674.80(1.027787) = \$4804.70$

Accrued interest on September 22, 2017

$= 5000.00(0.04) \left(\dfrac{113}{183} \right) = \$123.50$

Proceeds = 5000.00(1.01375) + 123.50

= 5068.75 + 123.50 = \$5192.25

$\boxed{\text{Gain}}$ on sale = 5192.25 − 4804.70 = $\boxed{\$387.55}$

(Set P/Y = 2; C/Y = 2) 5000 $\boxed{\text{FV}}$ 200 $\boxed{\text{PMT}}$ 9 $\boxed{\text{I/Y}}$ 20 $\boxed{\text{N}}$ $\boxed{\text{CPT}}$ $\boxed{\text{PV}}$ −4674.80

Exercise 15.4

1. Quoted price (initial book value) = 10 000.00(1.01375) = \$10 137.50

   Principal = \$10 000.00

   Average book value = $\dfrac{1}{2}$ (10 137.50 + 10 000.00) = \$10 068.75

   The semi-annual interest = 10 000.00(0.03) = \$300.00

   The number of interest payments to maturity = 30

   The total interest payments = 30(300.00) = \$9000.00

   The bond premium = 10 137.50 − 10 000.00 = \$137.50

   Average income per interest payment interval

   $= \dfrac{1}{30}(9\,000.00 - 137.50) = \dfrac{1}{30}(8862.50) = \$295.42$

   Approximate value of $i = \dfrac{295.42}{10\,068.75} = 2.9340\%$

The approximate yield rate = 2(2.934%) = $\boxed{5.8681\%}$

3. Initial book value = 25 000.00(0.97125) = $24 281.25

   Principal = 25 000.00

   Average book value = $\frac{1}{2}$(24 281.25 + 25 000.00) = $24 640.63

   Semi-annual coupon = 25 000.00(0.0375) = $937.50

   Number of coupons to maturity = 20

   Total value of coupons = 20(937.50) = $18 750.00

   The bond discount = 25 000.00 − 24 281.25 = $718.75

   Average income per interest payment interval

   $= \frac{1}{20}(18\,750.00 + 718.75) = \frac{1}{20}(19\,468.75) = \$973.44$

   Approximate value of $i = \dfrac{973.44}{24\,640.63} = 3.9505\%$

   Approximate yield rate = 2(3.9505) = $\boxed{7.901\%}$

5. Initial book value = 50 000.00(0.98875) = $49 437.50

   Principal = $50 000.00

   Average book value = $\frac{1}{2}$(50 000.00 + 49 437.50) = $49 718.75

   Nearest interest payment date is 5.5 years before maturity.

   Number of interest payments = 11

   Semi-annual interest = 50 000.00(0.045) = $2250.00

   Total interest = 11(2250.00) = $24 750.00

   Bond discount = 50 000.00 − 49 437.50 = $562.50

   Average income per interest payment interval

   $= \frac{1}{11}(24\,750.00 + 562.50) = \frac{1}{11}(25\,312.50) = \$2301.14$

   Approximate value of $i = \dfrac{2301.14}{49\,718.75} = 4.6283\%$

   Approximate yield rate = 2(4.6283%) = $\boxed{9.2566\%}$

Exercise 15.5

A. 1. (a) $FV_n = 15\,000.00;\ i = 3.0\%;\ n = 20$

$$15\,000.00 = PMT\left[\frac{1.03^{20} - 1}{0.03}\right]$$

$15\,000.00 = 26.870375\ PMT$

PMT = $\boxed{558.24}$

(Set P/Y = 2; C/Y = 2) 15 000 $\boxed{FV}$ 20 $\boxed{N}$ 6 $\boxed{I/Y}$ 0 $\boxed{PV}$ $\boxed{CPT}$ $\boxed{PMT}$ −558.24

(b) PMT = 558.24; $i = 3.0\%$; $n = 10$

$$FV_{10} = 558.24 \left[\frac{1.03^{10} - 1}{0.03} \right]$$

$= 558.24(11.463879)$

$= \boxed{\$6399.60}$

(Set P/Y = 2; C/Y = 2) 558.24 $\boxed{\pm}$ $\boxed{PMT}$ 10 $\boxed{N}$ 6 $\boxed{I/Y}$ 0 $\boxed{PV}$ $\boxed{CPT}$ $\boxed{FV}$ 6399.60

3. (a) $FV_n(\text{due}) = 8400.00$; $i = 0.75\%$; $n = 180$

$$8400.00 = \text{PMT}(1.0075) \left[\frac{1.0075^{180} - 1}{0.0075} \right]$$

$8400.00 = \text{PMT}(1.0075)(378.40577)$

PMT = $\boxed{\$22.03}$

(Set P/Y = 12; C/Y = 12)("BGN" Mode) 8400 $\boxed{FV}$ 180 $\boxed{N}$ 9 $\boxed{I/Y}$ 0 $\boxed{PV}$ $\boxed{CPT}$ $\boxed{PMT}$ −22.03

(b) $FV_{96}(\text{due}) = 22.03(1.0075) \left[\frac{1.0075^{96} - 1}{0.0075} \right]$

$= 22.03(1.0075)(139.85616)$

$= \boxed{\$3104.14}$

(Set P/Y = 12; C/Y = 12)("BGN" Mode) 22.03 $\boxed{\pm}$ $\boxed{PMT}$ 96 $\boxed{N}$ 9 $\boxed{I/Y}$ 0 $\boxed{PV}$ $\boxed{CPT}$ $\boxed{FV}$ 3104.14

B. 1. (a) PV = 20 000.00; $i = 2.5\%$

Quarterly interest = 20 000.00(0.025) = $\boxed{\$500.00}$

(b) $FV_n = 20\,000.00$; $i = 3\%$; $n = 40$

$$20\,000.00 = \text{PMT} \left[\frac{1.03^{40} - 1}{0.03} \right]$$

$20\,000.00 = 75.401260\ \text{PMT}$

PMT = $\boxed{\$265.25}$

(Set P/Y = 4; C/Y = 4) 20 000 $\boxed{FV}$ 40 $\boxed{N}$ 12 $\boxed{I/Y}$ 0 $\boxed{PV}$ $\boxed{CPT}$ $\boxed{PMT}$ −265.25

(c) Quarterly cost = 500.00 + 265.25 = $\boxed{\$765.25}$

(d) $FV_{24} = 265.25 \left[\frac{1.03^{24} - 1}{0.03} \right]$

$= 265.25(34.42647)$

$= \$9131.62$

Book value after six years = 20 000.00 − 9131.62 = $10 868.38

(Set P/Y = 4; C/Y = 4) 265.25 ± PMT 24 N 12 I/Y 0 PV CPT FV 9131.62

3. (a) PV = 10 000.00; $i = 0.625\%$

   Monthly interest = 10 000.00(0.00625) = $62.50

   (b) FV_n = 10 000.00; $i = 0.5\%$; $n = 60$

   $$10\,000.00 = PMT\left[\frac{1.005^{60}-1}{0.005}\right]$$

   10 000.00 = 69.770031 PMT

   PMT = $143.33

   (Set P/Y = 12; C/Y = 12) 10 000 FV 60 N 6 I/Y 0 PV CPT PMT −143.33

   (c) Monthly cost = 62.50 + 143.33 = $205.83

   (d) $FV_{48} = 143.33\left[\frac{1.005^{48}-1}{0.005}\right]$

   = 143.33(54.097832)

   = $7753.84

   Book value after four years = 10 000.00 − 7753.84 = $2246.16

   (Set P/Y = 12; C/Y = 12) 143.33 ± PMT 48 N 6 I/Y 0 PV CPT FV 7753.84

C. 1. (a) FV_n = 75 000.00; $i = 1.25\%$; $n = 24$

   $$75\,000.00 = PMT\left[\frac{1.0125^{24}-1}{0.0125}\right]$$

   75 000.00 = 27.788084 PMT

   PMT = $2699.00

   (Set P/Y = 4; C/Y = 4) 75 000 FV 24 N 5 I/Y 0 PV CPT PMT −2699.00

   (b) Total paid = 2699.00(24) = $64 776.00

   (c) Interest = 75 000.00 − 64 776.00 = $10 224.00

3. FV_n = 20 000.00; $i = 5.5\%$; $n = 7$

   $$20\,000.00 = PMT\left[\frac{1.055^{7}-1}{0.055}\right]$$

   20 000.00 = 8.266894 PMT

   PMT = $2419.29

   (Set P/Y = 1; C/Y = 1) 20 000 FV 7 N 5.5 I/Y 0 PV CPT PMT −2419.29

Sinking Fund Schedule

Payment number	Periodic payment	Interest earned	Increase in fund	Balance after payment
0				—
1	2 419.29	—	2 419.29	2 419.29
2	2 419.29	133.06	2 552.35	4 971.64
3	2 419.29	273.44	2 692.73	7 664.37
4	2 419.29	421.54	2 840.83	10 505.20
5	2 419.29	577.79	2 997.08	13 502.28
6	2 419.29	742.63	3 161.92	16 664.20
7	2 419.29	916.53	3 335.82	20 000.02
Total	16 935.03	3064.99	20 000.02	

5. PMT = 2419.29; $i = 5.5\%$; $n = 3$

$$FV_n = 2419.29\left[\frac{1.055^3 - 1}{0.055}\right]$$

$= 2419.29(3.168025)$

$= \$7664.37$

Interest in Year 4 = $7664.37(0.055) = \$421.54$

Increase in Fund = $2419.29 + 421.54 = \$2840.83$

(Set P/Y = 1; C/Y = 1) 20 000 FV 7 N 5.5 I/Y 0 PV CPT PMT –2419.29

(Set P/Y = 1; C/Y = 1) 2419.29 ± PMT 3 N 5.5 I/Y 0 PV CPT FV 7664.37

(Set P/Y = 1; C/Y = 1) 2419.29 ± PMT 4 N 5.5 I/Y 0 PV CPT FV 10 505.20

7. (a) $FV_n = 45\,000.00$; $i = 2.5\%$; $n = 48$

$$45\,000.00 = PMT\left[\frac{1.025^{48} - 1}{0.025}\right]$$

$45\,000.00 = 90.859582\, PMT$

PMT = $\$495.27$

(b) $FV_{16} = 495.27\left[\dfrac{1.025^{16} - 1}{0.025}\right]$

$= 495.27(19.380225)$

$= \$9598.44$

(Set P/Y = 4; C/Y = 4) 45 000 FV 48 N 10 I/Y 0 PV CPT PMT –495.27

(Set P/Y = 4; C/Y = 4) 495.27 ± PMT 16 N 10 I/Y 0 PV CPT FV 9598.44

9. (a) P = 95 000.00; $i = 4.5\%$

Semi-annual interest = $95\,000.00(0.045) = \$4275.00$

(b) $FV_n = 95\,000.00$; $i = 3.5\%$; $n = 40$

$$95\,000.00 = \text{PMT}\left[\frac{1.035^{40}-1}{0.035}\right]$$

$95\,000.00 = 84.550278\text{ PMT}$

PMT = \$1123.59 rounded to $\boxed{\$1124.00}$

(Set P/Y = 2; C/Y = 2) 95 000 $\boxed{\text{FV}}$ 40 $\boxed{\text{N}}$ 7 $\boxed{\text{I/Y}}$ 0 $\boxed{\text{PV}}$ $\boxed{\text{CPT}}$ $\boxed{\text{PMT}}$ −1123.59

(c) Semi-annual cost = 4275.00 + 1124.00 = $\boxed{\$5399.00}$

(d) $FV_{30} = 1124.00\left[\dfrac{1.035^{30}-1}{0.035}\right]$

$= 1124.00(51.622677)$

$= \$58\,023.89$ rounded to \$58 024.00

Book value after 15 years = 95 000.00 − 58 024.00 = $\boxed{\$36\,976.00}$

(Set P/Y = 2; C/Y = 2) 1124.00 $\boxed{\pm}$ $\boxed{\text{PMT}}$ 30 $\boxed{\text{N}}$ 7 $\boxed{\text{I/Y}}$ 0 $\boxed{\text{PV}}$ $\boxed{\text{CPT}}$ $\boxed{\text{FV}}$ 58 023.89

11. (a) $FV_n = 100\,000.00$; $i = 0.625\%$; $n = 180$

$$100\,000.00 = \text{PMT}\left[\frac{1.00625^{180}-1}{0.00625}\right]$$

$100\,000.00 = 331.11228\text{ PMT}$

PMT = $\boxed{\$302.01}$

(Set P/Y = 12; C/Y =12) 100 000 $\boxed{\text{FV}}$ 180 $\boxed{\text{N}}$ 7.5 $\boxed{\text{I/Y}}$ 0 $\boxed{\text{PV}}$ $\boxed{\text{CPT}}$ $\boxed{\text{PMT}}$ −302.01

(b) Balance after five years:

$$FV_{60} = 302.01\left[\frac{1.00625^{60}-1}{0.00625}\right]$$

$= 302.01(72.527105)$

$= \boxed{\$21\,903.91}$

(Set P/Y = 12; C/Y = 12) 302.01 $\boxed{\pm}$ $\boxed{\text{PMT}}$ 60 $\boxed{\text{N}}$ 7.5 $\boxed{\text{I/Y}}$ 0 $\boxed{\text{PV}}$ $\boxed{\text{CPT}}$ $\boxed{\text{FV}}$ 21 903.91

(c) Balance after 99 intervals:

$$FV_{99} = 302.01\left[\frac{1.00625^{99}-1}{0.00625}\right]$$

$= 302.01(136.48548)$

$= \$41\,219.98$

Interest in 100th interval = 41 219.98(0.00625) = $\boxed{\$257.62}$

(Set P/Y = 12; C/Y = 12) 302.01 $\boxed{\pm}$ $\boxed{\text{PMT}}$ 99 $\boxed{\text{N}}$ 7.5 $\boxed{\text{I/Y}}$ 0 $\boxed{\text{PV}}$ $\boxed{\text{CPT}}$ $\boxed{\text{FV}}$ 41 219.98

(d) Balance after 149 intervals:

$$FV_{149} = 302.01\left[\frac{1.00625^{149}-1}{0.00625}\right]$$

$= 302.01(244.85368)$

$= \$73\,948.26$

Interest in interval 150 = 73 948.26(0.00625) = \$462.18

Increase in fund = 302.01 + 462.18 = $\boxed{\$764.19}$

(Set P/Y = 12; C/Y = 12) 302.01 ± PMT 149 N 7.5 I/Y 0 PV CPT FV 73 948.26

(e) Last three payments are PMT_{178}, PMT_{179}, PMT_{180}.

Balance after 177 payments:

$$FV_{177} = 302.01\left[\frac{1.00625^{177}-1}{0.00625}\right]$$

$= 302.01(322.01784)$

$= \boxed{\$97\,252.61}$

(Set P/Y = 12; C/Y = 12) 302.01 ± PMT 177 N 7.5 I/Y 0 PV CPT FV 97 252.61

Partial Sinking Fund Schedule

Payment interval	Periodic payment	Interest earned	Increase in fund	Balance at end
0				—
1	302.01	—	302.01	302.01
2	302.01	1.89	303.90	605.91
3	302.01	3.79	305.80	911.71
⋮	⋮	⋮	⋮	⋮
⋮	⋮	⋮	⋮	⋮
177	⋮	⋮	⋮	97 252.61
178	302.01	607.83	909.84	98 162.45
179	302.01	613.52	915.53	99 077.98
180	302.01	619.24	921.25	99 999.23
Total	54 361.80	45 637.43	99 999.23	

13. (a) $p = 300\,000.00$; $i = 8.25\%$

Annual interest = 300 000.00(0.0825) = $\boxed{\$24\,750.00}$

(b) $FV_n = 300\,000.00$; $i = 5.5\%$; $n = 20$

$$300\,000.00 = PMT\left[\frac{1.055^{20}-1}{0.055}\right]$$

300 000.00 = 34.868318 PMT

PMT = \$8603.80 rounded up to $\boxed{\$8604.00}$

(Set P/Y = 1; C/Y = 1) 300 000 FV 20 N 5.5 I/Y 0 PV CPT PMT −8603.80

(c) Annual cost = 24 750.00 + 8604.00 = $33 354.00

(d) Balance after nine years:

$$FV_9 = 8604.00\left[\frac{1.055^9 - 1}{0.055}\right]$$

= 8604.00(11.256260)

= $96 848.86 rounded up to $96 849.00

Interest in year 10 = 96 849.00(0.055) = $5327.00

Increase in fund = 5327.00 + 8604.00 = $13 931.00

(Set P/Y = 1; C/Y = 1) 8604.00 ± PMT 9 N 5.5 I/Y 0 PV CPT FV 96 848.86

(e) Balance after 15 years:

$$FV_{15} = 8604.00\left[\frac{1.055^{15} - 1}{0.055}\right]$$

= 8604.00(22.408664)

= $192 804.14 rounded down to $92 804.00

Book value of debt = 300 000.00 − 192 804.00 = $107 196.00

(Set P/Y = 1; C/Y = 1) 8604.00 PMT 15 N 5.5 I/Y 0 PV CPT FV 192 804.14

(f) Last three payments are PMT_{18}, PMT_{19}, PMT_{20}.

Balance after 17 years:

$$FV_{17} = 8604.00\left[\frac{1.055^{17} - 1}{0.055}\right]$$

= 8604.00(26.996403)

= $232 277.05 rounded down to $232 277.00

(Set P/Y = 1; C/Y = 1) 8604.00 ± PMT 17 N 5.5 I/Y 0 PV CPT FV 232 277.05

Partial Sinking Fund Schedule

Payment interval	Periodic payment	Interest earned	Increase in fund	Balance in fund	Book value of debt
0					300 000.00
1	8 604.00	—	8 604.00	8 604.00	291 396.00
2	8 604.00	473.00	9 077.00	17 681.00	282 319.00
3	8 604.00	972.00	9 576.00	27 257.00	272 743.00
⋮	⋮	⋮	⋮	⋮	⋮
17				232 277.00	67 723.00
18	8 604.00	12 775.00	21 379.00	253 656.00	46 344.00
19	8 604.00	13 951.00	22 555.00	276 211.00	23 789.00
20	8 597.00	15 192.00	23 789.00	300 000.00	—
Total	172 073.00	127 927.00	300 000.00		

Review Exercise

1. FV = 5000.00; PMT = 5000.00(0.0225) = 112.50; n = 24

   (a) i = 1.5%

   $$PV = 5000.00\,(1.015^{-24}) + 112.50\left[\frac{1-1.015^{-24}}{0.015}\right]$$

   $= 5000.00(0.699544) + (112.50)(20.030405)$

   $= 3497.72 + 2253.42$

   $= \boxed{\$5751.14}$

   (Set P/Y = 2; C/Y = 2) 5000 FV 112.50 PMT 24 N 3 I/Y CPT PV −5751.14

   (b) i = 2.5%

   $$PV = 5000.00(1.025^{-24}) + 112.50\left[\frac{1-1.025^{-24}}{0.025}\right]$$

   $= 5000.00(0.552875) + 112.50(17.884986)$

   $= 2764.38 + 2012.06$

   $= \boxed{\$4776.44}$

   (Set P/Y = 2; C/Y = 2) 5000 FV 112.50 PMT 24 N 5 I/Y CPT PV −4776.44

3. FV = 25 000.00; PMT = 25 000.00(0.0225) = 562.50;

   $i = 8.25\%$; $c = \frac{1}{4}$; $n = 24$

   $p = 1.0825^{\frac{1}{4}} - 1 = 1.020016 - 1 = 2.0016\%$

   $$PV = 25\,000.00\left(1.020016^{-24}\right) + 562.50\left[\frac{1-1.020016^{-24}}{0.020016}\right]$$

   $= 25\,000.00(0.621488) + 562.50(18.910502)$

   $= 15\,537.19 + 10\,637.16$

   $= \boxed{\$26\,174.35}$

   (Set P/Y = 4; C/Y = 1) 25 000 FV 562.50 PMT 24 N 8.25 I/Y CPT PV −26 174.35

5. Face value = 4(5000.00) = 20 000.00; b = 3.5%

   Principal = 20 000.00; i = 3%; n = 14

   $b > i \rightarrow$ premium

   $$\boxed{\text{Premium}} = [20\,000.00(0.035) - 20\,000.00(0.03)]\left[\frac{1-1.03^{-14}}{0.03}\right]$$

   $= (20\,000.00)(0.005)(11.296073)$

   $= \boxed{\$1129.61}$

Purchase price = 20 000.00 + 1129.61 = $\boxed{\$21\ 129.61}$

(Set P/Y = 2; C/Y = 2) 20 000 [FV] 700 [PMT] 14 [N] 6 [I/Y] [CPT] [PV] –21 129.61

7. (a) Face value = 100 000.00; $b = 2.5\%$

   Principal = 100 000.00; $i = 3.5\%$

   The interest dates are July 15 and January 15.

   The interest date preceding the purchase date is January 15, 2012.

   The period January 15, 2012, to July 15, 2023, is 11.5 years: $n = 23$.

   $b < i \rightarrow$ discount

   $\boxed{\text{Discount}}$ on January 15, 2012

   $= [100\ 000.00(0.025 - 0.035)]\left[\dfrac{1-1.035^{-23}}{0.035}\right]$

   $= 100\ 000.00(-0.01)(15.620410)$

   $= \boxed{-\$15\ 620.41}$

   (b) Purchase price on January 15, 2012 = 100 000.00 – 15 620.41 = $\boxed{\$84\ 379.59}$

   (Set P/Y = 2; C/Y = 2) 100 000 [FV] 2500 [PMT] 23 [N] 7 [I/Y] [CPT] [PV] –84 379.59

   The interest payment interval January 15, 2009, to July 15, 2012, is 181 days.

   The interest period January 15, 2009, to April 18, 2012, is 93 days.

   (c) Accrued interest = $100\ 000.00(0.025)\left(\dfrac{93}{181}\right) = \$1284.53$

   Cash price = 84 379.59 + 1284.53 = $\boxed{\$85\ 664.12}$

9. FV = 5000.00(1.08) = 5400.00; PMT = 5000.00(0.04) = 200.00; $i = 5\%$; $n = 20$

   Purchase price = $5400.00(1.05^{-20}) + 200.00\left[\dfrac{1-1.05^{-20}}{0.05}\right]$

   = 5400.00(0.376889) + 200.00(12.462210)

   = 2035.20 + 2492.44

   = $\boxed{\$4527.65}$ (difference due to rounding)

   (Set P/Y = 2; C/Y = 2) 5400 [FV] 200 [PMT] 20 [N] 10 [I/Y] [CPT] [PV] –4527.65

11. Quoted price = 50 000.00(0.92375) = $46 187.50

    Principal = $50 000.00

    Average book value = $\dfrac{1}{2}(50\ 000.00 + 46\ 187.50) = \$48\ 093.75$

    Payment dates are April 15 and October 15.

    The nearest preceding interest payment date is April 15, 2011.

The time interval April 15, 2011, to April 15, 2018, is 7 years: $n = 14$.

Semi-annual interest = $50\,000.00(0.055) = \$2750.00$

Total interest = $14(2750.00) = \$38\,500.00$

Bond discount = $50\,000.00 - 46\,187.50 = \$3812.50$

Average income per interest payment interval

$$= \frac{1}{14}(38\,500.00 + 3812.50) = \frac{1}{14}(42\,312.50) = \$3022.32$$

Approximate value of $i = \dfrac{3022.32}{48\,093.75} = 6.2842\%$

The approximate yield rate is $2(6.2842\%) = \boxed{12.5685\%}$

13. Face value = 5000.00; $b = 4\%$

    Principal = 5000.00; $i = 4.75\%$; $n = 7$; $b < i \rightarrow$ discount

    $$\boxed{\text{Discount}} = [5000.00(0.04 - 0.0475)]\left[\frac{1 - 1.0475^{-7}}{0.0475}\right]$$

    $= (5000.00)(-0.0075)(5.839166)$

    $= \boxed{-\$218.97}$

    $\boxed{\text{Purchase price}} = 5000.00 - 218.97 = \boxed{\$4781.03}$

    (Set P/Y = 1; C/Y = 1) 5000 $\boxed{\text{FV}}$ 200 $\boxed{\text{PMT}}$ 7 $\boxed{\text{N}}$ 4.75 $\boxed{\text{I/Y}}$ $\boxed{\text{CPT}}$ $\boxed{\text{PV}}$ -4781.03

Schedule for Amortization of Premium

Payment interval	Coupon $b = 4\%$	Interest on book $i = 4.75\%$	Discount accumulated	Book value	Premium balance
0				4781.03	218.97
1	200.00	227.10	27.10	4808.13	191.87
2	200.00	228.39	28.39	4836.52	163.48
3	200.00	229.73	29.73	4866.25	133.75
4	200.00	231.15	31.15	4897.40	102.60
5	200.00	232.63	32.63	4930.02	69.98
6	200.00	234.18	34.18	4964.20	35.80
7	200.00	235.80	35.80	5000.00	0.00
Total	1400.00	1618.97	218.97		

15. Face value = $10\,000.00$; $b = 1.25\%$

    Principal = $10\,000.00$; $i = 2.25\%$

    Interest dates are November 15, February 15, May 15, and August 15.

    The interest date preceding the date of sale is August 15, 2020.

    The time period August 15, 2020, to November 15, 2030, is 10.25 years: $n = 41$.

$b < i \rightarrow$ discount

Discount on August 15, 2020

$= [10\,000.00(0.0125) - 10\,000.00(0.0225)]\left[\dfrac{1-1.0225^{-41}}{0.0225}\right]$

$= (125.00 - 225.00)(26.595132)$

$= -\$2659.51$

Book value on August 15, 2020 $= 10\,000.00 - 2659.51 = \$7340.49$

The interest payment interval August 15, 2020, to November 15, 2020, is 92 days.

The interest period August 15, 2020, to September 10, 2020, is 26 days.

Interest on September 10, 2020

$= 10000.00\left(0.0125 \times \dfrac{26}{92}\right)$

$= \$35.33$

Cash price on September 10, 2020 $= 7340.49 + 35.33 = 7375.82$

Proceeds $= 10\,000.00(0.9275) = \$9275.00$

$\boxed{\text{Gain}}$ on sale $= 9275.00 - 7375.82 = \boxed{\$1899.18}$

(Set P/Y = 4; C/Y = 4) 10 000 $\boxed{\text{FV}}$ 125 $\boxed{\text{PMT}}$ 41 $\boxed{\text{N}}$ 9 $\boxed{\text{I/Y}}$ $\boxed{\text{CPT}}$ $\boxed{\text{PV}}$ −7340.49

17. Quoted price $= 10\,000.00(0.9875) = \$9875.00$

Principal $= 10\,000.00$

Average book value $= \dfrac{1}{2}(10000.00 + 9875.00) = \$9937.50$

Interest payment dates are October 15, January 15, April 15, and July 15.

The nearest preceding interest payment date is April 15, 2012.

The time period April 15, 2012, to October 15, 2024, is 12.5 years.

The number of interest payments to maturity is 50.

Quarterly interest payment $= 10\,000.00(0.01875) = \$187.50$

Total interest $= 50(187.50) = \$9375.00$

Bond discount $= 10\,000.00 - 9875.00 = \$125.00$

Average income per interest period

$= \dfrac{1}{50}(9375.00 + 125.00) = \dfrac{1}{50}(9500.00) = \$190.00$

Approximate value of $i = \dfrac{190.00}{9937.50} = 1.9119\%$

The approximate yield rate $= 4(1.9119\%) = \boxed{7.6478\%}$

19. (a) Face value = 50 000.00; $b = 1.625\%$

   Principal = 50 000.00; $i = 2\%$; $n = 48$

   Since $b < i \rightarrow$ discount

   $$\text{Discount} = [50\,000.00(0.01625 - 0.02)]\left[\frac{1 - 1.02^{-48}}{0.02}\right]$$

   $= 50\,000.00(-0.00375)(30.673120)$

   $= -\$5751.21$

   Purchase price = 50 000.00 − 5751.21 = $\boxed{\$44\,248.79}$

   (Set P/Y = 4; C/Y = 4) 50 000 $\boxed{\text{FV}}$ 812.50 $\boxed{\text{PMT}}$ 48 $\boxed{\text{N}}$ 8 $\boxed{\text{I/Y}}$ $\boxed{\text{CPT}}$ $\boxed{\text{PV}}$

   −44 248.79

   (b) After nine years, $n = (12 - 9)(4) = 12$

   $$\text{Discount} = 50\,000.00(-0.00375)\left[\frac{1 - 1.02^{-12}}{0.02}\right]$$

   $= 50\,000.00(-0.00375)(10.575341)$

   $= -\$1982.88$

   Book value = 50 000.00 − 1982.88 = $\boxed{\$48\,017.12}$

   (Set P/Y = 4; C/Y = 4) 44 248.79 $\boxed{\pm}$ $\boxed{\text{PV}}$ 812.50 $\boxed{\text{PMT}}$ 36 $\boxed{\text{N}}$ 8 $\boxed{\text{I/Y}}$ $\boxed{\text{CPT}}$ $\boxed{\text{FV}}$

   48 017.12

   (c) Proceeds from sale of bond = 50 000.00(0.99625) = $49 812.50

   $\boxed{\text{Gain}}$ on sale = 49 812.50 − 48 017.12 = $\boxed{\$1795.38}$

21. (a) $FV_n = 110\,000.00$; $i = 3.75\%$; $n = 10$

   $$110\,000.00 = \text{PMT}\left[\frac{1.0375^{10} - 1}{0.0375}\right]$$

   $110\,000.00 = 11.867838\,\text{PMT}$

   PMT = $\boxed{\$9268.75}$

   (Set P/Y = 2; C/Y = 2) 110 000 $\boxed{\text{FV}}$ 10 $\boxed{\text{N}}$ 7.5 $\boxed{\text{I/Y}}$ 0 $\boxed{\text{PV}}$ $\boxed{\text{CPT}}$ $\boxed{\text{PMT}}$ −9268.75

   (b) $FV_3 = 9268.75\left[\dfrac{1.0375^3 - 1}{0.0375}\right]$

   $= 9268.75(3.113906)$

   $= \boxed{\$28\,862.02}$

   (Set P/Y = 2; C/Y = 2) 9268.75 $\boxed{\pm}$ $\boxed{\text{PMT}}$ 3 $\boxed{\text{N}}$ 7.5 $\boxed{\text{I/Y}}$ 0 $\boxed{\text{PV}}$ $\boxed{\text{CPT}}$ $\boxed{\text{FV}}$ 28 862.02

(c) $FV_5 = 9268.75 \left[\dfrac{1.0375^5 - 1}{0.0375} \right]$

$= 9268.75(5.389328)$

$= \$49\,952.34$

Interest in $R_6 = 49\,952.34(0.0375) = \boxed{\$1873.21}$

(Set P/Y = 2; C/Y = 2) 9268.75 $\pm$ PMT 5 N 7.5 I/Y 0 PV CPT FV 49 952.34

(d)

Sinking Fund Schedule

Payment interval	Periodic payment	Interest earned	Increase in fund	Balance at end
0				—
1	9268.75	—	9 268.75	9 268.75
2	9268.75	347.58	9 616.33	18 885.08
3	9268.75	708.19	9 976.94	28 862.02
4	9268.75	1 082.33	10 351.08	39 213.10
5	9268.75	1 470.49	10 739.24	49 952.34
6	9268.75	1 873.21	11 141.96	61 094.30
7	9268.75	2 291.04	11 559.79	72 654.09
8	9268.75	2 724.53	11 993.28	84 647.37
9	9268.75	3 174.28	12 443.03	97 090.40
10	9268.75	3 640.89	12 909.64	110 000.04
Total	92 687.50	17 312.54	110 000.04	

23. (a) PV = 100 000.00; $i = 13.75\%$

Annual interest = 100 000.00(0.1375) = $\boxed{\$13\,750.00}$

(b) $FV_n = 100\,000.00$; $i = 11.5\%$; $n = 8$

$100\,000.00 = PMT \left[\dfrac{1.115^8 - 1}{0.115} \right]$

$100\,000.00 = 12.077438\, PMT$

PMT = $\boxed{\$8279.90}$

(Set P/Y = 1; C/Y = 1) 100 000 FV 8 N 11.5 I/Y 0 PV CPT PMT –8279.90

(c) Annual cost = 13 750.00 + 8279.90 = $\boxed{\$22\,029.90}$

(d) Balance after three years:

$FV_3 = 8279.90 \left[\dfrac{1.115^3 - 1}{0.115} \right]$

$= 8279.90(3.358225)$

$= \$27\,805.77$

Book value = 100 000.00 – 27 805.77 = $\boxed{\$72\,194.23}$

(Set P/Y = 1; C/Y = 1) 8279.90 $\pm$ PMT 3 N 11.5 I/Y 0 PV CPT FV 27 805.77

(e) Balance after five years:

$$FV_5 = 8279.90 \left[\frac{1.115^5 - 1}{0.115} \right]$$

= 8279.90(6.290029)
= $52 080.81
Interest earned = 52 080.81(0.115) = $5989.29

(Set P/Y = 1; C/Y = 1) 8279.90 ± PMT 5 N 11.5 I/Y 0 PV CPT FV 52 080.81

(f)

Sinking Fund Schedule

Payment interval	Periodic payment	Interest earned	Increase in fund	Balance in fund	Book value of debt
0					100 000.00
1	8 279.90	—	8 279.90	8 279.90	91 720.10
2	8 279.90	952.19	9 232.09	17 511.99	82 488.01
3	8 279.90	2 013.88	10 293.78	27 805.77	72 194.23
4	8 279.90	3 197.66	11 477.56	39 283.33	60 716.67
5	8 279.90	4 517.58	12 797.48	52 080.81	47 919.19
6	8 279.90	5 989.29	14 269.19	66 350.00	33 650.00
7	8 279.90	7 630.25	15 910.15	82 260.15	17 739.85
8	8 279.93	9 459.92	17 739.85	100 000.00	—
Total	66 239.23	33 760.77	100 000.00		

25. (a) $FV_n = 60\,000.00$; $i = 2\%$; $n = 20$

$$60\,000.00 = PMT \left[\frac{1.02^{20} - 1}{0.02} \right]$$

60 000.00 = 24.297370 PMT

PMT = $2469.40

(Set P/Y = 4; C/Y = 4) 60 000 FV 20 N 8 I/Y 0 PV CPT PMT −2469.40

(b) Total payments = 2469.40(20) = $49 388.00

Interest = 60 000.00 − 49 388.00 = $10 612.00

(c) Balance after two years: $n = 8$

$$FV_8 = 2469.40 \left[\frac{1.02^8 - 1}{0.02} \right]$$

= 2469.40(8.582969)
= $21 194.78

(Set P/Y = 4; C/Y = 4) 2469.40 ± PMT 8 N 8 I/Y 0 PV CPT FV 21 194.78

322 CHAPTER 15

(d) Balance after 14th payment:

$$FV_{14} = 2469.40 \left[\frac{1.02^{14}-1}{0.02}\right]$$

$= 2469.40(15.973938)$

$= \$39\ 446.04$

Interest in 15th interval

$= \$39\ 446.04(0.02) = \boxed{\$788.92}$

(Set P/Y = 4; C/Y = 4) 2469.40 $\pm$ PMT 14 N 8 I/Y 0 PV CPT FV 39 446.04

27. (a) PV_n(defer) = 150 000.00; PMT = 35 000.00(due); $i = 3\%$; $d = 50 - 1 = 49$

$$150\ 000.00 = 35\ 000.00(1.03^{-49})\left[\frac{1-1.03^{-n}}{0.03}\right]$$

$$150\ 000.00 = 35\ 000(0.234950)\left[\frac{1-1.03^{-n}}{0.03}\right]$$

$$18.240940 = \frac{1-1.03^{-n}}{0.03}$$

$1.03^{-n} = 0.452772$

$-n \ln 1.03 = \ln 0.452772$

$-0.029559n = -0.292367$

$n = 26.81$ or $\boxed{27}$ payments

(Set P/Y = 2; C/Y = 2)("BGN" Mode) 150 000 $\pm$ PV 50 N 6 I/Y 0 PMT CPT FV

3 408 741.16

(Set P/Y = 2; C/Y = 2)("BGN" Mode) 3 408 741.16 $\pm$ PV 35 000 PMT 6 I/Y 0 FV CPT N

26.81

(b) Balance at end of 26th payment interval:

$n = 26.806286 - 26 = 0.806286$

$$FV_{38}(due) = 35\ 000.00(1.03)\left[\frac{1-1.03^{-0.806286}}{0.03}\right]$$

$= 35\ 000(1.03)(0.803970)$

$= \boxed{\$28\ 983.13}$

(Set P/Y = 2; C/Y = 2)("BGN" Mode) 3 408 741.16 $\pm$ PV 35 000 PMT 26 N 6 I/Y CPT FV 28 983.13

Self-Test

1. $FV = 10\,000.00$; $PMT = 10\,000.00(0.025) = 250.00$

   $i = 2.75\%$; $n = 60$

   Purchase price $= 10\,000.00\,(1.0275)^{-60} + 250.00 \left[\dfrac{1-1.0275^{-60}}{0.0275}\right]$

   $= 10\,000.00(0.196377) + 250.00(29.222662)$

   $= 1963.77 + 7305.67$

   $= \boxed{\$9269.43}$ (difference due to rounding)

   (Set P/Y = 4; C/Y = 4) 10 000 $\boxed{FV}$ 250 $\boxed{PMT}$ 60 $\boxed{N}$ 11 $\boxed{I/Y}$ $\boxed{CPT}$ $\boxed{PV}$ −9269.43

3. $FV = 5000.00$; $PMT = 5000.00(0.04) = 200.00$

   $i = 3.25\%$; $n = 12$

   Premium (or discount)

   $= (5000.00 \times 0.04 - 5000.00 \times 0.0325) \left[\dfrac{1-1.0325^{-12}}{0.0325}\right]$

   $= (200.00 - 162.50)(9.807076)$

   $= \boxed{\$367.77\,(\text{premium})}$

   (Set P/Y = 2; C/Y = 2) 5000 $\boxed{FV}$ 200 $\boxed{PMT}$ 12 $\boxed{N}$ 6.5 $\boxed{I/Y}$ $\boxed{CPT}$ $\boxed{PV}$ −5367.77

5. Face value = 5000.00; $b = 3.5\%$

   Principal = 5000.00; $i = 4.25\%$

   Interest dates: December 15, June 15

   The interest date preceding the date of purchase is June 15, 2011.

   The time interval June 15, 2011, to December 15, 2022, is 11.5 years: $n = 23$.

   Premium or discount on June 15, 2009

   $= [5000.00(0.035) - 5000.00(0.0425)] \left[\dfrac{1-1.0425^{-23}}{0.0425}\right]$

   $= (175.00 - 212.50)(14.495796)$

   $= (-37.50)(14.495796)$

   $= -\$543.59$ (discount)

   Quoted price on June 15, 2011

   $= 5000.00 - 543.59 = \$4456.41$

   The payment interval June 15, 2009, to December 15, 2011, is 183 days.

   The interest period June 15, 2011, to November 9, 2011, is 147 days.

   Interest accrued on November 9, 2011

$$= 5000.00(0.035)\left(\frac{147}{183}\right) = \$140.57$$

Cash price = 4456.41 + 140.57 = $\boxed{\$4596.98}$

(Set P/Y = 2; C/Y = 2) 5000 [FV] 175 [PMT] 23 [N] 8.5 [I/Y] [CPT] [PV] −4456.41

7. Quoted price = 100 000.00(1.02625) = $102 625.00

   Principal = 100 000.00; $b = 6.5\%$

   Average book value = $\frac{1}{2}$(100 000.00 + 102 625.00) = $101 312.50

   Payment dates are July 15, January 15.

   The interest payment date preceding purchase is July 15, 2011.

   The time interval July 15, 2011, to July 15, 2018, is seven years: $n = 14$.

   Semi-annual interest = 100 000.00(0.065) = $6500.00

   Total interest = 14 × 6500.00 = $91 000.00

   Premium paid = 102 625.00 − 100 000.00 = $2625.00

   Average income per interest payment interval

   $$\frac{91\,000.00 - 2625.00}{14} = \frac{88\,375.00}{14} = \$6312.50$$

   Approximate value of $i = \dfrac{6312.50}{101\,312.50} = 6.2307\%$

   The approximate yield rate = 2(6.2307%) = $\boxed{12.4614\%}$

9. Quoted price = 10 000.00(0.93875) = $9387.50

   Principal = $10 000.00

   Average book value = $\frac{1}{2}$(10 000.00 + 9387.50) = $9693.75

   Interest payment dates are December 1, June 1.

   The interest payment date closest to purchase is June 1, 2009.

   The time interval June 1, 2009, to December 1, 2020, is 11.5 years: $n = 23$.

   Semi-annual coupon = 10 000.00(0.06) = $600.00

   Total interest = 23(600.00) = $13 800.00

   Bond discount = 9387.50 − 10 000.00 = −$612.50

   Average income per interest payment interval

   $$= \frac{1}{23}(13\,800.00 + 612.50) = \frac{1}{23}(14\,412.50) = \$626.63$$

   Approximate value of $i = \dfrac{626.63}{9687.50} = 6.4684\%$

   The approximate yield rate = 2(6.4684%) = $\boxed{12.9369\%}$

11. $FV_n(due) = 165\,000.00$; $i = 0.625\%$; $n = 72$

$$165\,000.00 = PMT\,(1.00625)\left[\frac{1.00625^{72}-1}{0.00625}\right]$$

$165\,000.00 = PMT\,(1.00625)(90.578789)$

$PMT = \$1810.30$

Balance after 19th interval:

$PMT = 1810.30$; $i = 0.625\%$; $n = 19$

$$FV_n(due) = 1810.30(1.00625)\left[\frac{1.00625^{19}-1}{0.00625}\right]$$

$= 1810.30(1.00625)(20.107566)$

$= \$36\,628.23$

Interest earned in 20th payment interval

$= (36\,628.23 + 1810.30)(0.00625) = \boxed{\$240.24}$

(Set P/Y = 12; C/Y = 12)("BGN" Mode) 165 000 [FV] 72 [N] 7.5 [I/Y] 0 [PV] [CPT] [PMT]

−1810.30

(Set P/Y = 12; C/Y = 12)("BGN" Mode) 1810.30 [±] [PMT] 19 [N] 7.5 [I/Y] 0 [PV] [CPT] [FV]

36 628.23

13. $FV_n = 750\,000.00$; $i = 9\%$; $n = 15$

$$750\,000.00 = PMT\left[\frac{1.09^{15}-1}{0.09}\right]$$

$750\,000.00 = 29.360916\,PMT$

$PMT = \$25\,544.16$

Balance after five years:

$PMT = 25\,544.16$; $i = 7\%$; $n = 5$

$$FV_n = 25\,544.16\left[\frac{1.07^5-1}{0.07}\right] = 25\,544.16(5.750739) = \$146\,897.80$$

Book value = $750\,000.00 - 146\,897.80 = \boxed{\$603\,102.20}$

(Set P/Y = 1; C/Y = 1) 750 000 [FV] 15 [N] 9 [I/Y] 0 [PV] [CPT] [PMT] −25 544.16

(Set P/Y = 1; C/Y = 1) 25 544.16 [±] [PMT] 7 [I/Y] 5 [N] 0 [PV] [CPT] [FV] 146 897.80

Chapter 16 Investment Decision Applications

Exercise 16.1

A. 1.   *Alternative 1*

PV of $20 000 in three years = 20 000(1.12^{-3}) = 20 000(0.711780) = $14 236

PV of $60 000 in six years = 60 000(1.12^{-6}) = 60 000(0.506631) = $\underline{\ 30\ 398}$

PV of Alternative 1 = $\boxed{44\ 634}$

Alternative 2

PV of $13 000 at the end of each of the next six years

$= 13\ 000\left[\dfrac{1-1.12^{-6}}{0.12}\right] = 13\ 000(4.111407) = \boxed{\$53\ 448}$

Since PV of Alternative 2 > PV of Alternative 1, $\boxed{\text{Alternative 2 is preferable at 12\%.}}$

Alt.1 (Set P/Y = 1; C/Y = 1) 0 [PMT] 20 000 [FV] 12 [I/Y] 3 [N] [CPT] [PV] –14 236

Alt.1 (Set P/Y = 1; C/Y = 1) 0 [PMT] 60 000 [FV] 12 [I/Y] 6 [N] [CPT] [PV] –30 398

Alt.2 (Set P/Y = 1; C/Y = 1) 0 [FV] 13 000 [PMT] 12 [I/Y] 6 [N] [CPT] [PV] –53 448

3.   *Alternative 1*

PV of $10 000 now = $10 000

PV of $20 000 in five years = 20 000(1.025^{-20}) = 20 000(0.610271) = 12 205

PV of Alternative 1 = $\boxed{\$22\ 205}$

Alternative 2

PV of $1500 at the end of every three months for five years

$= 1500\left[\dfrac{1-1.025^{-20}}{0.025}\right] = 1500(15.589162) = \boxed{\$23\ 384}$

In this case, "the smaller the better" principle applies.

Since PV of Alternative 1 < PV of Alternative 2, $\boxed{\text{Alternative 1 is preferred.}}$

Alt.1 (Set P/Y = 1; C/Y = 4) 0 [PMT] 20 000 [FV] 10 [I/Y] 5 [N] [CPT] [PV] –12 205

Alt.2 (Set P/Y = 4; C/Y = 4) 0 [FV] 1500 [PMT] 10 [I/Y] 20 [N] [CPT] [PV] –23 384

5.   *Alternative 1*

Pay cash now = $\boxed{\$2000}$

Alternative 2

PV of $108 at the end of every month for 24 months

$= 108\left[\dfrac{1-1.0065^{-24}}{0.0065}\right] = 108(22.1552) \cong \boxed{\$2393}$

In this case, "the smaller the better" principle applies.

Since PV of Alternative 1 < PV of Alternative 2, Alternative 1 is preferred.

Alt.2 (Set P/Y = 12; C/Y = 12) 0 [FV] 108 [PMT] 7.8 [I/Y] 24 [N] [CPT] [PV] –2393

B. 1. *Alternative 1*

PV of $25 000 now = $25 000

PV of $50 000 = 50 000$(1.06^{-5})$ = 50 000(0.747258) = 37 363

PV of Alternative 1 = $62 363

Alternative 2

PV of Alternative 2 = $10\ 000 \left[\dfrac{1 - 1.06^{-10}}{0.06} \right]$ = 10 000(7.360087) = $73 601

At 6%, Alternative 2 is preferable.

Alt.1 (Set P/Y = 1; C/Y = 1) 0 [PMT] 50 000 [FV] 6 [I/Y] 5 [N] [CPT] [PV] –37 363
Alt.2 (Set P/Y = 1; C/Y = 1) 0 [FV] 10 000 [PMT] 6 [I/Y] 10 [N] [CPT] [PV] –73 601

3. *Offer A*

PV of $15 000 now = $15 000

PV of $20 000 = 20 000$(1.1^{-3})$ = 20 000(0.751315) = 15 026

PV of Offer A = $30 026

Offer B

PV of $3000 now = $3 000

PMT = 3000; $i = 10\%$; $n = 12$; $c = \dfrac{1}{2}$

$p = 1.1^{\frac{1}{2}} - 1 = 1.048809 - 1 = 4.8809\%$

$PV_n = 3000 \left[\dfrac{1 - 1.048809^{-12}}{0.048809} \right]$ = 3000(8.923099) = 26 769

PV of Offer B = $29 769

At 10%, Offer A is preferable.

A (Set P/Y = 1; C/Y = 1) 0 [PMT] 20 000 [FV] 10 [I/Y] 3 [N] [CPT] [PV] –15 026
B (Set P/Y = 2; C/Y = 1) 0 [FV] 3000 [PMT] 10 [I/Y] 12 [N] [CPT] [PV] –26 769

5. *Buying*

PV of cash payment = $90 000

Less PV of 30 000 = 30 000(1.08^{-20}) = 30 000(0.214548) = 6 436

PV of cost of buying = $83 564

Leasing

$$PV_n(\text{due}) = 10\,000(1.08)\left[\frac{1-1.08^{-20}}{0.08}\right] = 10\,000(1.08)(9.818147) = \boxed{\$106\,036}$$

Since PV of the cost of leasing > PV of cost of buying, the warehouse should be purchased.

A (Set P/Y = 1; C/Y = 1) 0 [PMT] 30 000 [FV] 8 [I/Y] 20 [N] [CPT] [PV] –6436

B (Set P/Y = 1; C/Y = 1)("BGN" Mode) 0 [FV] 10 000 [PMT] 8 [I/Y] 20 [N] [CPT] [PV] –106 036

Buying

Exercise 16.2

A. 1. *PV of inflows:*

PMT = 3500; $i = 3\%$; $n = 28$

$$PV_n = 3500\left[\frac{1-1.03^{-28}}{0.03}\right] = 3500(18.764108) = \$65\,674$$

PV of outflows:

Immediate outlay	= $50 000
PV of 30 000 = 30 000(1.03^{-12}) = 30 000(0.701380) =	21 041
	= $71 041
Net present value = 65 674 – 71 041	= –$5367

Since NPV < 0, the investment should be rejected.

(Set P/Y = 4; C/Y = 4) 0 [FV] 3500 [PMT] 12 [I/Y] 28 [N] [CPT] [PV] –65 674

(Set P/Y = 4; C/Y = 4) 0 [PMT] 30 000 [FV] 12 [I/Y] 12 [N] [CPT] [PV] –21 041

3. *Alternative* 1:

$PV_{IN} = 7000(1.085^{-14}) = 7000(0.319142) = \$2234$

PV_{OUT}	= 2000
NPV in Alternative 1	= $234

Alternative 2:

$$PV_{IN} = 250\left[\frac{1-1.085^{-14}}{0.085}\right] = 250(8.010097) = \$2003$$

PV_{OUT}	= 1800
NPV of Alternative 2	= $203

Since the net present value of Alternative 1 is greater than the net present value of Alternative 2, Alternative 1 is preferred.

(Set P/Y = 2; C/Y = 2) 0 [PMT] 7000 [FV] 17 [I/Y] 14 [N] [CPT] [PV] –2234

(Set P/Y = 2; C/Y = 2) 0 [FV] 250 [PMT] 17 [I/Y] 14 [N] [CPT] [PV] –2003

5. *Alternative* 1:

$$PV_{IN} = 900 \left[\frac{1-1.0175^{-12}}{0.0175} \right] = 900(10.739550) = \$9666$$

PV_{OUT} $= \$8000$

NPV $= \boxed{\$1666}$

Alternative 2:

$$PV_{IN} = 300 \left[\frac{1-1.0175^{-12}}{0.0175} \right] = 300(10.739550) = \$3222$$

$PV_{OUT} = 2000 + 1000(1.0175^{-8})$

$\phantom{PV_{OUT}} = 2000 + 1000(0.870412)$

$\phantom{PV_{OUT}} = 2000 + 870$ $= \underline{2820}$

NPV $= \boxed{\$352}$

Since the net present value of Alternative 1 is greater than the net present value of Alternative 2, Alternative 1 is preferred.

(Set P/Y = 4; C/Y = 4) 0 $\boxed{FV}$ 900 $\boxed{PMT}$ 7 $\boxed{I/Y}$ 12 $\boxed{N}$ $\boxed{CPT}$ $\boxed{PV}$ −9666

(Set P/Y = 4; C/Y = 4) 0 $\boxed{PMT}$ 1000 $\boxed{FV}$ 7 $\boxed{I/Y}$ 8 $\boxed{N}$ $\boxed{CPT}$ $\boxed{PV}$ −870

(Set P/Y = 4; C/Y = 4) 0 $\boxed{PMT}$ 300 $\boxed{PMT}$ 7 $\boxed{I/Y}$ 12 $\boxed{N}$ $\boxed{CPT}$ $\boxed{PV}$ −3222

B. 1. *Project A*

PV_{IN}

$4000(1.12^{-4}) = 4000(0.635518) = \$2542$

$9000(1.12^{-9}) = 9000(0.360610) = \underline{3245}$

Total PV_{IN} $= \$5787$

PV_{OUT} $= \underline{4000}$

NPV $= \$1787$

Project B

$$PV_{IN} = 1500 \left[\frac{1-1.12^{-9}}{0.12} \right] = 1500(5.328250) = \$7992$$

$PV_{OUT} = 4000 + 2000(1.12^{-3})$

$\phantom{PV_{OUT}} = 4000 + 2000(0.711780) = 4000 + 1424 = \underline{5424}$

NPV $= \$2568$

Project B is preferred at 12%.

(Set P/Y = 1; C/Y = 1) 0 $\boxed{PMT}$ 4000 $\boxed{FV}$ 12 $\boxed{I/Y}$ 4 $\boxed{N}$ $\boxed{CPT}$ $\boxed{PV}$ −2542

(Set P/Y = 1; C/Y = 1) 0 $\boxed{PMT}$ 9000 $\boxed{FV}$ 12 $\boxed{I/Y}$ 9 $\boxed{N}$ $\boxed{CPT}$ $\boxed{PV}$ −3245

(Set P/Y = 1; C/Y = 1) 0 $\boxed{PMT}$ 2000 $\boxed{FV}$ 12 $\boxed{I/Y}$ 3 $\boxed{N}$ $\boxed{CPT}$ $\boxed{PV}$ −1424

330 CHAPTER 16

(Set P/Y = 1; C/Y = 1) 0 [FV] 1500 [PMT] 12 [I/Y] 9 [N] [CPT] [PV] –7992

3. End of year

```
        Now  1  2  3  4   5   6   7        14  15
In       |---|--|--|--|---|---|---|  ...  |---|---|
                      33  33  33  33       33  33
Out     <60> <50> <40>
```

PMT = 33 000; n = 12; i = 14%; d = 3

$$PV_{IN} = 33\,000(1.14^{-3}) \left[\frac{1-1.14^{-12}}{0.14}\right]$$

$= 33\,000(0.674972)(5.660292)$ = $126 078

PV_{OUT} 60 000 now   = $60 000

$50\,000(1.14^{-1}) = 50\,000(0.877193)$ = 43 860

$40\,000(1.14^{-2}) = 40\,000(0.769468)$ = 30 779   = 134 639

NPV   = <$8561>

Since NPV < 0, the project will not return 14% on the investment and therefore should not be undertaken.

(Set P/Y = 1; C/Y = 1) 0 [PMT] 50 000 [FV] 14 [I/Y] 1 [N] [CPT] [PV] –43 860
(Set P/Y = 1; C/Y = 1) 0 [PMT] 40 000 [FV] 14 [I/Y] 2 [N] [CPT] [PV] –30 779
(Set P/Y = 1; C/Y = 1) 0 [FV] 33 000 [PMT] 14 [I/Y] 12 [N] [CPT] [PV] –186 790
(Set P/Y = 1; C/Y = 1) 0 [PMT] 186 790 [FV] 14 [I/Y] 3 [N] [CPT] [PV] –126 078

5. End of year

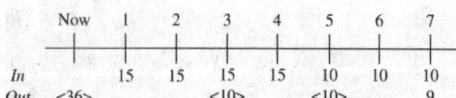

PV_{IN}: PMT = 15 000; n = 4; i = 20%

$$15\,000\left[\frac{1-1.2^{-4}}{0.2}\right] = 15\,000(2.588735) \qquad = \$38\,831$$

PMT = 10 000; n = 3; d = 4; i = 20%

$$10\,000(1.2^{-4})\left[\frac{1-1.2^{-3}}{0.2}\right] = 10\,000(0.482253)(2.106482) \quad = \underline{10\,159}$$

                                                        = $48 990

PV_{OUT}: 36 000 now   = $36 000

$10\,000(1.2^{-3}) = 10\,000(0.578704)$ =   5 787

$10\,000(1.2^{-5}) = 10\,000(0.401878)$ =   4019

$\langle 9000(1.2^{-7}) \rangle = \langle 9000(0.279082) \rangle$ = <2 512>

PV$_{OUT}$ = $43 294

NPV = $5696

Since NPV > 0, the new product provides the required return on investment of 20% and therefore should be distributed.

(Set P/Y = 1; C/Y = 1) 0 FV 15 000 PMT 20 I/Y 4 N CPT PV –38 831

(Set P/Y = 1; C/Y = 1) 0 FV 10 000 PMT 20 I/Y 3 N CPT PV –21 065

(Set P/Y = 1; C/Y = 1) 0 PMT 21 065 FV 20 I/Y 4 N CPT PV –10 159

(Set P/Y = 1; C/Y = 1) 0 PMT 10 000 FV 20 I/Y 3 N CPT PV –5787

(Set P/Y = 1; C/Y = 1) 0 PMT 10 000 FV 20 I/Y 5 N CPT PV –4019

(Set P/Y = 1; C/Y = 1) 0 PMT 9000 ± FV 20 I/Y 7 N CPT PV +2512

7. *End of year*

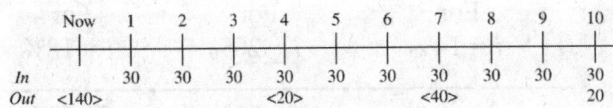

$$PV_{IN}: 30\,000\left[\frac{1-1.12^{-10}}{0.12}\right] = 30\,000(5.650223) = \$169\,507$$

PV$_{OUT}$: 140 000 now $140 000

$20\,000(1.12^{-4}) = 20\,000(0.635518)$ 12 710

$40\,000(1.12^{-7}) = 40\,000(0.452349)$ 18 094

$\langle 20\,000(1.12^{-10}) \rangle = \langle 20\,000(0.321973) \rangle$ <6 439>   164 365

NPV = $5142

Since NPV > 0, the investment will return more than 12% on the investment and should therefore be made.

(Set P/Y = 1; C/Y = 1) 0 FV 30 000 PMT 12 I/Y 10 N CPT PV –169 507

(Set P/Y = 1; C/Y = 1) 0 PMT 20 000 FV 12 I/Y 4 N CPT PV –12 710

(Set P/Y = 1; C/Y = 1) 0 PMT 40 000 FV 12 I/Y 7 N CPT PV –18 094

(Set P/Y = 1; C/Y = 1) 0 PMT 20 000 ± FV 12 I/Y 10 N CPT PV +6439

Exercise **16.3**

A. 1.

```
  NPV + 2350           0        –1270
  A |_____|_____| B
  i   24%         d         26%
```

$$\frac{2350}{2350+1270} = \frac{d}{2}$$

$$d = \frac{4700}{3620} = 1.30\%$$

R.O.I. = 24% + 1.3% = $\boxed{25.3\%}$

3.
```
NPV 135         0           -240
  A |_____|_____| B
i   20%         d            22%
```

$$\frac{d}{2} = \frac{135}{135+240}$$

$$d = \frac{270}{375} = 0.72\%$$

R.O.I. = 20% + 0.7% = $\boxed{20.7\%}$

B. 1. *End of year*

```
    Now   1    2    3    4    5    6
     |____|____|____|____|____|____|
In              30   40   60   50   20
Out  <100>
```

	For $i=14\%$	For $i=20\%$	For $i=18\%$
PV$_{IN}$			
$30\,000(1+i)^{-2}$	23 084	20 833	21 546
$40\,000(1+i)^{-3}$	26 999	23 148	24 345
$60\,000(1+i)^{-4}$	35 525	28 935	30 947
$50\,000(1+i)^{-5}$	25 968	20 094	21 855
$20\,000(1+i)^{-6}$	9 112	6 698	7 409
PV$_{IN}$	120 688	99 708	106 102
PV$_{OUT}$	100 000	100 000	100 000
NPV	20 688	<292>	6102

Index = $\frac{PV_{IN}}{PV_{OUT}}$ = 1.251 → try $i = 20\%$

$$\frac{d}{2} = \frac{6102}{6102+292}$$

$$d = \frac{12\,204}{6394} = 1.91\%$$

R.O.I. = 18% + 1.9% = $\boxed{19.9\%}$

$\boxed{CF}$ CFo = 100 000 $\boxed{\pm}$

C01 = 0 F01 = 1

C02 = 30 000 F02 = 1

C03 = 40 000 F03 = 1

C04 = 60 000 F04 = 1

C05 = 50 000 F05 = 1

C06 = 20 000 F06 = 1 $\boxed{IRR}$ $\boxed{CPT}$ = 19.905

3. *End of year*

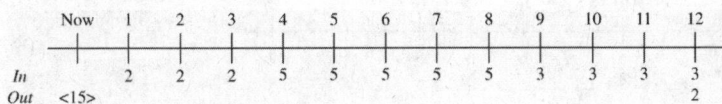

		Try $i = 16\%$	For $i = 20\%$	For $i = 18\%$
PV_{IN}	$2000\left[\dfrac{1-(1+i)^{-3}}{i}\right]$	4 492	4 213	4 349
	$5000(1+i)^{-3}\left[\dfrac{1-(1+i)^{-5}}{i}\right]$	10 489	8 653	9 516
	$3000(1+i)^{-8}\left[\dfrac{1-(1+i)^{-4}}{i}\right]$	2 561	1 806	2 147
	PV_{IN}	17 542	14 672	16 012
PV_{OUT}	15 000 now	15 000	15 000	15 000
	$\langle 2000(1+i)^{-12}\rangle$	<337>	<224>	<274>
	PV_{OUT}	14 663	14 776	14 726
	NPV	2 879	<104>	1 286

Index = $\dfrac{17\,542}{14\,663} = 1.196 \rightarrow$ try $i = 20\%$

$d = \dfrac{2 \times 1286}{1286 + 104} = \dfrac{2572}{1390} = 1.85\%$

R.O.I. = 18% + 1.9% = $\boxed{19.9\%}$

$\boxed{CF}$ CFo = 60 000 $\boxed{\pm}$

C01 = 2000 F01 = 3

C02 = 5000 F02 = 5

C03 = 3000 F03 = 3

C04 = 5000 F04 = 1 $\boxed{IRR}$ $\boxed{CPT}$ = 19.84

5. *End of year*

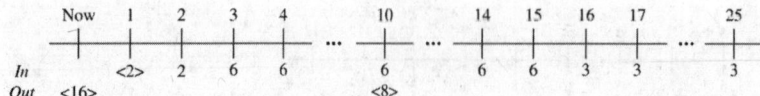

		Try $i = 16\%$	For $i = 26\%$	For $i = 22\%$	For $i = 24\%$
PV_{IN}	$\langle 2000(1+i)^{-1} \rangle$	<1 724>	<1 587>	<1 639>	<1 613>
	$2000(1+i)^{-2}$	1 486	1 260	1 344	1 301
	$6000(1+i)^{-2}\left[\dfrac{1-(1+i)^{-13}}{i}\right]$	23 821	13 815	16 942	15 267
	$3000(1+i)^{-15}\left[\dfrac{1-(1+i)^{-10}}{i}\right]$	1 565	325	596	438
PV_{IN}		25 148	13 813	17 243	15 393
PV_{OUT}	16 000 now	16 000	16 000	16 000	16 000
	$8000(1+i)^{-10}$	1 813	793	1 095	931
PV_{OUT}		17 813	16 793	17 095	16 931
NPV		7 335	<2 980>	148	<1 538>

$$\text{Index} = \dfrac{25\ 148}{17\ 813} = 1.412 \rightarrow \text{Try} = 26\%$$

$$d = \dfrac{2 \times 148}{148 + 1538} = \dfrac{296}{1686} = 0.18$$

R.O.I. = 22% + 0.2% = $\boxed{22.2\%}$

$\boxed{CF}$ CFo = 16 000 $\boxed{\pm}$

C01 = 2000 $\boxed{\pm}$ F01 = 1

C02 = 2000 F02 = 1

C03 = 6000 F03 = 7

C04 = 2000 $\boxed{\pm}$ F04 = 1

C05 = 6000 F05 = 5

C06 = 3000 F06 = 10 $\boxed{IRR}$ $\boxed{CPT}$ = 22.16

Review Exercise

1. *Alternative A*

   $20\,000(1.14^{-3}) = 20\,000(0.674972) = \$13\,499$

   $60\,000(1.14^{-6}) = 60\,000(0.455587) = 27\,335$

   $40\,000(1.14^{-10}) = 40\,000(0.269744) = \underline{10\,790}$

    PV of Alternative A: $\$51\,624$

   Alternative B

   PV of Alternative B = $10\,000 \left[\dfrac{1-1.14^{-10}}{0.14}\right] = 10\,000(5.216116) = \$52\,161$

   Since the PV of Alternative B > PV of Alternative A, Alternative B is preferable.

   Alt.1 (Set P/Y = 1; C/Y = 1) 0 PMT 20 000 FV 14 I/Y 3 N CPT PV –13 499
   Alt.1 (Set P/Y = 1; C/Y = 1) 0 PMT 60 000 FV 14 I/Y 6 N CPT PV –27 335
   Alt.1 (Set P/Y = 1; C/Y = 1) 0 PMT 40 000 FV 14 I/Y 10 N CPT PV –10 790
   Alt.2 (Set P/Y = 1; C/Y = 1) 0 FV 10 000 ± PMT 14 I/Y 10 N CPT PV –52 161

3. *Alternative 1*

   $PV_{IN} = 500 \left[\dfrac{1-1.03^{-36}}{0.03}\right] = 500(21.832253) = \$10\,916$

   $PV_{OUT} = \underline{7000}$

   NPV of Alternative 1 $ = \$3916$

   Alternative 2

   $PV_{IN} = 26\,000\left(1.03^{-32}\right) = 26\,000(0.388337) = \$10\,097$

   $PV_{OUT} = \underline{6500}$

   NPV of Alternative 2 $ = \$3597$

   Since the NPV of Alternative 1 is greater than the NPV of Alternative 2, Alternative 1 is preferable.

   Alt.1 (Set P/Y = 4; C/Y = 4) 0 FV 500 PMT 12 I/Y 36 N CPT PV –10 916
   Alt.2 (Set P/Y = 4; C/Y = 4) 0 PMT 26 000 FV 12 I/Y 32 N CPT PV –10 097

5. *End of year*

   ```
   Now   1    2    3        6    7    8    9   10   11       22   23
   ──┼───┼────┼────┼────...──┼────┼────┼────┼────┼────┼──...──┼────┼──
   In                                       250  250            250  250
   Out  <75> <75> <75> <75>  <75> <75>
   ```

   PV_{IN}

   PMT = 250 000; i = 18%; n = 15; d = 8

$$PV_n(\text{defer}) = 250\,000(1.18^{-8})\left[\frac{1-1.18^{-15}}{0.18}\right]$$

$= 250\,000(0.266038)(5.091578)$ \hfill $= \$338\,638$

PV_{OUT}

$PMT = 75\,000;\ i = 18\%;\ n = 8$

$$PV_n(\text{due}) = 75\,000(1.18)\left[\frac{1-1.18^{-8}}{0.18}\right]$$

$= 75\,000(1.18)(4.077566)$ \hfill $= \underline{360\,865}$

NPV \hfill $= <\$22\,227>$

At 18%, the net present value is $\boxed{-\$22\,227}$.

(Set P/Y = 1; C/Y = 1) ("BGN" Mode) 0 [FV] 75 000 [PMT] 18 [I/Y] 8 [N] [CPT] [PV] –360 865

(Set P/Y = 1; C/Y = 1) 0 [PMT] 250 000 [PMT] 18 [I/Y] 15 [N] [CPT] [PV] –1 272 894

(Set P/Y = 1; C/Y = 1) 0 [PMT] 1 272 894 [FV] 18 [I/Y] 8 [N] [CPT] [PV] –338 638

[CF] CFo = 75 000 [±]

OR: C01 = 75 000 [±] F01 = 7

C02 = 0 F02 = 1

C03 = 250 000 F03 = 15 [NPV] I = 18 [CPT] NPV = –22 226

7.

		Try $i = 20\%$	For $i = 26\%$	For $i = 28\%$
PV_{IN}	$14\,000\left[\frac{1-(1+i)^{-8}}{i}\right]$	53 720	45 370	43 061
PV_{OUT}	45 000	45 000	45 000	45 000
NPV		8 720	370	<1 939>

$\text{Index} = \dfrac{53\,720}{45\,000} = 1.193 \rightarrow \text{Try } i = 26\%$

$d = \dfrac{370 \times 2}{370 + 1939} = \dfrac{740}{2309} = 0.32\%$

R.O.I. = 26% + 0.3% = $\boxed{26.3\%}$

[CF] CFo = 45 000 [±]

C01 = 14 000 F01 = 8 [IRR] [CPT] = 26.31

9.

	For $i = 18\%$	For $i = 16\%$
PV_{IN} $250\,000(1+i)^{-8}\left[\dfrac{1-(1+i)^{-15}}{i}\right]$	338 639	425 164
PV_{OUT} $75\,000(1+i)\left[\dfrac{1-(1+i)^{-8}}{i}\right]$	360 865	377 892
NPV	<22 226>	47 272

Index = $\dfrac{338\,639}{360\,865}$ = 0.938 → Try i = 16%

$d = \dfrac{47\,272 \times 2}{47\,272 + 22\,226} = \dfrac{94\,544}{69\,498} = 1.36\%$

R.O.I. = 16% + 1.4% = $\boxed{17.4\%}$

$\boxed{CF}$ CFo = 75 000 $\boxed{\pm}$

C01 = 75 000 $\boxed{\pm}$ FO1 = 7

C02 = 0 F02 = 1

C03 = 250 000 F03 = 15 $\boxed{IRR}$ $\boxed{CPT}$ = 17.29

11. *End of year*

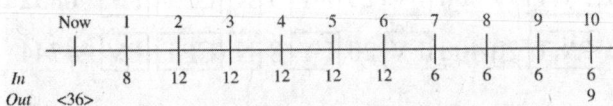

PV_{IN} $8000(1+i)^{-1}$

$\phantom{PV_{IN}}$ $12\,000(1+i)^{-1}\left[\dfrac{1-(1+i)^{-5}}{i}\right]$

$\phantom{PV_{IN}}$ $6000(1+i)^{-6}\left[\dfrac{1-(1+i)^{-4}}{i}\right]$

PV_{OUT} 36 000 now

$\langle 9000(1+i)^{-10} \rangle$

NPV

	For $i = 20\%$	For $i = 26\%$	For $i = 24\%$
	6 667	6 349	6 452
	29 906	25 096	26 568
	5 202	3 479	3 968
	41 775	34 924	36 988
	36 000	36 000	36 000
	<1 454>	<892>	<1 047>
	34 546	35 108	34 953
	7 229	<184>	2 035

Index = $\dfrac{41\,775}{34\,546}$ = 1.209 → Try i = 26%

$d = \dfrac{2035 \times 2}{2035 + 184} = \dfrac{4070}{2219} = 1.83$

R.O.I. = 24% + 1.8% = $\boxed{25.8\%}$

$\boxed{CF}$ CFo = 36 000 $\boxed{\pm}$

C01 = 8000   F01 = 1
C02 = 12 000   F02 = 5
C03 = 6000   F03 = 3
C04 = 15 000   F04 = 1 $\boxed{IRR}$ $\boxed{CPT}$ = 25.83

13. *Project A:*

$$5800\left[\frac{1-1.20^{-8}}{0.20}\right] = 5800(3.837160) = \$22\ 256$$

Project B:

$13\ 600(1.20^{-1}) = 13\ 600(0.83)$ = \$11 333
$17\ 000(1.20^{-5}) = 17\ 000(0.401878) =$ 6 832
$20\ 400(1.20^{-8}) = 20\ 400(0.232568) = \underline{\ 4\ 744}$
                                         = \$22 909

Since at 20%, the PV of Project B is greater than the PV of Project A, $\boxed{\text{Outway Ventures should choose Project B.}}$

A. (Set P/Y = 1; C/Y = 1)0 $\boxed{FV}$ 5800 $\boxed{PMT}$ 20 $\boxed{I/Y}$ 8 $\boxed{N}$ $\boxed{CPT}$ $\boxed{PV}$ –22 256

B. (Set P/Y = 1; C/Y = 1)0 $\boxed{PMT}$ 13 600 $\boxed{FV}$ 20 $\boxed{I/Y}$ 1 $\boxed{N}$ $\boxed{CPT}$ $\boxed{PV}$ –11 333

B. (Set P/Y = 1; C/Y = 1)0 $\boxed{PMT}$ 17 000 $\boxed{FV}$ 20 $\boxed{I/Y}$ 5 $\boxed{N}$ $\boxed{CPT}$ $\boxed{PV}$ –6832

B. (Set P/Y = 1; C/Y = 1)0 $\boxed{PMT}$ 20 400 $\boxed{FV}$ 20 $\boxed{I/Y}$ 8 $\boxed{N}$ $\boxed{CPT}$ $\boxed{PV}$ –4744

15. *End of year*

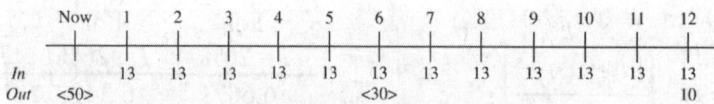

PV_{IN} $13\ 000\left[\dfrac{1-1.20^{-12}}{0.20}\right] = 13\ 000(4.439217)$ = \$57 710

PV_{OUT} 50 000 now   \$50 000
         $30\ 000(1.20^{-6}) = 30\ 000(0.334898)$ 10 047
         $\langle 10\ 000(1.20^{-12})\rangle = (10\ 000(0.112157))$ <1 122> $\underline{58\ 925}$

            NPV   = $\boxed{-\$1\ 215}$

(Set P/Y = 1; C/Y = 1) 0 $\boxed{FV}$ 13 000 $\boxed{PMT}$ 20 $\boxed{I/Y}$ 12 $\boxed{N}$ $\boxed{CPT}$ $\boxed{PV}$ –57 710

(Set P/Y = 1; C/Y = 1; "BGN" Mode) 30 000 $\boxed{FV}$ 0 $\boxed{PMT}$ 20 $\boxed{I/Y}$ 6 $\boxed{N}$ $\boxed{CPT}$ $\boxed{PV}$ –10 047

(Set P/Y = 1; C/Y = 1; "BGN" Mode) 10 000 $\boxed{\pm}$ $\boxed{FV}$ 0 $\boxed{PMT}$ 20 $\boxed{I/Y}$ 12 $\boxed{N}$ $\boxed{CPT}$ $\boxed{PV}$ +1122

[CF] CFo = 50 000 [±]

C01 = 13 000 F01 = 5

C02 = 17 000 [±] F02 = 1

C03 = 13 000 F03 = 5

C04 = 23 000 F04 = 1 [NPV] I = 20 [CPT] NPV = –1216

17. *End of year*

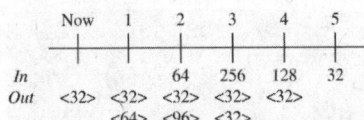

PV$_{IN}$	$64\,000(1.16^{-2}) = 64\,000(0.743163)$	$ 47 562
	$256\,000(1.16^{-3}) = 256\,000(0.640658)$	164 008
	$128\,000(1.16^{-4}) = 128\,000(0.552291)$	70 693
	$32\,000(1.16^{-5}) = 32\,000(0.476113)$	15 236
		$297 499

$$PV_{OUT} \quad 32\,000(1.16)\left[\frac{1-1.16^{-5}}{0.16}\right] = 32\,000(1.16)(3.274294) \quad \$121\,542$$

	$64\,000(1.16^{-1}) = 64\,000(0.862069)$	55 172
	$96\,000(1.16^{-2}) = 96\,000(0.743163)$	71 344
	$32\,000(1.16^{-3}) = 32\,000(0.640658)$	20 501
		$268 559
NPV		$ 28 940

Since at 16%, the NPV is positive, the return on investment will be greater than 16% and the product should be marketed.

(Set P/Y = 1; C/Y = 1) 64000 [FV] 0 [PMT] 16 [I/Y] 2 [N] [CPT] [PV] –47 562

(Set P/Y = 1; C/Y = 1) 256000 [FV] 0 [PMT] 16 [I/Y] 3 [N] [CPT] [PV] –164 008

(Set P/Y = 1; C/Y = 1) 128000 [FV] 0 [PMT] 16 [I/Y] 4 [N] [CPT] [PV] –70 693

(Set P/Y = 1; C/Y = 1) 32000 [FV] 0 [PMT] 16 [I/Y] 5 [N] [CPT] [PV] –15 236

(Set P/Y = 1; C/Y = 1; "BGN" Mode) 0 [FV] 32000 [PMT] 16 [I/Y] 5 [N] [CPT] [PV] –121 542

(Set P/Y = 1; C/Y = 1; "BGN" Mode) 64000 [FV] 0 [PMT] 16 [I/Y] 1 [N] [CPT] [PV] –55 172

(Set P/Y = 1; C/Y = 1; "BGN" Mode) 96000 [FV] 0 [PMT] 16 [I/Y] 2 [N] [CPT] [PV] –71 344

(Set P/Y = 1; C/Y = 1; "BGN" Mode) 32000 [FV] 0 [PMT] 16 [I/Y] 3 [N] [CPT] [PV] –20 501

[CF] CFo = 32 000 [±]

C01 = 96 000 [±] F01 = 1

$C02 = 64\,000 \;\boxed{\pm}\; F02 = 1$

$C03 = 192\,000 \; F03 = 1$

$C04 = 96\,000 \; F04 = 1$

$C05 = 32\,000 \; F05 = 1 \;\boxed{NPV}\; I = 16 \;\boxed{CPT}\; NPV = 28\,941$

Self–Test

1. Present value of *Alternative A*

$$2500\left[\frac{1-1.15^{-12}}{0.15}\right] = 2500(5.420619) = \$13\,552$$

Present value of *Alternative B*

$10\,000(1.15)^{-4} = 10\,000(0.571753) = \quad \$5\,718$

$10\,000(1.15)^{-8} = 10\,000(0.326902) = \quad\;\; 3\,269$

$10\,000(1.15)^{-12} = 10\,000(0.186907) = \underline{\quad\;\; 1\,869}$

$\qquad\qquad\qquad\qquad\qquad\qquad\qquad \$10\,856$

A. (Set P/Y = 1; C/Y = 1) 0 $\boxed{FV}$ 2500 $\boxed{PMT}$ 15 $\boxed{I/Y}$ 12 $\boxed{N}$ $\boxed{CPT}$ $\boxed{PV}$ –13552

B. (Set P/Y = 1; C/Y = 1) 10000 $\boxed{FV}$ 0 $\boxed{PMT}$ 15 $\boxed{I/Y}$ 4 $\boxed{N}$ $\boxed{CPT}$ $\boxed{PV}$ –5718

(Set P/Y = 1; C/Y = 1) 10000 $\boxed{FV}$ 0 $\boxed{PMT}$ 15 $\boxed{I/Y}$ 8 $\boxed{N}$ $\boxed{CPT}$ $\boxed{PV}$ –3269

(Set P/Y = 1; C/Y = 1) 10000 $\boxed{FV}$ 0 $\boxed{PMT}$ 15 $\boxed{I/Y}$ 12 $\boxed{N}$ $\boxed{CPT}$ $\boxed{PV}$ –1869

At 15%, PV(A) > PV(B).

$\boxed{\text{Preferred Alternative is A.}}$

A. $\boxed{CF}$ CFo = 0

$C01 = 2500 \; F01 = 12 \;\boxed{NPV}\; I = 15 \;\boxed{CPT}\; NPV = 13\,552$

B. $\boxed{CF}$ CFo = 0

$C01 = 0 \; F01 = 3$

$C02 = 10\,000 \; F02 = 1$

$C03 = 0 \; F03 = 3$

$C04 = 10\,000 \; F04 = 1$

$C05 = 0 \; F05 = 3$

$C06 = 10\,000 \; F06 = 1 \;\boxed{NPV}\; 11 = 15 \;\boxed{CPT}\; NPV = 10\,856$

3. *End of year*

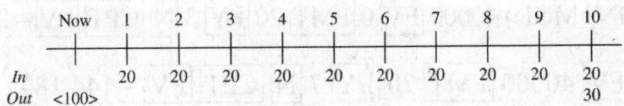

	For $i = 12\%$	For $i = 18\%$	For $i = 16\%$
$PV_{IN}\ 20\ 000 \left[\dfrac{1-(1+i)^{-10}}{i}\right]$	113 004	89 882	96 665
$PV_{OUT}\ 100\ 000$ now	100 000	100 000	100 000
	<9 659>	<5 732>	<6 801>
$\langle 30\,000(1-i^{-10})\rangle$	90 341	94 268	93 199
NPV	22 663	<4 386>	3 466

Index $= \dfrac{113\,004}{90\,341} = 1.251 \rightarrow$ Try $i = 18\%$

$d = \dfrac{3466}{3466+4386} \times 2 = \dfrac{6932}{7852} = 0.88\%$

R.O.I. $= 16\% + 0.9\% = \boxed{16.9\%}$

$\boxed{CF}$ CFo = 100 000 $\pm$

C01 = 20 000 F01 = 9

C02 = 50 000 F02 = 1 $\boxed{IRR}$ = 16.85

5. *Proposal A:*

$PV_{IN}\ 20\ 000\left[\dfrac{1-1.2^{-10}}{0.2}\right]$		$83\ 849
PV_{OUT} Immediate outlay	$60 000	
After 3 years: $40\ 000(1.2)^{-3}$	23 148	83 148
NPV(A)		$ 701

Proposal B:

$PV_{IN}\quad 40\ 000\left[\dfrac{1-1.2^{-7}}{0.2}\right](1.20)^{-3}$		$83\ 440
$PV_{OUT}\quad 29\ 000(1.2)\left[\dfrac{1-1.2^{-4}}{0.2}\right]$	$90 088	
Less $50\ 000(1.2)^{-10}$	<8 075>	82 013
NPV(B)		$1427

A. (Set P/Y = 1; C/Y = 1) 0 [FV] 20000 [PMT] 20 [I/Y] 10 [N] [CPT] [PV] − 83 849

(Set P/Y = 1; C/Y =1; "BGN" Mode) 40000 [FV] 0 [PMT] 20 [I/Y] 3 [N] [CPT] [PV] − 23 148

B. (Set P/Y = 1; C/Y = 1) 0 [FV] 40000 [PMT] 20 [I/Y] 7 [N] [CPT] [PV] − 144 184

(Set P/Y = 1; C/Y = 1) 144184 [FV] 0 [PMT] 20 [I/Y] 3 [N] [CPT] [PV] − 83 440

(Set P/Y = 1; C/Y = 1; "BGN" Mode) 0 [FV] 29000 [PMT] 20 [I/Y] 4 [N] [CPT] [PV] −90 088

(Set P/Y = 1; C/Y = 1) 50000 [±] [FV] 0 [PMT] 20 [I/Y] 10 [N] [CPT] [PV] + 8075

Since NPV(B) is greater than NPV(A), Proposal B is preferred at 20%.

A. [CF] CFo = 60 000 [±]

C01 = 20 000 F01 = 2

C02 = 20 000 [±] F02 = 1

C03 = 20 000 F03 = 7 [NPV] I = 20 [CPT] NPV = 701

B. [CF] CFo = 29 000 [±]

C01 = [±] 29 000 F01 = 3

C02 = 40 000 F02 = 6

C03 = 90 000 F03 = 1 [NPV] I = 20 [CPT] NPV = 1427